의식의 저널
mbr(a)
석과 문화연구센터

전쟁은 없다

무의식의 저널

Umbr(a) 정신분석과 문화연구센터

전쟁은 없다

슬라보예 지젝/어네스토 라클라우/스티븐 밀러 외 지음

알렉세이 디 오리오/롤랜 벡소 엮음 | 강수영 옮김

인간사랑

Umbr(a) : A Journal of the Unconscious, War, no. 1(2004)

C·O·N·T·E·N·T·S

차례

역자 서문

"모든 전쟁은 전쟁의 의미를 위한 전쟁이다."

– 편집자의 말

20세기 현대사는 전쟁으로 쓰여졌다고 해도 과언이 아니다. 그리고 지금도 세계는 전쟁 중이다. 반세기 넘도록 분단상태인 한국에선 전쟁은 '언제나 가능한' 미래이다. 전쟁이 인류의 해악이자 악몽이라는 사실에는 반론의 여지가 없다. 하지만 우리는 왜 인간은 전쟁 없이 존재할 수 없었는지 물어볼 필요가 있다. 전쟁이 인류의 불행이자 잔혹한 꿈 같은 것이라서 세상에서 없어져야 할 것이라면 우리는 왜 간단히 전쟁을 그만두지 못하는가? 세상에는 반전주의자가 많은 만큼 전쟁불가피론자도 많다. 우리는 닥쳐올지 모를 전쟁의 위기에 대한 대비가 필요하다고 이상하리만치 굳게 믿는 경향이 있다.

왜 우리는 굳이 이 해악을 피할 수 없다고 믿는 것일까? 국가안보와 세계평화 유지라는 이념 아래에서 우리는 전쟁의 불가피성에 더 고착되는 것은 아닌지. 꾸고 싶지 않은 악몽이지만 어쩐지 우리는 그 악몽의 긴장, 터지기 직전의 평화시기의 긴장보다는 차라리 터져버리는 포화 속의 전장터를 더 열망하지는 않았는지.

『엄브라』 2004년호를 번역한 『전쟁은 없다』에 담긴 전쟁에 대한 정신분석적 모색들은 지금 전세계 곳곳에서 벌어지고 있는 전쟁들은 역설적으로 전쟁을 없애기 위해서 평화를 명목삼아 치러지고 있음을 상기시키며 단순한 전쟁 대 평화주의의 이분법 너머로 우리를 이끈다. 편집자들은 '완전한 평화'라는 진공의, 무생명의 상태란 본질적 부정성, 우리 안의 적대성의 틈새를 제거하려는 의도를 담고 있는 것으로 정의한다. 당연한 말이지만 이런 주장이 곧바로 전쟁을 찬성하거나 불가피하다고 인정하는 입장으로 귀결되지는 않는다. 『전쟁은 없다』는 전쟁 혹은 전쟁 이데올로기에 맞서 완전한 평화, 비폭력과 평화주의의 길로 가는 대신 "우리 모두"라고 불리는 집단의 개념 속에 도사리고 있는 불안정성을 가시화하는 전략을 택한다. 이들의 분석은 정치와 전쟁 사이의 변증법적 긴장이라는 전쟁의 [불]가능성을 위한 조건이 무너진 9·11 이후의 미국이 이끄는 세계질서에 관한 판단에서 비롯한다.

이제 전쟁은 어떤 예외적인 상황이나 사건이 아니라 우리의 삶을 규정하는 주요 조건이 되었다. 특히 여전히 의무병역제가 실행되고 있는 21세기의 분단 한국은 오래 전부터 전쟁이 삶의 조건이 된 세계사적 상황의 요약판이라 할 만하다. 일어나지 않는 전쟁이 일어날 가능성을 언제나 대비해야 하는 전시의 대치상태는 삶의 구석구석을 통제하며, 오직 전쟁 가능성만으로도 국가의 정치적 지배가 유지된다. 스티븐 밀러의 말을 빌리면 "전쟁은 전쟁에 대한 준비과정 때문에 일어난다." 이처럼 전쟁이 한반도 및 세계질서의 조건으로 작용하는 현시점에도 불구하고 이번 호의 제목을 "전쟁은 없다"로 정한 이유는 지금도 진행중인 전투들과 삶을 송두리째 빼앗기고 죽어가는 사람들을 무시하려는 것이 아니다. 전쟁은 없다는 선언은 우리가 생각해 온 전쟁, 평화의 상대어로서 평화를 얻기 위해 치러지고 있다고 믿는 그 '전쟁'의 허구성을 알리기 위한 전략이다.

미국적 상황을 넘어서 전세계사적인 상황에서 2001년 9 · 11은 더 이상 전쟁에 대해 발언할 수 없게 위정자의 테러를 향한 전쟁, 평화를 자처하는 전쟁선포와 그에 따른 잔혹상에 대해 우리 입에 "재갈을 물리게 한 사건"이었다. 편집자들에 의하면 이 사건은 전쟁과 정치 사이의 역학을 무너뜨리고 전부가 아닌, 불완전한(실패한) 전체를 '총체성'으로 바꾸도록 강요하는 이데올로기적 개입을 낳았다.

전쟁과 정치의 변증법이 사라진 자리에 들어선 페티시적 정치(편집진에 따르면 권위적 존재가 소멸되었음에도 진정한 권위가 있는 듯 투사하는 정치)에 대항해서 수록된 각 논문들은 철학, 종교, 현실정치의 상황을 분석하면서 정신분석의 "전부가 아닌"(not-all)의 보편성을 사유하는데 동참한다. 독자로서 우리는 각 논문의 때로는 짐짓 정신분석 이론과 무관해 보이는 이론적 논의와 발언들 속에서 정신분석 윤리의 흔적을 찾아가면서 읽을 책임을 갖는다. 이제 우리가 알아온 전쟁 대신 "전쟁은 없다"는 정신분석적 인식 하에 평화주의의 이데올로기적 진공상태에 저항하는 진정한 전쟁, 적대주의, 분노와 폭력에 대해 생각해 보자.

2011년 봄

역자 **강수영**

편집자의 말: 전쟁의 정치학

—알렉세이 디 오리오, 롤랜 벡소

우리의 당면 과제는 성급하게 정치를 부인하지 않으면서 전쟁 비판학을 구성하는 것이다. 전쟁문제에 관한 한 정치에 대한 부인은 두 가지 극단적 형태—무비판적 평화주의, 아니면 정치의 총체적 군사주의화—를 띤다. 정치가 전쟁의 정치학 이외에 다른 무엇이 될 수 있을지 분명치 않다는 사실로부터 우리는 한 가지 중대한 난관에 봉착한다. 전쟁 비판학은 아무 생각 없이 평화주의를 내세우거나 단순히 전쟁을 부정하는 것이어선 안 된다. "전쟁에 대항한 전쟁"의 위험을 일깨운 칼 슈미트의 주장을 떠올려 보라. 이러한 태도들은 평화의 적들을 향한 무자비한 폭력행위로 너무나도 손쉽게 변질될 수 있다. 전쟁 비판학은 따라서 무엇보다 먼저 전쟁에 관한 탐색, 전쟁 가능성의 조건들에 대한 설명, 그리고 궁극적으로는 전쟁의 불가능성에 대한 조건을 설명하는 일이 되어야 한다. 전쟁의 조건, 즉 전쟁을 가능하고 또 필수적으로 만드는 그런 조건은 동시에 전쟁의 한계가 되어 한편으로는 일체의 경험적 전쟁들이 전쟁 개념과 동시 발생하는 것을 막아주고, 다른 한편으로는 전쟁 개념 그 자체의 내재적 불일치성을 명명해 준다. 따라서 싸움의 경험적 목표가 무엇이건 간에 (인정하든 인정하지 않는, 혹은 알든 모르든) 모든 전쟁은 전쟁의 **의미**를 위한 전쟁이다. 전쟁의 특수성과 보편성 사이의 이런 분열은 정치를 규정하는 분열과 동일하다. 따라서 만일 전쟁이 정치가 한계에 도달하는 순간(그래서 다른 수단을 동원해서 지속되어야 하는 때)이고 정치는 전쟁이 그 구성적 분열, 즉 동일성의 결여와 마주치는 순간이라면 전쟁과 정치의 관계는 중층결정된다. 즉 정치와 전쟁은 서로에게 각자의 한계를 일컫는 이름이 되어준다.

정신분석은 바로 이 차원에서 전쟁에 개입한다. 왜냐하면 정신분석은 우리 존재의 핵심에 놓여 있는 근본적 적대주의의 이름이기 때문이다. 이 본질적 부정성은 초월의 차원을 가리키며, 비록 "실패한 초월"의 형태로 존재한다고 해도 이 초월성은 완전한 내재성의 정치학을 모두 배제한다. 정신분석은 "전부가 아닌"(not-all)의 논리에 기초한 진리(Truth)의 정치를 구성한다는 점에서 현대의 여타 담론들과 구별된다. 즉 이 논리는 보편주의적 쥬이상스(가령 분배의 평등을 그 형식으로 취하는 것)의 불가능성을 보여주는 내재적 한계이다. 정서(affect)와 향유(enjoyment)의 범주들을 정치의 영역에 도입함으로써 정신분석은 담론분석이 종종 마주치는 막다른 골목들을 넘어설 수 있고, 텍스트의 불일치성이 낳는 틈새 사이에 불가능한 총체성을 기워넣는(suture) 이데올로기적 개입을 찾아낸다. "전부가 아닌"의 논리는 정치적 절합의 필요성을 구축함과 동시에 향유를 이 절합의 원소로 도입하고, 무엇보다도 이 절합의 내재적 불안정성에 관심을 기울인다.

9·11의 후폭풍 속에서 우리는 적과 전쟁, 이 두 개념이 놀랍도

록 변화무쌍해지는 것을 목격해 왔다. "테러와의 전쟁"을 벌이면서 미국은 스스로 국제질서의 비정치적 옹호자로 자처하는 한편, 국내에서는 범죄적인 (혹은 단순한 악으로서의) 사회교란적 요소들을 파괴하려고 고군분투한다. 그 결과 "우리는 제대로 전쟁을 치르는 것이 아니라, 단지 보편적 질서의 힘에 범죄적으로 저항하는 '무법적인 전투꾼들'이다."[1] 아부그라이브(Abu Ghraib) 수용소 죄수들을 모욕적으로 찍은 사진이 백일하에 드러낸 불경스런 향유와 그것을 만들어낸 이데올로기적 성좌 사이의 필연적 연관성을 찾기는커녕 이 스캔들을 향한 대중적 반응은 적어도 대중매체의 입방앗꾼들의 경우 교활하거나 어리석었다. 교활한 우익의 반응 중 가령 이라크 죄수들에게 가해진 고문과 수치는 대학 클럽의 입단식 정도라는 러쉬 림보(Rush Limbaugh)나 이 스캔들은 고작 히스테리성 반미국주의의 통제를 받는 언론이나 심각하게 다룰 뿐이라는 뉴트 깅그리치(Newt Gingrich)의 불평 등은 미국인 교도관들이 저지른 노골적인 인종차별주의적 행위의 잔혹성을 축소시키려 든다. 자유주의 진영은 잔혹행위 자체는 비난하면서도 아랍세계나 국제공동체들이 이 스캔들을 전형적인 미국적 행위로 봐서는 안 될 "예외적인 사례"일 뿐이라는 딱한 주장을 내놓았다. 이 양쪽의 반응 모두에서 우리는 동일한 이데올로기적 가정, 즉 미국이 벌이고 있는 테러와의 전쟁은 정확히 슈미트가 지적한 전쟁에 대항한 전쟁의 아바타로서, 전지구적 차원에서 적대주의를 제거하려는 윤리적 명령에 따르고 있다는 가정을 공유한다는 사실을 쉽게 알아차릴 수

1) Slavoj Žižek, *Welcome to the Desert of the Real! Five Essays on September 11 and Related Dates* (London : Verso, 2002), 93쪽.

있다. 9·11 발발 당시 적대성의 개념에서 일어난 변화는 우리에게 전쟁에 대해 아무것도 말하지 않는 정치를 남겨주었다. 우리에게는 이제 더 이상 그 정치적 본질성을 찾아볼 수 없게 된 전쟁의 개념만이 남았다. 다시 말해서 서로의 한계에 대한 이름이 되어주는 대신 9·11 이후의 정치가 갖는 이데올로기적 내용은 정치와 전쟁의 완전한 결별이다.

오늘날의 평화주의가 취한 가장 시장주의적 형태의 경우 윤리는 불굴의 완고함이라는 안장을 거머쥐고 정치적 폭력이라는 말이 보여주는 비인간적 분노를 제지하는 용맹무쌍한 기사–무사라는 흔하디 흔한 잘못된 개념에 토대를 두고 있다. 윤리가 관용이나 타자성에 대한 존경과 동일시되고 정치가 비합법적 폭력과 동일시될 때, 또 정치에 대한 윤리의 우선성이 바리새파적인 공정성으로 주장될 때 우리는 윤리와 정치의 진정한 의미뿐만 아니라, 윤리와 정치 사이의 관계를 올바르게 구성할 가능성을 잃게 된다. 오늘날 "윤리적"이라는 말은 종종 정치의 영역을 구성하는 적대주의를 부정하는 것과 동일한 의미를 갖는다. 한편, 정신분석 진영 내에서도 우리는 모든 상징적 효율성을 보장해 주는 부성적 기능이 소멸하고 있음을 목도하고 있다는 말을 종종 듣게 된다. (미국과 이스라엘에서) 사회와 정치의 군사화는 아버지의 지배는 끝이 났다는 것을 잘 알면서도 모든 권위적 형상 이면에 있는 "진정한" 아버지를 투사함으로써 아버지의 권위가 유지될 것처럼 행동하는 페티시적인 정치를 세운다. 조르쥬 아감벤(Giorgio Agamben)이 주장하듯 이런 정치는 예외를 규범으로 바꿔치기하고 권력의 모든 과잉들을 정당화하는 영구적인 위급상황을 만든다. 그렇게 되면 우리는 아버지의 체제가 전복됨으로써 일어난 금지의 중지 속에서 희희낙락하는 한편, 감시와 통제의 훨씬 더 정교한 체계를 창조해내는 내적 경계들의 증식을 목도하게 된다. 이 두 과정은 물론 상호 의존적이다. 내적 경계들의 미로는 초자아적 즐거움에 봉사하는 도착적 사회가 애써 부인하려 드는 내적 한계를 외재화하는 기능을 한다. 자유주의적 평화주의의 쾌락주의와 완전한 정치의 군사화가 보여주는 금욕주의는 동전의 양면이다. 자유주의 평화주의의 경우 정치는 (거짓된) 윤리적 명령의 이름으로 무슨 수를 써서라도 전쟁을 없애는 것이며, 정치의 군사주의에서 전쟁은 진정한 아버지의 이름으로 무슨 수를 써서라도 정치를 없애는 것이다. 우리는 이 두 가지 모두 용납하지 않는다.

당신의 결여를 작동시켜라!

—샘 길레스피

샘의 그림자

지난 8월 우리가 아끼던 동료 샘 길레스피(1970-2003)가 유명을 달리했다. 그의 사라짐은 『엄브라』에 음영을 드리웠다. 본 저널의 초기 편집진이었던 샘은 『엄브라』 탄생시기에 대해 정면 도전했었다. 1994-1995년 〈정신분석과 문화연구센터〉의 일원이었던 우리는 의기투합하여 새 저널을 만들기로 했다. 하지만 저널 이름을 정하는 데에서 합의에 도달하지 못하던 중 『엄브라』(*Umbr* (*a*))라는 이름을 내놓음으로써 이 궁지를 타개한 이가 바로 샘이었다. 1995년 봄 『엄브라』 1호가 나왔다. 1호의 「편집자의 말」은 저널의 목표를 매니페스토 스타일로 선언함으로써 우리가 감행한 모험적 시도의 포문을 열었다. 이듬해 나는 1년간 휴직 중이었고 샘이 2호의 출간을 맡았다. 어느 날 샘이 보낸 꾸러미를 열어본 나는 내 눈을 믿을 수가 없었다. 2호의 편집계획서가 담긴 이 꾸러미에는 2호는 알랭 바디우 특별호로서 샘과 시기 야트캔트가 편집을 맡을 예정이라는 내용이 담겨 있었다. 이와 함께 한 해 전의 1호의 서문이었던 「편집자의 말」의 복사본도 들어 있었다. 샘에 의하면 새로 나올 (순서상 2호가 될) 『엄브라』에 이 선언문을 단 한 글자도 바꾸지 않고 그대로 실을 예정이었다. 그의 계획대로라면 새 호를 『엄브라』 1호로 명명할 것이었다. 우리 편집진은 『엄브라』가 "정기간행물이 아니라 예측 불가능한 것"이 될 것을 약속한 바 있다(관련된 문제의 서문은 한국어 번역본 1호 『법은 아무것도 모른다』에 "한국의 독자에게"라는 제목으로 수록되어 있음. '처음', '시작', '기원' 등의 개념과 통상적인 이해에 대한 『엄브라』의 도전적 시도와 비틀기라는 의미에서 한국어판 역시 마찬가지 사건이었음을 여기서 상기시키고 싶다－역주). 우리는 편집회의에서 학술계에서 통용되는 상식 대신 위트의 혁신성을 더 강조할 것임을 결정하기도 했었다. 하지만 '학술계'란 이러한 유희적 호언장담을 장난감 점토로 만든 발에 맞추는 방식을 갖기 마련이다. 그러나 샘이 보낸 꾸러미는 위트의 진정한 예를 보여주듯 자족적인 오만으로 가득했고, 실제 행동의 각본을 제시했다. 그에게 동의하는 것 말고 달리 내가 무엇을 할 수 있었겠는가?

『엄브라』 1996년 호는 이렇게 정해진 각본을 충실히 따랐다. 내가 아는 한 영어권 학술지로서 바디우의 이론에 집중하면서 바디우 글의 번역을 싣는 것으로는 첫 시도였다. 샘과 시기는 우리의 특별한 정신분석적 관심사에 맞는 바디우 에세이를 네 개 골랐고 샘이 두 논문에서 이를 소개하는 임무를 담당했다. 이제 와서 다시 보니 지적인 영역을 예리하게 규정하는 방식에서 2호의 작업은 놀랄 만큼 인상적이다. 진정 이 호를 『엄브라』 1호라 명명－이후 출간된 『엄브라』는 모두 '1호'로 불린다－할 만하다. 이로써 『엄브라』는 제대로 닻을 내리게 되었다.

이듬해 버펄로를 떠난 샘은 뉴욕 시에서 그래픽 디자이너로 일하다가 4년 후 영국으로 가 와윅 대학 철학과의 박사과정에 입학한다. 분명 이는 행복한 결정이었다. 그는 『플리(Pli) : 와윅 철학 저널』의 편집위원으로 활동하면서 임종 직전에 완성하게 될 박사논문을 쓴다. 우리와 마찬가지로 런던의 그의 친구들은 샘에게서 철학이든, 정신분석이든, 수학이든, 영화든 자신이 관심을 갖는 이론들의 가장 복잡한 부분을 고집스럽게 탐색하는 집중성과 지적 강렬함이 놀라울 정도의 따스함과 관대함과 함께 공존해 있음을 발견하게 된다. 그의 이런 특성은 사유를 나누고 자신의 친구들이 서로 교류하도록 엮어주는 그의 열정으로 드러난다.

2001년 샘은 세 에세이—번역된 바디우의 『윤리』에 대한 서평, 저널 『안젤라키』(Angelaki : '이론적 인문학 저널'이라는 부제가 달린 이 저널은 1993년 창간되었다—역주)에 실린 「공허의 위치 : 바디우의 스피노자론」, 『엄브라』에 실린 바디우의 『들뢰즈 : 존재의 외침』 영어판 서평 에세이—를 출간한다. 『플리』에 실린, 이제 막 영어로 『엄브라』 1996년 호에 실린 그의 글이 당시 잘 알려지지 않았던 철학자의 글을 소개하는 것이 목적이었다면, 최근의 갑작스런 바디우의 인기를 감안할 때 이제 새로운 종류의 소개가 필요하다고 샘은 깨닫는다. 최근 바디우 저작 번역서들의 등장으로 불가피하게 독자들은 바디우의 책들과 특히 당시 아직 번역되지 않은 바디우의 주저 『존재와 사건』(2005년 올리버 펠텀의 번역으로 컨티넘출판사에서 영역 출간되었다—역주)을 이해하기 위한 길잡이 비평서의 필요성을 절감하게 되었다. 이 세 에세이에서 샘은 무작위적인 번역과정이 초래한 바디우에 관한 잘못된 이해들을 바로잡기에 돌입한다. 샘의 언어는 순발력과 비범한 명민함을 지니고서 격류와도 같이 힘차게 몰아친다. 그를 개인적으로 아는 사람이라면 그의 글에 나타나는 사고의 인내성과 매우 유혹적이면서 동시에 서로 충돌하는 논의들을 가늠하는 꼼꼼함에 두 배 더 감동할 것이다. 나는 특히 『엄브라』에 실린 그의 글을 좋아한다. 우선 「무한성의 이웃」이라는 제목이 매력적이다. 하지만 제목 자체는 폴 토마스 앤더슨(Paul Thomas Anderson)의 영화 「매그놀리아」를 들뢰즈식으로 읽어가는 과정에 담긴 추상과 구체의 범상치 않은 혼합, 혹은 키에슬롭스키(Kieslowski)의 「맹목적 우연」(*Blind Chance*)과 「롤라 런」(*Run Lola Run*) 사이에서 만들어 가는 강력한 대조의 힘을 보여주는 서론적 기호일 뿐이다. 그는 외부와 접힘이라는 들뢰즈의 개념들을 단순히 설명하는 것에 그치지 않고 이 개념들이 우리 눈앞에 나타나 보이게 함으로써 문제적으로 만든다. 이론이 문제가 되어야 하는 것, 이론은 반드시 세상에 개입해야 한다는 샘의 주장은 갈수록 강도가 커져갔다.

버펄로에 있을 때 샘은 『엄브라』 첫 두 호의 커버를 디자인했다. 버펄로를 떠난 뒤에도 매년 그는 『엄브라』 표지를 디자인해 주었다. 다른 할 일들이 많았을 텐데도 그는 자신이 참여해서 만들었던 프로젝트에 헌신했으며, 『엄브라』의 소소한 결정사항들과 계획에도 관여했다. 우리는 아이디어, 문헌참조, 영감 등 많은 것을 그에게 의존했다. 우리가 그에게 얼마나 많은 도움을 받았고 또 얼마나 그를 그리워하는지 말로 다 표현할 수는 없다. 샘은 재능있고 무궁무진한 가능성을 보였던 그의 세대의 철학자 중 한 사람이었다. 그의 죽음이 가져올 철학분야에서의 손실은 헤아리기 어렵겠지만 우리로서는 그가 우리에게 남기고 간 이 상실의 구멍만을 실감할 뿐이다.

본호에 실은 샘의 논문은 2003년 5월 미들에섹스 대학에서 레이 브라시에(Ray Brassier)와 크리스찬 컬스레익(Christian Kerslake)이 조직한 "자본주의와 철학실험실"에서 발표한 논문으로 그의 박사논문의 일부이기도 하다. 지난 5월 만났을 때 샘은 내게 이 논문에 대해 이야기해 주었다. 논문을 구해서 출간할 수 있도록 도와준 크리스 길레스피, 피터 홀워드, 알베르토 토스카노, 시기 야트캔트와 샘의 파트너 마이클 마트랭에게 감사를 표한다.

– 조운 콥젝

이 논문은 원래 바디우와 라깡의 주체 개념에 대한 비교연구를 목적으로 구상되었다. 특히 자끄 알랭 밀러의 대표적 에세이 「봉합」이 미친 영향을 강조하고 싶었다. 이에 대해선 오늘 발표의 두 번째 부분에서 다룰 것이다. 하지만 그 전에 정신분석과 철학 사이의 대화를 시도할 때 우리가 정확히 무슨 일을 하고 있는지를 물어야 한다. 이 문제에 답하기 위해서 우리는 자본주의와 철학이라는 좀더 광범위한 문제들로부터 이 문제를 괄호로 묶어두어야 한다. 왜냐하면 정신분석이 이 주제에 어떤 식으로든 흥미로운 이야기를 할 수 있는지 여부조차 아직 결정되지 않았기 때문이다. 궁극적으로 나는 그렇다고 주장하겠지만 출발점에서부터 이를 무턱대고 가정할 수는 없는 일이다.

나는 철학, 정치, 정신분석 이 세 분야 사이의 관계가 전혀 분명하지 않다는 간단한 사실을 짚어보고 싶다. 정신분석과 마르크스주의가 명실공히 연구의 한 분야가 되었다는 점을 덧붙인다면 이 점은 더 수수께끼처럼 들린다. 마르크스주의와 프로이트주의는 라깡과 알튀세의 경우처럼 과학이라고 간주되어 왔다. 마르크스주의와 정신분석의 과학적 성격에 대한 주장은 라깡과 알튀세가 이룬 업적에서 물론 매우 중요하다. 라깡은 정신분석이 반(反)철학이라고 주장한 바 있다 (나는 이를 라깡이 생물학, 화학, 물리학과 마찬가지로 정신분석이 하나의 전문분

야라는 사실을 지적한 것으로 이해한다). 마찬가지로 마르크스주의의 과학적 성격에 대한 알뛰세의 주장은 마르크스가 헤겔 철학으로부터 바슐라르적인(혹은 쿤과 같은) 의미의 단절을 했던 사실을 간과하거나 거부하는 철학의 관례적 독해법과 구별된다.

마르크스주의와 정신분석이 본질적으로 과학적이라는 주장은 철학자들이 이 두 이론을 읽는 방식을 상당히 제약한다. 나는 이에 덧붙여 철학은 과학이 생산해낼 수 있는 종류의 지식에 관해서 질문을 던져야 한다고 제안한다. 이 점은 바디우(바디우가 알뛰세/라깡주의 전통에서 출발했다는 점을 잊지 말자) 같은 사상가뿐 아니라 현대 프랑스 철학을 읽는 방식에도 영향을 미친다. 이렇게 말하는 것은 중요하다. 왜냐하면 현대 프랑스 철학에 대한 많은 연구들이 라깡, 알뛰세, 바디우와 같은 사상가들에게 있어 과학이 중심이라는 사실을 놓치고 있기 때문이다. 알뛰세는 철학이 과학에 봉사한다면 정확히 어떤 것인지에 관한 문제를 인식하지 못한 것은 아니었다. 다음은 『마르크스를 위하여』의 서론에서 발췌한 것이다.

> 새 철학이 새 과학의 토대와 동시적으로 출현할 때 이 과학이 역사의 과학이라면 중요한 이론적 문제가 생긴다. 어떤 원칙의 필요성에 따라 역사의 과학적 이론의 토대가 그 자체의 본성상 철학에서의 이론적 혁명을 내포하게 되는가? 이런 상황은 상당히 실제적인 결과를 수반한다. 새 철학이 새 과학에만 내포되기 때문에 철학과 과학이 혼동되기가 쉽다. 『독일 이데올로기』는 이런 혼동을 허용한다. 이 책에서는 우리가 주목하는 바, 철학은 실증주의의 공허한 일반성까지는 아니더라도 과학의 희미한 그림자로 축소된다. 이러한 실제적인 결과는 마르크스주의 철학의 발생부터 현재까지의 현격한 역사를 풀어줄 열쇠들 중 하나

이다.

나는 위 인용문에 대한 해석들 중 아주 분명한 것들만 다룰 것이다. 우선 정확히 철학이 무엇인지, 혹은 철학이 예전에 물었던 문제들이 과학으로 효과적으로 대체될 때 어떤 실제적인 결과들이 생겨날 것인가에 관련된 일반적인 문제가 있다. 이때 우리는 두 가지 선택지를 갖는다. 내가 보기에 2주일 전 여러분들이 참석했을 학회의 수많은 패널 토론들은 이 문제들을 제대로 다루지 못했다. 토론자들은 과학이 효과적으로 철학을 대체하는 것에 관한 하나의 시나리오, 즉 철학을 과학이 생산해낼 수 있는 진리들에 대한 단순한 그림자이자 열등한 모델로 환원시키는 것에만 매달렸다. 이런 관점에서는 철학은 자신이 과학이 생산하지 못하는 지식이나 개념들을 생산한다고 주장함으로써 복수를 할 수밖에 없게 된다(즉 생물학은 생명을 연구하지만 철학은 생명에 대한 개념을 제공하고 신경심리학은 의식을 연구는 반면 철학은 의식에 대한 개념을 제공한다 등등). 혹은 철학은 과학이 진행되는 초월적 토대나 형이상학을 제공한다고 대응할지도 모른다(여기서 우리는 후설이나 베르그송을 떠올리게 된다). 이제 여기 제3의 가능성이 있다. 이 가능성은 알튀세가 주장한 것으로 철학은 과학과 같은 방식의 학제가 아니라는 것이다. 주어진 영역에 대한 지식을 얻는 것이 가능한 특수한 영역들이 있다. 이 영역들은 특히 정확히 규정되고 제한될 수 있다. 철학이 이런 일을 할 수 있는지 의문스럽다. 나는 지금 철학에 관해 활용 가능한 개념을 제공하려는 것이 아니다. 나는 철학이 스스로 자신에 대한 지식을 생산하기보다는 과학에서 실제화된 진리와 지식 속에서, 또 그 진리와 지식을 통해서 사유 자체를 평가한다고 믿는다. 이는 간단히 말해 철학을 자기 꾸미기(auto-affectation)로 보는 것에 대한 비판이다. 철학은 예술, 과학, 정치에서 가능한 출현이나 새로움이 존재하는 한 다양한 것들에 대해서 시간의 변화에 따라 다르게 생각하도록 요구받을 수 있다. 하지만 철학 자체가 자기 자신만을 통해서 자발적으로 새로운 사상을 생산해낼 수 있다고 말할 수는 없다.

철학은 확장을 통해 새롭고 혁신적인 지식의 형태들이 과학에서 생산되는 정도만큼 변하고 내재적으로 평가받게 될 것이다. 이제 나는 이 자리에서 다음과 같이 제안하려 한다. 정신분석은 우리가 철학을 하는 방식에 영향을 줄 수 있으며, 동시에 철학과는 매우 다를 것이라고. 내 생각에 바디우야말로 정신분석적 치료가 철학의 가능한 조건이 될 가능성을 타진했던 사람이다.

명심해야 할 것은 나의 이러한 주장은 정신분석과 마르크스주의가 과학이라는 암묵적인 가정에서 비롯된다는 점이다. 분명 자연과학 철학자들은 내 의견에 동의하지 않을 것이다. 토마스 쿤은 한때 정신분석을 점성술에 비유한 적이 있다. 따라서 이 자리에서 내가 제시하는 개념은 다소간 파격적인 면이 있다. 이 글의 취지에서 중요한 것은 정신분석이 철학과 동일한 것에 관계한다고 단순히 말할 수 없다는 사실이다. 이때 관례적으로 많은 사람들은 정신분석이 철학에만 제한되거나 철학보다 열등하다고 결론내릴 것이다. 와윅 대학의 대다수가 그렇게 생각하는 듯하다. 이에 대한 나의 대답은 정신분석은 철학과 교차하며, 이로부터 확대되어 아주 특수하고 고유한 방식으로 정치와 교차한다는 것이다. 그러므로 나는 이제 이와 같은 주장에 담긴 가능성을 논의하려 한다(내가 이 자리에서 지금까지 말한 것들을 잊지 말고 기억하기 바란다).

정신분석과 철학에 대해 내가 시도하는 전회는 바로 이것이다. 나는 정신분석이 궁극적으로 정치철학에 유용할 수 있는지 묻는 일이 타당하다고 생각한다. 9주 전 첫 모임에서 나는 이 문제는 아직 결정되지 않았고, 따라서 도착증환자가 정신분석을 받으러 제 발로 오지 않는다는 가정에 기초한다고 언급한 적이 있다. 내가 의미하는 바는 정신분석은 집단 혹은 대중심리학에 적용할 수 있는 다양한 심리적 기제들을 이론화할 수는 있지만, 프로이트의 입장에서는 이런 집단적 현상이 제기하는 문제들을 해결하기 위해서 사회 자체를 변화시킬 수 있는 희망은 거의 없었다는 것이다. 이 점에 있어서 나의 해석은 프로이트는 바보가 아니었다는 것이다. 그는 재화의 균등한 분배를 통해서 갈등이 해결될 수 있다는 환상을 주장하지 않았다. 여기서 내가 의미하는 바는 다시 한 번 프로이트가 보기에 향유(enjoyment)는 보편적으로 모두가 소유할 수 없다는 사실이다. 이 논리를 완벽하게 예시하는 대목을 『환상(幻想)의 미래』(*The Future of an Illusion*)에서 찾아볼 수 있다.

> 우리는 문명이 부과하는 압력, 즉 본능을 거부하라고 요구했기 때문에 생겨난 문명에 대한 적대감을 다루었다. 문명의 금지에서 풀려나면—가령 원하는 여자를 아무나 성적 대상으로 취할 수 있고 주저없이 연적이나 방해가 되는 사람들을 죽일 수 있거나 허락 없이 남의 물건에 손을 댈 수 있다면—우리의 삶이 얼마나 멋지고 만족스러울지 상상해 보라! 기실 우리는 머지않아 첫 난관에 부딪칠 것이다. 다른 사람들도 내가 원하는 것을 원하고 내가 그랬듯이 내게 멋대로 굴 것이다. 그러니 현실에서는 오직 한 사람만이 문명의 제약을 제거함으로써 무제한적으로 행복해질 수 있을 뿐이며, 그 사람은 결국 권력의 모든 수단을

장악한 폭군이자 지배자일 것이다.

라깡의 「칸트와 함께 사드를」을 읽은 사람이라면 즉시 위 인용문의 핵심을 파악하리라. 쥬이상스는 보편적으로 모두에게 분배될 수 없다. 우리는 라깡이 쥬이상스를 보편화하는 것과 관련해서 제시한 다음과 같은 유추에서 평등분배의 불가능성을 이해할 수 있다. 쥬이상스를 한 장의 백지라고 해보자. 어떻게 이 백지를 모두가 공유할 수 있을까? 백지에 구멍을 뚫어서 모두가 목을 들이민다고 하자. 결국에는 백지가 너덜너덜해져서 모두가 백지를 즐길 수 없게 될 것이다. 쥬이상스의 보편화란 따라서 쥬이상스의 파괴에 다름 아니다.

우리 대부분은 쥬이상스의 문제가 자본주의 정치철학과 무관할 뿐더러 실상 그 자체로는 문제가 될 수 없다고 생각할지 모른다. 쥬이상스에의 의지가 평등사회를 이루려는 모든 노력들을 수포로 돌아가게 만든다면 개인의 향유권을 효과적으로 제한하는 조취를 취하는 것이 낫지 않을까? 다시 말해 쥬이상스를 보편화할 수 없다면 쥬이상스의 금지를 보편화해 버리면 어떨까? 아무도 즐길 수 없다!고. 이게 좀더 나은 대안 아닐까?

프로이트의 좀 덜 진보적인 정치 쪽에 귀를 귀울여 보자. 프로이트는 억압이 신경증을 철저히 근대적 현상으로 만든다고 굳게 믿었다. 이는 그저 단순히 개인이 섹스를 충분히 하지 못해서 성적 좌절을 경험하게 되기 때문이 아니다. 그보다는 세상의 일부가 되기 위해 일정한 포기를 그 대가로 치를 수밖에 없다고 한다면 이것이야말로 바로 향유의 결여, 즉 프로이트가 문명이 주는 본질적인 불편함이라고 부른 것을 낳게 된다. 죄의식의 감정은 여기서 비롯된다. 우리가 불행한 이유, 우리가 즐길 수 없는 이유는 우리가 가치 있는 주체가 아니기 때문에, 즉 즐길 수 있을 만큼 가치 있는 존재가 아니기 때문에 죄의식을 느끼며, 또한 내가 원할 자격이 없는 것을 원하는 것 때문에 죄의식을 느끼게 된다. 요약하면 이것이 바로 초자아의 역설이다. 우리는 가치가 없으므로 즐겨선 안 되지만 또한 즐길 만한 자격이 있을 만큼 충분히 가치로워야 한다. 이제 우리는 왜 프로이트가 최악의 죄의식을 경험하는 사람들은 흔히 가장 엄격하고 도덕적인 사람이라고 지적했는지 그 이유를 이해할 수 있게 되었다. 본능의 포기는 불쾌를 낳고, 이 불쾌는 주체에게 불쾌의 책임을 지우는 초자아를 키워준다. 궁극적으로 이것이 프로이트가 「매저키즘의 경제적 문제」에서 칸트의 정언명령과 초자아를 연결시킨 이유이다.

여기서 핵심은 무엇인가? 그건 다름 아니라 쥬이상스는 정치적 평등을 달성하려는 집단적 노력을 수포로 돌아가게 만들 문제들을 야기한다는 점이다. 라깡이 우리가 타자를 증오할 때 그 대상은 (타자라는 사람이 아니라) 그의 향유라고 말할 때 그는 쥬이상스를 정치적 함수로 제시하고 있다(하나의 예를 들어본다면 기독교 도덕주의자들이 동성애자를 증오하는 이유는 동성애자들이 즐길 만한 자격이 없는—건강을 위협한다는 이유는 둘째치고—종류의 섹스를 문란하게 즐긴다는 점이다). 하지만 문제는—이 점이 동성애 정체성 정치가 종종 (물론 이해할 만하긴 하지만) 부르주아적이라고 무시되는 이유이기도 한데—쥬이상스는 경제로 환원될 수 없는 정치의 한 차원을 부여한다는 것, 그리고 바로 이 점이 선량한 구식 좌파주의자들이 다루기 어려운 문제라는 사실이다.

이제 나는 정신분석의 가장 기본적인 전제들을 받아들일 수 없는 좌파주의자들의 무능력을 시사하는 한 예를 보여주겠다. 『정의론』

에서 존 롤즈(John Rawls)가 프로이트의 형제들 간의 경쟁관계를 비판하는 이유는 모든 개인이 동일한 대상을 욕망해야 한다고 믿기 때문은 아니었다. 오히려 롤즈는 두 형제가 부모의 애정을 두고 경쟁을 할 때 이는 정의에 대한 요구, 즉 그들의 비상호적인/일방적인 욕망이 부모의 권위를 통해서 만족되어야 한다는 요구를 표현한 것이라 생각한다. 여기서 만일 부모가 두 아이의 욕구를 모두 만족시킨다면(즉 가령 한 아이가 엄마의 한쪽 가슴을 빨고 다른 아이, 아마도 나이 많은 쪽이 아이스크림을 얻어먹게 된다면) 이는 정의의 실현이라는 가정이 존재한다. 둘의 요구가 아무리 다른 성격의 것이라도 채워지고 만족된다는 가정이다. 롤즈에 따르면 이는 부모의 애정에 대한 이기적인 요구란 현실에서는 정의에 대한 요구이기 때문이다. 롤즈가 간과한 사실은 어떤 아이에겐 아이스크림이 아무리 시원하고 맛이 있다고 해도 어머니의 젖을 빠는 자신의 형제가 더 많은 것—잉여 향유—을 얻고 있다고 생각할 가능성이다. 쥬이상스는 상대가 즐기는 것에 대한 질시를 통해서 경험되는 경향이 있다. 종종 어떤 공동체들에게 치명적인 향유를 부과함으로써 그들의 특정 권리들을 부정하는 것을 정당화하기도 한다. 즉 특정한 사회계층을 가난하게 내버려두는 것이 나은 이유는 이 사람들은 돈이 생기면 몽땅 코카인을 사는 데 써버릴 것이기 때문이라는 논리 말이다. 따라서 향유의 문제는 정치영역에서 고려되어야 할 필요가 있다. 지젝이 말한 대로 향유는 정치적 요소이다.

그러나 쥬이상스와 관련된 문제를 집단적으로 해결 가능하다고 주장하려는 것은 아니다. 한 공동체의 쥬이상스가 무엇이 되어야 한다고 사회적으로 지정할 수는 없다. 이는 성 좌파주의자들의 입장이다[가령 리오 베르사니(Leo Bersani)는 게이 사우나가 타자와 몰개성적으로 관계를 맺는 공동체의 단초를 제공한다고 주장한다]. 나는 쥬이상스의 집단적 처방에 반대한다. 이 점에 대해 "네 욕망을 중단하지 말라!"는 라깡의 말에 주목하라. 이 말은 공동체가 네 욕망이 무엇이어야 한다고 지정하게 내버려두지 말라는 의미이다. 바디우는 자신의 윤리에 관한 책에서 충실의 원칙으로 바로 이 문구를 채택한다. 그리고 제반 문제들은 바로 이 점에서 드러난다. 여기서 우리는 바디우가 라깡을 차용하는 방식을 점검해 볼 필요가 있다.

라깡과 바디우의 충실성 원칙에 대한 가장 흔한 비판은 호전적인 주체가 자신의 명분에 헌신했을 때 초래될 재난의 가능성에 관한 것이다. 사이먼 크리칠리(Simon Critchley)는 『윤리』에 대한 서평에서 이렇게 말한다. "이봐, 히틀러가 자신의 욕망을 중단했다고 할 수는 없지 않아!" 혹은 신나치주의 스킨헤드가 외국인을 흠씬 두들겨 패면서 명분에 대한 헌신을 결핍하고 있다고 말할 수는 없다. 내가 이렇게 말하는 것은 나 역시도 스킨헤드의 문제를 부르스 핑크에게 물은 적이 있어서 어느 정도 크리칠리의 말에 수긍하기 때문이다. 핑크 왈, 글쎄 스킨헤드들이 정신분석을 받지는 않지. 정신분석의 윤리는 사회적 윤리가 아니다. 그렇다고 충실성의 관점에서 호전주의의 결과에 어떤 대답을 주기란 불가능하다. 대답은 없고 선택만 있을 뿐이다. 나는 대답을 고집하는 종류의 윤리적 강요는 변화를 아주 효과적으로 막는다고 믿는다. 진정한 변화, 진정한 주체적 호전성이란 근본적인 선택—지젝이 행동을 낳는 통로라 부른 것—에 토대를 두며, 이런 통로에서 나오는 결과란 예측 불가능하다.

바디우는 정신분석가와 마찬가지로 이 문제에 대해서 아니다라고 말할 것이다. 진리추구의 과정이 좋게 마무리되리라는 보장은 전혀 없다. 분석은 모험이다. 분석 끝에 얌전히 기다리는 행복의 약속이란 없다. 행복은 우리가 지금 욕망하고 있는 것에 따라 정의될 수 있으리라. 하지만 분석의 전체 목표는 욕망하는 방식을 바꾸는 데 있다. 여기서 우리는 1960년대 초에 라깡의 세미나에서 나타난 의미심장한 변화를 주목해야 한다. 이 변화의 핵심은 바로 피분석가가 욕망하는 주체(타자가 제공할 수 있는 것에 따라 욕망하는 주체)로부터 충동받는 주체로 변한 것이다. 이런 움직임은 욕망의 윤리에서 충동의 윤리로 향하는 것이다. 이 변화과정에서 주체적 호전성의 주제가 도입된다. 나는 라깡의 충동과 바디우의 충실성 사이에 상관성이 있다고 생각한다. 좀 더 분명히 말하면 나는 라깡의 충동 개념은 바디우 체계에서 충실성을 설명하기 위해 필요한 부차적 틀을 제공해 줄 수 있다고 생각한다.

『존재와 사건』 도입부에서 바디우는 고전철학의 주체 개념은 마르크스와 프로이트의 주체로 대체되었다고 말한다. 이 주체는 실천의 주체, 즉 그들의 작동을 통해 정의되는 주체들이다. 마르크스주의와 정신분석의 출현 때문에 철학은 주체 개념을 재규정하지 않을 수 없었다. 따라서 바디우는 주체를 충실성의 작동자라고 규정하게 된다.

바디우에 의하면 그와 라깡을 구별하는 기준은 공허를 어떻게 이해하는가이다. 라깡에게 공허란 주체의 위치인 반면 바디우에게는 존재의 이름 바로 그것이다. 바디우의 공허는 비인간적이며 비주체적이다. 이 점에 대해 나는 바디우에게 라깡의 주체가 공허라고 말하는 게 얼마나 설득력이 있는지 묻고 싶다. 나는 아직 이 점을 납득할 수 없다. 첫째, 나는 라깡 이론에서 순수한 공허라는 것 자체가 존재한다고 생각하지 않는다. 왜냐하면 기표들을 다 벗겨낸다고 해서 그 밑에 주체의 공허가 드러나는 것은 아니기 때문이다. 공허로서의 주체는 오로지 기표에 의해서 표지되고 지정되어야만 존재한다. 공허는 주체를 결여로 지정하는 기표에 의해서 언제나 얼룩져 있거나 더럽혀져 있다.

주디스 버틀러(Judith Butler)는 10년 동안 시종일관 실재라는 라깡주의적 범주가 상징화에 저항하는 중심핵의 구체화(instantiation)에 따라 좌우되므로 이 범주는 비역사적이고 억압적인 것이라고 주장해 왔다. 내 생각은 정반대이다. 실재는 역사의 외부가 부재하는 것이다. 주체에게는 기표가 유도하는 역사 바깥이란 없다. 그리고 바로 이 없음, 무의 자리가 주체의 공허이다. 혹은 주체의 공허란 상징계적 연쇄 바깥에 존재하는 어떤 것이 아니다. 주체의 고유한 위치란 바로 상징계적 연쇄 바깥에 아무것도 없다는 사실에서 확장되어 나온다(즉 언제나 기표가 하나 더 있다는 가능성).

내가 주체를 공허라고 말하는 게 틀리다고 생각하는 또 다른 이유는 라깡 이론에서 주체의 결여를 채우면서 주체와 언제나 짝을 이루는 어떤 것, 즉 라깡의 소대상 *a*가 존재하기 때문이다. 여기 모인 우리 대부분은 이 대상 *a*가 무엇인지에 대해 일반적인 이해를 갖추고 있으리라. 대상 *a*는 메타 언어의 부재 속에 지속되는, 내가 존재의 과잉이라고 부르는 바로 그것이다. 하지만 그렇다고 해서 언어가 존재하는 모든 것을 다 흡수한다고 말할 수는 없다. 왜냐하면 기표들의 연쇄는 완성된 전체를 구성할 수 없기 때문이다. 우리는 언어 바깥으로 나아가 상황을 조망한 뒤 "그래, 메타 언어란 없어"라고 확신 있게 결론지을 수 있는 입장이 아니다. 그렇다면 대상 *a*란 총체성을 구성하는 데 언어가 실패하는 바로 그곳에 줄곧 버티고 있는 바로 그 존재의 과잉이다. 존재는 언어에서 배제되고, 대상 *a*는 상징계에서 바로 이 배제를 비언어적으로 지정해 준다.

이제 나는 라깡과 바디우를 비교하는 이 글에서 내가 처음에는 대상 *a*를 공허, 즉 존재의 최우선적인 이름, 바로 그것이라고 생각했지만 이 점에 대해 나 스스로 재고하지 않을 수 없었음을 밝힌다. 바디우 이론에서 대상 *a*에 대응하는 것을 찾는다면 그것은 사건이다. 여기서 바디우 이론의 기초를 점검해 보자. 바디우의 존재론은 비일관성의 개념, 즉 전부 표상할 수 없다는 비일관성에 정초해 있다. 표상(表象, presentation)될 수 없는 존재가 있다. 이것이 감산적 존재론(subtractive ontology)의 기초이다. 하지만 다른 한편으로 바디우는 존재는 표상과 별개일 수 없고, 존재론적 의미에서 표상은 수학적 상징들의 형식적 조작을 토대로 가능한 것이라고 주장한다. 따라서 존재의 비일관성은 표상에서 감산되는 존재와 별개일 수 없다. 그러면 이제 나는 이렇게 질문한다. 표상 불가능의 상황에서 어떻게 이 비일관성의 과잉이 스스로 드러나게 되는가? 나는 이 질문이 바디우가 사건을 이론화하도록 이끌었다고 믿는다. 사건은 한 상황에서 비일관적 존재의 드러남이다. 레이 브래시어(Ray Brassier)의 용어를 빌리면 이는 초기 감산으로부터 감산된 존재이다. 이것이 바로 대상 *a*이다. 존재는 언어에서 배제되고, 대상 *a*는—그 배제로부터 스스로를 분리시켜서—엄격히 말해서 순수하게 언어적이지는 않은 어떤 것의 형태를 통해서 스스로 드러나게 된다. 이것이 실재의 잔여분이다.

이 점을 좀더 확장시켜 보고 싶다. 왜냐하면 이 과정은 유추가 아니기 때문이다. 충동이 움직이기 위해서는 무대장치나 재현물이 필요하다는 것은 정신분석의 중심 이론이다. 가령 응시는 가시권에 놓인 물리적인 시점이 아니다(누군가 바라보는 일정한 관점이란 없다). 응시는 응시되는 즐거움에 형태를 부여하는 것으로 노출주의적 충동을 일으키는 것이다. 또 다른 예를 보자. 파솔리니의 영화 「살로」 마지막 10분 동안 우리의 시각적 즐거움을 일으키는 것은 무엇인가? 내 생각에는 대상으로서의 자르기(cut)라는 개념이다. 신체 토막내기, 이미지에서 소리 없애기, 쌍안경으로 바라보는 형태의 스크린 한 구석의 검은 공간 자르기는 가시성의 한계로 구축되며(가시성이 끝나는 지점), 이는 다음 단계로 새디스트적 시각충동에 따라오는, 말하자면 향유를 일으키는 촉각성을 얻게 된다. 이 자르기는 대상 *a*이다.

마찬가지로 바디우에게 사건은 타자들 사이에 재현된 다수성이 아니라 진리의 진행과정에 형식과 모양을 부여하는 부가적인 어떤 것이다. 프랑스 혁명은 교수대, 바스티유, 로베스피에르, 부르주아, 공포 등등과 나란히 존재하지 않는다. 오히려 그 상황에 더해졌을 때 현상의 다층적 장을 통합시켜 줌으로써 주체의 충실성을 지지해 주는 것이다.

나는 지금까지 대상 *a*와 사건, 충동과 충실성 사이의 말끔한 하나의 작은 유추를 만든 셈이다. 여러분은 아마도 이렇게 반문할지 모른다. 그래 내가 그 연관성을 받아들일 수 있다고 하자. 그래서 어떻다는 건가?

나는 주체성에 대한 바디우의 개념에 내포된 정신분석적 이론 지형을 주장하고 있다. 왜냐하면 바디우의 존재론과 전체 이론체계의 토대인 집합 이론은 사건의 출현을 설명하기엔 불충분하기 때문이다. 존재론에서 진리로 이동하려면 바디우 체계에서는 존재론에 외재적인 단계가 부가되어야 한다. 적어도 사건들이 수학적 다양체의 죽어있는 체계에서 출현할 수는 없다는 의미에서 그렇다. 바디우가 뭔가 일어나는 것에 대해 말할 때 사용하는 용어들은 바디우답지 않게 감정적 정서를 담고 있다. 파리의 1968년 5월 사건들을 언급하는 사적인 인용문을 보자. "그때 일어났던 일들은 그래, 우리는 진정 배우였지. 그것도 뭔가 그들에게 일어나고 있는 일들에 완전히 사로잡혀 있던 배우들이었어. 그 뭔가 특별하고 제대로 셈할 수 없는 어떤 것 말이야."

이 인용문이 놀라운 것은(바디우가 정기적으로 발언하는 이와 유사한 예들에서도 그렇지만) 바디우의 철학에 전혀 존재하지 않았을 사적인 경험들을 언급한다는 점이다. 특히 바디우는 셈할 수 없는 어떤 것의 손아귀에 사로잡힌, 혹은 붙들린, 경험하는 주체라는 개념에 호소하는 것 같다. 이 주체는 모든 가능한 행동의 촉매제가 된다. 이 사로잡힘의 순간이 진리구성의 전체 과정을 가능하게 한다. 다시 말해서 『존재와 사건』의 전반적인 비활성적이고 형식적인 체계가 간과할 가능성이 있는 것은 바로 정서 이론이다. 이로부터 바디우가 드러내 놓고 관심을 보이는 소재들의 관점에서 볼 때 진저리를 칠지 모를 경험의 철학과 바디우의 철학이 필연적으로 맺을 모든 종류의 관계들이 비롯될 수 있다. 바디우의 이론에서 정서 이론이 부재한다는 사실은 주체가 사건에 의해 붙들리는 방식을 생각하면 놀라울 수밖에 없다. 그러므로 나는 정신분석, 특히 라깡의 충동 개념은 이런 체계를 제공해 줄 수 있다고 제안한다.

내 두 번째 결론은 이보다는 좀 까다로운 것이지만 사실은 이 논문의 원래 전제로 되돌아가는 것이며, 동시에 바디우 사상에서 일어났던 변화들과 관련된다. 1967년 바디우는 자끄 알랭 밀러의 「봉합」(Suture)에 대한 답변을 출간한다. 이 글에서 바디우는 봉합의 개념을 과학영역에는 적용할 수 없다는 의견을 피력한다. 그 결과로 밀러가 라깡의 정신분석을 사용하는 방식은 프레게의 논리에 대한 효과적인 비판이 될 수 없다고 지적한다(나는 이 점에 대해 바디우가 과학과 논리를 동등하게 보는 점, 그리고 밀러의 「봉합」을 과학에 대한 노골적인 비판을 목적으로 썼다고 우리가 가정하는 선까지만 이해한다). 당시 바디우의 주장은 주체가 이데올로기적 범주이며, 이데올로기에 침잠되어 있는 주체를 설명할 수 있다는 점에서만 라깡의 정신분석이 유용할 뿐이라는 것이었다. 정신분석에서 욕망의 부정적 결정성은 욕망을 가능하게 만들어 주는 구조적 관계들에 대해 명백한 과학적 설명들을 제공할 수 없다는 사실에서 비롯된 직접적인 결과이다. 즉 결여로서의 욕망이라는 정신분석적 개념은 주체의 가능성의 조건들을 설명할 수 있는 과학적 지식에 대한 욕망이며, 동시에 그 욕망의 차원에서는 엄격히 말해 그러한 설명이란 불가능하다는 인식을 담고 있다. 재현(이데올로기)에서 지식으로 진행되는 주체는 과학적 지식을 얻는 순간 존재하기를 멈추는 주체이다. 그렇다면 우리에게 남는 것은 과학적 지식을 얻기 위해 필요할 뿐인 주체이며, 이런 주체의 역할은 주체 개념에는 궁극적으로 무관한 종결로 향해가는 그저 일시적인 단계 그 이상도 아니다. 과학은 주체든 봉합이든 그런 개념은 필요하지 않기 때문이다. 과학은 자신의 외부를 봉쇄한다. 이런 점에서 과학은 철학의 적합한 주제이다.

이후 바디우의 삶과 사상에서 변화들이 나타난다. 1968년 5월은 바디우의 사상을 바꾸어 놓으며 과학이 철학의 주제라는 그의 초기 개념을 포기하기에 이른다. 1970년대 중반 우리가 잘 알고 있듯이 그는 주체성의 공공연한 정치적 모델을 제시한다. 『존재와 사건』을 출간할 무렵이면 이 두 입장을 화해시키려 한 듯하다. 여기서 진리에 관한 칸토리안 존재론(집합 이론의 창시자로 유명한 독일의 수학자 게오르규 칸토어의 무리수 개념에서 영향을 받은 철학적 경향-역주)과 후기 칸토주의적,

하지만 여전히 집합 이론적인 모델은 과학적이고 정치적인(또 예술적이며 정념적인) 주체성들의 공존을 철학이 감독하는 일을 가능하게 해주었다. 내가 발견한 문제점은 바디우가 이 주체성들을 상호 배타적으로 규정한다는 점이다. 즉 정치, 예술, 과학을 동시에 생각하는 위대한 철학적 주체가 하나도 없다. 좋다. 그렇다 치자. 그러나 주체를 특수한 조건들로 국한시키는 것은 정치적 주체에 대한 알튀세적인 과학중심성을 배제하는 것처럼 보인다. 적어도 사회적 · 경제적 관계들을 떠받치는 조건들에 대한 적확한 지식은 과학을 통해서만 가능하다는 점에서 그렇다. 내가 잘못 읽지 않았다면 알튀세의 정치적 주체성은 오직 과학에서만 가능한 지식에 봉사한다. 나는 이것이 바디우에게 가능하리라 생각하지 않는다. 주체는 과학적이거나 정치적일 뿐이다. 이런 점에서 바디우가 경제학이나 경제학을 토대로 삼은 마르크스주의에 관심을 보이지 않는 것이 사뭇 흥미롭다. 이에 관해서 이 자리에서 더 얘기하는 대신 과학에 봉사하는 알튀세의 정치적 주체성을 바디우의 주체 이론을 발전시키려는 목적에서 다시 사용해야 할 필요가 있을지 묻고 싶다. 이 주제는 매우 광범한 범주이다. 따라서 주제를 집중해서 밀러와 라깡의 주체에 대한 문제와 이에 대한 바디우의 관계, 그리고 알튀세가 밀러를 사용한 방식에 국한시켜 토론해 보고 싶다.

샘 길레스피의 저서들은 다음과 같다.

책

The Mathematics of Novelty : Badiou's Minimalist Metaphysic. *Sigi Jöttkandt* 편집(발간예정).

에세이

1. "Slavoj your Symptom!" *Umbr(a)* 1(1995) : 115－119쪽.
2. "Subtractive." *Umbr(a)* 1(1996) : 7－10쪽.
3. "Hegel Unsutured (An addendum to Badiou)." *Umbr(a)* 1(1996) : 57－69쪽.
4. "Badiou's *Ethics* : A Review." *Pli : The Warwick Journal of Philosophy*. 특별호 "What is Materialism?" 12(2001) : 256－265쪽.
5. "Placing the Void : Badiou on Spinoza." *Angelaki* 6(December 2001) : 63－77쪽.
6. "Neighborhood of Infinity : On Badiou's *Deleuze : the Clamor of Being*." *Umbr(a)* 1(2001) : 91－106쪽.
7. "Beyond Being : Badiou's Doctrine of Truth." *Communication and Cognition*. 특별호("The True is Always New") Dominiek Hoens 편집. 36(2003) : 5－30쪽.
8. "Get your Lack On." *Umbr(a)* 1(2004) : 9－19쪽.

번역서

1. (Marcus Coelen와 함께) Alain Badiou, "Hegel." *Umbr(a)* 1(1996) : 27－35쪽.
2. (Justin Clemens와 함께) Alain Badiou, "Frege"와 "On a contemporary use of Frege." *Umbr(a)* 1(2000) : 99－113쪽.

민중주의적 이성에 관하여

―어네스토 라클라우

자 이제 지금까지 우리가 해온 분석을 가지고 핵심 결론들을 도출해 보자.[1] "민중"을 사회적 범주로 사유하기 위해선 우리가 진행해 온 탐색에서 얻어낸 이론적 결정들이 필요하다. 아마도 이 중 사회적 **이질성**의 **구성적** 역할이 가장 중요할 듯하다. 이질성의 구성적 역할을 인정하지 않는다면 필경 이질성이란 개념은 그 불투명성 때문에 궁극적인 핵심체의 외형적 형태로만 이해될 것이다. 이 핵심체는 그 자체로서 완전히 동질적이며 투명하다. 이질성은 역사에 관한 철학들이 번성하게 될 영토가 될 것이다. 만일 정반대로 이질성이 원초적이며 비환원적이라면 다른 무엇보다도 이질성은 **과잉**(excess)으로 나타날 것이다. 우리가 앞에서 살펴본 대로 과잉은 어떤 속임수로도—변증법적 역전이든 혹은 다른 어떤 방법으로도—정복할 수 없다. 그러나 이질성은

1) 이 글은 2005년 Verso 출판사에서 출간된 졸저 『민중주의적 이성』의 결론이다. 여기에 붙인 두 개의 부록은 책의 논의를 정리한 것이다.

순수한 복수성(plurality)이나 다양체(multiplicity)가 아니다. 왜냐하면 복수성과 다양체는 군집원소들의 완전한 실증성과 양립하기 때문이다. 우리가 개념화하는 이질성은 그 특성들 중 하나로서 **결핍적 존재** 혹은 **실패한 일원체**(unicity)를 갖는다. 이질성은 심층적 동질성으로의 궁극적인 환원이 불가능하지만, 다른 한편으로는 단순히 부재한 것이 아니라 **부재한 방식으로 현존**한다. 일원체는 바로 그것의 부재를 통해 드러난다. 우리가 살펴본 대로 이 현존/부재의 결과 이질적 합체의 다양한 원소들은 서로 차별적으로 고착되거나 중층결정된다. 하지만 우리는 부분성을 통해서 항상 소멸해 가고 있는 총체성을 구현하는 부분대상들을 갖고 있다. 총체성이 대상들의 실증성과 물질성에서 비롯하지 않기 때문에 총체성은 우연적인 사회적 구성체를 요구한다. 이것이 우리가 **절합**과 **헤게모니**라고 부르는 것이다. 이 구성체—단지 지적인 작동과는 구별되는 것—에서 "민중"이 출현하는 시점을 발견한다. 이 출현의 주요 조건들을 다시 살펴보자. "민중"과 같은 것이 인지될 수 있는 이론적 조건을 먼저 다루고 이어서 민중이 출현할 수 있는 역사적 조건을 다룰 것이다.

1. 첫 번째 이론적 결정은 "민중"을 사회구조의 **자료**가 아니라 **정치적** 범주로 사고하는 것이다. 이는 **주어진** 집단이 아니라 이질적 원소들의 복수성에서 새로운 행위주체성을 창조해내는 제도의 행동을 제시한다. 이런 이유로 우리는 애초에 분석의 최소단위가 지시내용으로서의 **집단**이 아니라 사회 · 정치적 **요구**가 될 것이라 주장했다. 이 사실은 "이런 요구들은 어떤 사회적 집단의 **표현**인가"라는 등의 질문들이 우리 분석에서는 아무 의미가 없음을 설명해 준다. 우리에게는 집

단의 통일성이란 사회적 요구들의 총합의 결과일 뿐이다. 이 총합은 물론 침전된 사회실천들의 결정체로 남아 있으며, 전체로서의 민중공동체(populus)와 하층민[underdog(plebs)] 사이의 본질적인 불균형을 가정한다. 우리는 또 왜 후자, 즉 하층민이 항상 민중공동체와 동일시되는 부분성인가에 대한 이유도 설명했다.

2. 바로 이 공동체의 보편성이 하층민의 부분성으로 오염되는 것이 역사의 배우로서 "민중"이 특이한 이유이다. 그 구성논리는 우리가 여기서 "민중주의적 이성"이라 불러온 것이다. 우리는 이것의 특수성을 두 가지 각도, 즉 부분의 보편성과 보편의 부분성에서 조명할 수 있다. 이 두 각도를 차례로 살펴보자. 어떤 의미에서 부분은 보편적인가? 우리는 이미 이 질문에 적절히 대답할 수 있는 모든 요소들을 갖추고 있다. 여기서 부분성이 모순어법(oxymoron)에 가깝게 사용되고 있음을 명심해야 한다. 이 용어는 단순하게 부분적이라는 의미를 상실하고 총체성을 일컫는 무수한 이름들 중 하나가 되었다. 하나의 민중적인 요구는 잠재적으로 끊이지 않고 계속되는 등가성의 사슬을 통해서 공동체의 부재한 충만성을 육화한다. 이 때문에 민중주의적 이성—우리가 살펴본 대로 순전히(tout court) 정치적인 이성과 동일한 것으로서—은 정치의 종말을 선언하는 두 가지 형태의 합리성과 절연한다. 이 두 가지 합리성이란 첫째 총체적인 혁명적 사건으로, 사회가 스스로 완전한 화해에 이름으로써 정치적 순간을 잉여화하는 것이고, 둘째 단순한 점진주의적 실천으로서 정치를 행정으로 환원시키는 것이다. 아무런 이유 없이 생시몽의 점진주의적 모토, "인간의 정부로부터 사물들의 행정으로"를 마르크스주의가 받아들여 무계급 사회의 미래 조

건을 묘사했던 것은 아니다. 그러나 앞에서 살펴본 대로 부분대상은 비부분적 의미 또한 갖고 있다. 즉 전체의 일부로서가 아니라 전체인 부분 말이다. 일단 이 부분/전체의 관계가 역전되고 나면—라깡의 대상 *a*와 헤게모니적 관계 양자에 내재해 있는 역전—민중공동체/하층민의 관계는 각 항이 동시에 서로를 흡수하고 배척하는 제거 가능한 긴장의 준거점이 된다. 이 무기한으로 지속되는 긴장은 사회의 정치적 성격, 즉 양극 간의 어떠한 궁극적인 화해(=중첩)도 초래하지 않는 민중 구현체들의 복수성을 보장한다. 이것이 자체적으로 보편성의 흔적들을 드러내지 않는 부분성이 존재하지 않는 이유이다.

3. 이제 각도를 바꾸어 보편성의 부분성으로 옮겨가 보자. 바로 여기서 우리 분석의 토대인 진정한 존재론적(ontological)인 선택지를 찾을 수 있다. 하나의 존재론적인 투자에서 어떤 종류의 물질적 내용에 특권을 부여한다 하더라도 투자의 **흔적들**을 완전히 감출 수는 없다. 우리가 특별히 다루는 부분성은 또한 보편성이 필연적으로 거주하는 지점이 될 것이다. 핵심적 질문은 이것이다. 이 "거주"가 특수성의 구체성을 제거함으로써 보편성이 무제한적인 **논리적** 매개의 진정한 매체가 되고 특수성은 그저 **표현적** 매개의 가시적 장이 되는 것인가? 혹은 이렇게 질문을 던질 수도 있다. 후자, 즉 표현적 매개의 장으로서의 특수성이 만일 상황이 다르다면 투명했을 경험에 불투명한 매체를 대립시켜서 비환원적으로 불투명한 (비)재현적 계기를 구성적으로 만드는 것일까? 우리가 만일 이 마지막 선택지를 고른다면 즉시 [개념적으로는 그것을 흡수하지 않는 명명(命名)을 통해서 구성되는] "민중"이 토대의 하부구조적 논리가 갖는 "상부구조적" 효과가 아니라, 정치적 주체성

의 구성에서 우선적 영역이 되는 것을 목격하게 된다.

여기서 보편성과 특수성의 상호적 오염이 낳는 주요한 효과들 중 일부를 찾아볼 수 있다. 특수성의 부분성은 부분을 초월하는 보편성의 이름으로 변형되었다. 그렇기 때문에 특수성의 존재론적인 기능은 결코 물질적 존재의 내용으로 환원될 수 없다. 하지만 이 존재론적 기능은 물질성의 내용에 첨부될 때에만 **오직** 현존할 수 있기 때문에 이 내용이 존재하는 그 모든 것들의 지평—즉 존재의 물질성과 존재론이 우발적이지만 결코 환원될 수 없는 통일성으로 융합되는 지점—이 된다. 앞서의 예를 다시 살펴보자. 폴란드의 자유노조(Solidarnosc)의 상징들은 어느 지점에서부턴가 폴란드 사회에서 부재한 충만성의 상징이 되었다. 충만성으로서의 사회는 그것을 육화하고 있는 물질적 존재의 내용들 너머 어떤 적절한 의미도 갖지 못하기 때문에 내용에 매달리는 주체들에게는 내용이야말로 **존재하는 모든 것들**이다. 내용은 우리가 덧없이 기다리고 있는, 결코 도달할 수 없는 궁극적인 충만성에 버금가는, 최상의 것보다는 못하지만 경험적으로 도달 가능한 두 번째인 어떤 것이 아니다. 우리가 살펴본 대로 이것이 바로 헤게모니의 논리이다. 부분대상과 총체성이 융합되는 이 순간은 시간의 매 시점마다 보편과 특수라는 두 차원으로 나뉠 수 없는 궁극적인 역사적 지평을 나타낸다. 따라서 역사는 궁극적 목표로 향해가는 무한한 진보로 개념화될 수 없다. 차라리 역사는 그 우발적인 역사성을 초월하는 대본에 따라 질서정연해질 수 없는 헤게모니적 형태들의 불연속적 연결이라고 봐야 한다. "민족"은 현실적 사회구성체이지만 어떤 형태의 헤겔주의적 목적론으로 기입되기를 거부한다. 이 때문에 조운 콥젝이 욕망과 충동의 라깡주의적 구분을 고집한 것은 전적으로 옳다. 욕망에는 대상이 없고 따라서 욕망을 만족시킬 수 없다면 충동은 부분대상에 대한 근본적 투자와 관련되어 만족을 가져온다. 따라서 우리가 곧 확인하게 될 바, 정치를 총체적 혁명과 점진적 개혁주의 사이의 선택으로 양극화시키려는 정치적 분석들은 다음과 같은 사실을 놓치고 있다 : 양극론에서 빠진 것은 대상 *a*의 대안논리, 즉 부분성이 불가능한 총체성을 일컫는 이름이 될 가능성(다시 말해 헤게모니 논리)이다.

4. 이 점을 좀더 명료화하기 위해서 우리는 세 가지 점을 덧붙여야 한다. 첫째, **명명하기**와 **우발성** 사이의 관계는 이제 자명하다는 사실. 사회적 행위자들의 통일성이 하나의 통합된 개념적 범주 속에 다양한 주체 위치들을 포섭하는 논리적 연관의 결과라면, "명명하기"는 단순히 그 통일성이 순전히 **선험적** 방법들로써 보증되는 대상을 위해 임의적인 이름을 선택하는 것이다. 하지만 사회적 행위주체의 통일성이 인접성의 동일가치적 (환유적) 관계들을 통해 모집되는 사회적 요구들의 복수성의 결과라면 명명의 우발적 순간은 절대적인 중심이자 구성적인 역할을 갖는다. 중층결정의 정신분석적 범주는 바로 이 방향을 가리킨다. 이런 견지에서 볼 때 명명하기는 "민중"의 구성과정에서 중요한 순간이다. 왜냐하면 "민중"의 경계선과 동일가치적 구성요소들은 영원히 가변적이기 때문이다. 예를 들어 민족주의가 민중적 정체성들의 구성과정에서 중심 기표가 될지의 여부는 선험적 방식을 통해 결정될 수 없는 우발적 역사에 달려 있다. 현재 이라크의 상황이 확인해 주는 대로 "민족주의 의식은 미약하며, 다른 형태의 집단적 맹세들로 손쉽게 대치될 수 있다. 쑤니파와 시아파 사이에 최근 고조된 친족

감정은 자기동일성의 변화적 속성을 보여준다. 한 민족의 존재라는 개념—그리고 민족의 소속감조차도—은 지속적으로 변화하는 개념이다."[2] 이 저자는 스탠포드 대학의 스티븐 D. 크라스너 교수를 인용한다. "개인들은 다중적 정체성을 가지고 있기 때문에 항상 그 정체성들 중에서 선택을 한다. 시아파, 이라크, 무슬림, 아랍. 정체성의 레퍼토리 중 그들이 무엇을 선택할 것인지는 상황에 따라 특정한 정체성을 요구하는 가감방식에 따른다."[3] "민족주의"는 텅 빈 기표의 역할을 하기 때문에 다른 것들로 대체될 수 있을 뿐만 아니라, 민족주의의 의미 또한 민족주의와 연관된 등가성의 연쇄에 따라 변화하게 된다.

둘째는 민중적 정체성의 구성에서 정서가 차지하는 역할이다. 정서적 유대는 언어의 조화적/상징적 차원이 자동적으로 작동하는 정도가 덜할 때마다 더욱 중요해진다. 이런 관점에서 정서는 언어의 대체적/패러다임적 극의 작동을 설명할 때 절대적으로 필수적이다. 언어의 이 한쪽 극은 언어의 작용에서 좀더 자유연상적이다(따라서 정신분석적 탐색에 좀더 열려 있다). 우리가 확인한 대로 등가론적 논리는 민중적 정체성의 구성에서 결정적이며, 이 대체적/등가적 작동들에서 의미화 과정과 정서의 연합이 가장 가시적이 된다. 민중사회의 초기 이론들은 바로 이 차원을 가장 문제적이며 사회적 합리성의 치명적 위협과 연루된 것으로 보았다. 현대 사회과학의 합리주의적 재구성들, 가령 구조주의에서부터 합리적 선택에 이르는 시도에서도 바로 이 언

2) Edward Wong, "Iraqi Nationalism Takes Root, Sort of." *New York Times*, 25 April 2004, late ed., sec. 4.
3) 같은 글.

어의 극은 "문법적" 혹은 "논리적" 계산을 가능하게 하는 조화적/상징적 극을 위해 체계적으로 강등된다.

이제 최종적으로 한 가지를 더 살펴볼 필요가 있다. 하나의 헤게모니 형태 혹은 민중적 형상(configuration)에서 또 하나의 다른 형상으로 옮겨가는 과정은 항상 근본적인 단절, 즉 **무로부터의 창조**(creatio ex nihilo)와 관련된다. 출현하는 형태의 모든 구성요소들이 전적으로 새로워야 한다는 뜻은 아니다. 절합의 지점, 즉 헤게모니 형태가 새로운 총체성으로 재구성되기 위해 그 주변으로 모이는 부분대상은 이미 시작된 상황 속에서 작동하고 있는 어떤 논리로부터도 그 중심 논리를 끌어내지는 않는다는 뜻이다. 여기서 우리는 라깡이 **행위의 통로**(passage a l'acte)라고 부른 것에 근접해 간다. 행위의 통로는 실재의 윤리와 연관된 최근의 논의들에서 핵심적이다. 알렌카 주판치치(Alenka Zupančič)는 다음과 같이 주장했다 : "진정한 윤리적 행위인 '자유의 행위', *Aktus der Freiheit*는 언제나 전복적이다. 이 행위는 '개선'이나 '개혁'의 단순한 결과일 수는 없다."[4]

등가적/절합의 순간은 매 요구가 다른 요구들로 이동해 갈 어떤 논리적 필요에서 진행되지 않는다. 따라서 "민중"이 새로운 역사적 행위자로 출현하는 과정에서 중요한 것은 새로운 형상에 담긴 다수의 요구들의 통합이 파생적이 아니라 구성적이라는 사실이다. 다시 말해

4) Alenka Zupančič, *Ethics of the Real : Kant, Lacan*(London : Verso, 2000), 11쪽. 주판치치는 여기서 칸트를 언급하면서 자유의 행위에 대한 칸트의 입장과 라깡의 입장을 동일시한다 : "행위의 통로라는 라깡 자신의 개념 그 자체가 이러한 칸트주의적 제스처에 기반하고 있지 않은가?"

이런 통합은 엄격한 의미에서 행위를 구성한다. 왜냐하면 자신에 대해 외부적인 어떤 것에도 그 원천을 갖지 않기 때문이다. 역사적 행위자로서의 "민중"의 출현은 언제나 그것에 선행하는 상황을 위반한다. 이러한 위반이 바로 새로운 질서의 출현이다. 주판치치는 외디푸스에 대해 이렇게 주장한다. "외디푸스의 행위, 그의 발언은 그저 분노이자 대타자를 향한 반항의 언어인 것만이 아니라 (다른 종류의) 대타자를 창조하는 행위이기도 하다. 외디푸스는 '위반자' 라기보다는 새로운 질서의 '설립자' 이다."[5]

나는 대체로 주판치치의 진정한 행위에 관한 설명에 동의하지만 위반된 상황의 본질에 관해서만큼은 주판치치의 견해와 다르다. 그녀는 주로 행위에 의해 초래되는 단절의 급진성을 강조하기 때문에 행위의 위반적 기능을 행위가 설립하는 새로움과 함께 강조하는 경향을 보인다. 하지만 내가 보기에 바로 그런 이유로 주판치치는 행위의 통로에 선행하는 상황을 실제와 달리 좀더 폐쇄적이고 단일체적으로 묘사하게 된다. 만일 상황이 내재적으로 탈구되어 있어서 행위가 단순히 구질서를 새 질서로 **대체**하는 것이 아니라, 적어도 국부적이나마 혼란스러운 곳에 질서를 **도입**하는 것이라고 한다면 어떻게 되는가? 이런 경우에 도입된 질서는 여전히 새로운 것이긴 하지만 놓쳐버린 것으로서 철저히 구현된 질서이다. 이 점은 주판치치의 분석의 핵심적 주장들 중 하나, 즉 진정한 행위에는 분리된 주체가 존재하지 않는다는 주장에서 중요한 부분이다. "의지의 분리 혹은 주체의 분리가 자유

5) 같은 글, 204쪽.

의 표지라고 해도 행위의 표지는 될 수 없다. **하나의 행위에는 어떤 분리된 주체도 없다.** 안티고네는 그녀의 행위에서 전체이거나 '전부'이다. 그녀는 '분리되'지도 '빗금쳐지'지도 않았다. 이는 안티고네가 대상 쪽으로 완전히 건너갔고, 이 대상을 원하는 의지의 장소는 텅 빈 채 '남아 있다'는 것을 의미한다."[6] 내가 이러한 이론적 정식화를 문제 삼는 이유는 행위에서 주체가 완전히 대상 측으로 옮겨간다는 주장 때문이 아니다. 이 점에 대해선 나도 동의할 수 있다. 내가 주판치치의 이 주장을 받아들이기 어려운 이유는—지금껏 내가 제시해 온 바로 그 이유들 때문에—**나는 대상 그 자체가 이미 분리되어 있다고 보기 때문**이다. 행위는 **새로운** (물질적 존재의) 질서를 가져온다. 하지만 다른 한편으로는 **질서를 부여하는** (존재론적) 기능을 갖기도 하기 때문에 행위는 구체적인 내용이 바로 그 구체성을 통해서 뭔가 전적으로 그 자신과 다른 어떤 것을 실재화하는 복잡한 게임의 장소이며, 바로 우리가 사회의 부재한 충만성이라 부르는 것이다. 이 게임의 복잡성이 없이는 헤게모니와 대중적 정체성이 불가능한 것은 바로 이 때문이다.

5. 이제 민중적 정체성의 출현과 확장을 가능하게 하는 **역사적** 조건들을 살펴보자. 우리가 이미 알고 있는 **구조적** 조건이란 사회적 요구들의 증식, 등가적인 정치적 절합들을 통해서만 형성되는 통일성에 나타나는 이질성이다. 따라서 역사적 조건들과 관련된 문제는 반드시 다음과 같아야 한다. 우리는 내재적 하부구조 메커니즘들을 통해 사회

6) 같은 글, 255쪽.

적 동질성을 증가시키는 경향이 있는 사회에서 살고 있는가, 아니면 정반대로 균열과 적대주의들의 이질적 지점들이 증식되어 가면서 사회적 재군집화의 정치적 형태들을 점점 더 요구하는 역사적 영역에 거주하는가? 즉 이러한 **정치적** 형태들은 사회적 논리의 **토대**들보다는 우리가 앞서 묘사한 대로 점점 더 **행위**에 의존하는가? 이 문제는 대답할 필요조차 없다. 하지만 점점 더 이질성을 향해 천칭이 기울도록 만드는 조건들을 고려해 볼 필요가 있다. 여기에는 여러 가지 상호 연결된 조건들이 있겠지만 이들에 하나의 이름표를 붙인다면 그것은 **지구화된 자본주의**이다. 여기서 자본주의란 물론 더 이상 근원적 형태로서의 상품의 모순에서 파생되는 운동들에 따라 지배되는 자기폐쇄적인 총체성을 의미하진 않는다. 우리는 더 이상 자본주의를 순수하게 경제적인 현실로 이해할 수는 없다. 그보다는 자본주의란 이제 경제적·정치적·군사적·기술적, 그리고 그 외의 다른 결정요소들—각기 그 나름의 논리에 따라 움직이며 일정한 자율성을 갖는 것들—이 전체의 움직임을 결정하는 복합체이다. 다른 말로 표현하면 이질성은 자본주의의 본질로서 그것의 부분적인 안정화는 본질적으로 헤게모니적이다.

이 지점에서 앞서 언급한 문제들에 대한 논의를 시작하려면 다른 한 권의 책분량이 필요하다. 여기에서는 다만 간략히—전보를 치듯이—현대 사회에서 대중주의를 고려할 때 무시할 수 없는 몇 가지 양상들을 추려보겠다.[7] 첫째, **개념**과 **이름** 사이의 불안정한 균형의 문

7) 해당 논의를 제대로 하려면 상황과 운동들에 대한 지형학 쪽으로 방향을 잡아야 한다. 『민중주의적 이성』의 목표는 이보다는 다소 제한적인 것으로, 민중주의적 이성의 기

제이다. 사회적 행위자들이 취하는 다양한 주체 위치들이 수평적 변이의 제한적 범위를 갖는다면 이 위치들은 **동일한** 사회적 행위자들의 정체성을 표현하는 것으로 개념화될 수 있다. 가령 일정한 주거지에 살고 비슷한 일을 하면서 소비재, 문화, 여가 등을 동일하게 누릴 수 있는 노동자들은 그들의 이질성에도 불구하고 그들의 요구 일체가 **동일한** 집단에서 나오고, 그들 사이엔 자연적이거나 본질적인 연결고리가 있다는 환상을 가질 수 있다. 이 요구들이 사람들의 체험 속에서 점점 이질적이 되어 가면 "당연하다고 여겨진" 집단을 중심으로 형성된 그들의 일체감이 문제되기 시작한다. 이 지점에서 "민중"을 우발적인 실체로 구성하는 논리는 사회적 내재성으로부터 좀더 자율적이 되지만, 바로 이런 이유 때문에 이 논리들은 그 효과에 있어서 더 구성적이 된다. 따라서 매우 고착된 결집력을 갖는 것으로서의 이름은 집단의 통일성을 **표현**하는 것이 아니라 집단의 **근거**가 되는 것이다.

둘째, 사회적 분리의 담론적 구성의 문제이다. 우리는 지금까지 적대적인 변경인(邊境人)들이 동일가치적 논리들에 근거를 두고 있는 민중적 정체성 구성의 구조적 설명을 제시했다. 변경인은 "민중"의 출현에 필수불가결한 요소이다. 변경인이 없다면 부분성/보편성의 전체 변증법은 간단히 붕괴되고 만다. 그러나 등가적 연쇄망이 확장되어 갈수록 연결고리들 사이의 절합은 덜 "자연적"이 되고 (변경인의 다른 쪽에 놓인) 적의 정체성은 점점 더 불안정해진다. 바로 이 점이 우리가 이 분석의 여러 대목에서 발견한 것이다. 국지적인 맥락 안에서 구성된

본 작동방식들의 결정이다.

제 시간에 맞춘 요구의 경우 누가 적인지 결정하는 것은 비교적 쉽다. 이질적 요구들의 다양성들 사이의 관계가 등가적이라면 목적이 무엇이며 어떤 대상을 향해 싸우는지 결정하기란 점점 더 어려워진다. 바로 이때 "민중주의적 이성"이 만개한다. 그렇기 때문에 우리가 "지구적 자본주의"라고 부른 것이 자본주의 역사의 질적으로 새로운 단계를 나타내며, 우리가 정체성 구성의 논리라고 기술한 것이 좀더 심화되는 것이다. 탈구에 의한 결과들이 늘어나고 새로운 적대주의가 증식되어 왔기 때문에 반지구화 운동은 전적으로 새로운 방식으로 작동해야 한다. 반지구화 운동은 심화된 이질적인 사회적 요구들 사이의 등가적 연결고리를 창조하는 동시에 공용어를 만들어내야 한다. 새로운 국제주의가 출현하면서 정치적 매개의 전통적인 형태들을 낡고 무능하게 만든다. 가령 "정당"형태의 보편성에 대한 근본적인 회의가 일고 있다.

마지막으로 정치성의 지위에 관한 문제이다. 우리의 입장에서 정치성은 소위 우발적 절합과 연결되어 있다. 우발적 절합은 차이와 등가적 논리 사이의 변증법을 다르게 부르는 말이다. 이런 의미에서 모든 적대주의는 본질적으로 정치적이다. 하지만 이 경우 정치성은 가령 경제적인 것과는 다른 갈등의 지역적 유형들과는 연결되지 않는다. 여기엔 두 가지 이유가 있다. 첫째 상황을 문제삼는 요구들은 상황의 논리로부터 자발적으로 생겨나는 것이 아니라 상황과 단절하는 과정에 존재한다. 임금인상에 대한 요구는 자본주의 관계의 논리로 도출되는 것이 아니라 그것과는 이질적인 조건에서, 가령 정의와 관련되는 담론의 조건들 속에서 자본주의적 관계를 방해한다. 따라서 모든 요구는 구성적 이질성을 가정한다. 상황의 논리와 단절하는 것은 사건이다. 이것이 요구를 정치적으로 만든다. 그러나 둘째, 현존 상황과 마주한 요구의 이질성은 시기적절한 내용에 거의 제약받지 않을 것이다. 시작부터 이질성은 고도로 중층결정될 것이다. 정의의 이름을 건 임금인상 요구는 다른 다양한 상황들과 연결된 좀더 폭넓은 정의의 개념에 뿌리를 둘 것이다. 변화의 순수한 주체란 없다. 변화의 주체는 등가치적인 논리들에 항상 중층결정되어 있다. 이는 정치적 주체들이 항상 이런저런 방식으로 민중적이라는 것을 의미한다. 지구화된 자본주의의 조건 하에 중층결정된 공간은 분명 넓어진다.

지금까지 우리는 민중적 정체성의 구성을 결정하는 논리에 관한 개념이 갖는 주요한 특성들을 제시했다. 하지만 우리의 접근법이 갖는 특수성은 최근 들어 제안된 몇몇 대안적 접근법들과 비교해 볼 때 좀더 선명해질 것이다. 따라서 나는 이제 내가 근본적으로 동의하지 않는 두 가지 대안, 즉 슬라보예 지젝의 것과 마이클 하트와 안토니오 네그리의 대안을 살펴볼 것이다. 마지막 부분에선 이 책에서 제시된 전망에 좀더 근사한 자끄 랑시에르의 대안을 다룰 것이다.

지젝 : 화성인을 기다리며

민중적 주체들의 통일성에 관한 첫 번째 입장은 전통 마르크스주의의 새로운 변형들에서 찾아볼 수 있다. 이들의 이론에서 민중적 통일성은 계급통일성으로 환원된다. 이러한 입장의 대표적인 예는 지젝이다.[8] 지젝은 내 글을 비판하면서 이 주제에 대한 견해를 피력한다.

그의 비판의 주요 핵심은 다음과 같다.

(1) 내 입장의 배후에는 어리숙하게 변장한 칸트주의가 도사리고 있다 :

> 라클라우에게서 나타나는 "칸트적" 차원은 정치적 참여라는 불가능한 목표를 향한 열광과 그가 이보다 좀더 겸양 있고 현실적인 내용 사이의 넘어설 수 없는 틈새를 수용하는 방식에서 나타난다. … 우리가 만일 이 틈새를 궁극적인 정치적 참여의 지평으로 받아들인다면 그러한 참여와 관련되어 선택을 해야 하는 것이 아닌가? 즉 우리가 들이는 이 노력이 궁극적으로 실패할 필연을 향해 맹목적으로 돌진하든가 — 이는 순진함으로의 퇴행이며, 열광에 사로잡히도록 내버려 두는 것이다 — 혹은 냉소적 거리를 유지하면서 결과가 실망스러울 것이라는 사실을 충분히 인식하면서도 게임에 참여해야 하는 것이 아닐까? (316–317쪽)

(2) 내 입장을 다문화주의적 정체성의 정치로 동화시키는 오류를 범하면서 지젝은 다음과 같은 결론에 도달한다 : "하지만 혁명 후기 사회의 완전성에 대한 이와 같은 정당화된 거부는 전지구적 사회변화라는 어떤 프로젝트도 거부한 채 해결할 수 있을 만한 부분적 문

8) 나는 이 글에서 Judith Butler, Ernesto Laclau, and Slavoj Žižek, *Contingency, Hegemony, Universality : Contemporary Dialogues on the Left*(London : Verso, 2000)에 실린 지젝의 입장을 주로 다룰 것이다. 이후 이 책에 관한 언급은 본문에 괄호로 표기하겠다. 이 책의 집필을 위해 정해진 과정상 나는 이미 내 글을 쓰고 난 후 지젝의 마지막 원고를 읽었다. 그 결과 책 속에서 내 글에 대한 지젝의 최근 비판에 응답할 수가 없었다. 따라서 이제 쓸 내용은 어느 정도는 지젝의 글에 대한 나의 답변이다. 그렇지만 지젝의 비판 전체를 다룰 수는 없어서 본고와 관련되는 부분에만 집중했다.

제들로 우리 스스로를 제한시켜야 한다는 결론을 합리화할 수는 없다. '현존의 형이상학' 비판에서 반유토피아적 '개혁주의'로의 건너뛰기는 비합법적 누전이다"(101쪽). (3) 정통 본질주의적 마르크스주의의 점증하는 쇠퇴라는 역사적 내러티브와 새로운 민중적 역사주체들의 복수성의 출현 이면에는 일정한 "사퇴", "자본주의를 '현 단계 유일한 게임'으로 수용하고 현존 자본주의적 자유주의 체제를 극복하려는 어떤 시도도 포기"하는 태도가 도사리고 있다고 지젝은 주장한다(95쪽). (4) "전지구적 자본주의, '자본의 논리'에 대한 비판의 옹호자들에 대항해서 라클라우는 자본주의가 우발적인 역사적 성좌들의 결과로 조합된 이질적인 성질들의 불연속적 구성체이지 공통적 토대의 논리를 따르는 동질적인 총체성은 아니라고 주장한다"(225쪽). (5) 마지막으로 지젝의 핵심적 주장은 바로 사회적 정체성에 대해 우리가 서로 다른 개념들을 상정하고 있음을 드러내 준다 : "여기서 라클라우를 비판할 때 나는 헤게모니적 투쟁을 촉발시키는 모든 요소들이 본질적으로 등가적이라는 주장을 받아들이지 않는다는 것이 핵심이다. (경제적, 정치적, 페미니스트, 생태적, 인종적 등의) 일련의 투쟁들에서 오직 유일한 한 가지 투쟁[계급투쟁]이 있다. 이 단 하나의 투쟁은 연쇄의 일부이면서도 은밀히 바로 그 지평선을 중층결정한다. 보편을 부분으로 오염시키는 것은 헤게모니를 향한 투쟁보다 '더 강하다.' … 그것이 헤게모니를 향한 특수한 내용들의 다수가 싸우는 바로 그 지형을 미리 구성한다" (320쪽).

이제 우리가 이 와전된 진술들을 검토해 볼 차례이다. 우선 이 책의 독자들은 지젝이 내 책을 기본적으로 오독하고 있음을 어렵지 않게 알아차렸으리라 믿는다.[9] 나의 방법론을 규정할 때 지젝은 부분적 변화들에 대립해서 "전지구적 사회변화"를 제시하고 점진주의적 개혁주의를 부분적 변화로 동일시한다. 그가 설정한 대립은 아무 의미도 없으며, 동일화 역시 전적으로 그가 임의적으로 고안해낸 것일 따름이다. 나는 "점진주의"(gradualism)에 대해 말한 적이 전혀 없으며, 이 용어는 내 이론에서 그저 어떤 종류의 등가주의에도 방해받지 않는 다른 논리, 혹은 일체의 민중적 절합도 촉발하지 않을 매사 정확한 요구들의 세계를 의미할 뿐이다. 우리가 의미하는 민중적 정체성들이란 언제나 총체성을 구성한다. 내가 부분투쟁과 요구들에 관해 말한 것은 분명하지만 이 부분성은 점진주의와는 무관하다. 이 책이 충분히 규명했다고 믿는 바, 나의 부분성 개념은 정신분석에서 "부분대상"이라고 부르는 것, 즉 총체성으로 기능하는 부분성과 조우한다. 그러므로 지젝이 간과하고 있는 것은 대상 *a*의 전체 논리, 즉 내가 앞서 주장한 대로 헤게모니 논리와 동일한 바로 그것이다. 대상이 "고양되어 [대문자] 사물의 위엄을 갖추는" 것에 담긴 정치적 가능성을 지젝이 배제한 듯하다. 그가 제시한 대안은 바로 이렇다 : 우리가 사물 그 자체에 접근하거나 어떤 총체적 효과와 결부되지 않는 순수한 부분성들을 갖고 있던

9) 여기서 지젝의 오독이 어느 정도 악의 없음을 지적해야겠다. 왜냐하면 다른 책들에서 지젝은 내 주장을 완벽히 이해하고 있기 때문이다. 그는 이 대목에서 내게 동의하면서 이렇게 쓴다 : "『헤게모니와 사회전략』에서 라클라우와 무페는 … 적대주의 개념에 기반한 사회적 장 이론을 발전시켰고, 바로 이 점이 그들의 장점이다. 이 이론은 원초적 '트라우마', 즉 상징화, 총체화, 상징적 통합에 저항하는 불가능한 핵을 인정하고 있다 … 라클라우와 무페는 근본적 해결책을 찾는 과정에서 '근본적'이어서는 안 된다는 점을 강조한다. 우리는 항상 사이의 공간, 빌려온 시간에 살아간다. 모든 해결책은 임시적이며 잠정적인 것으로 근본적인 불가능성의 지연이다." *The Sumblime Object of Ideology*(London : Verso, 1989), 5-6쪽.

가. 나는 지젝과 같은 라깡주의자라면 이 정도로는 어림없다고 본다.

같은 이유로 헤게모니적 지평이 갖는 부분성은 어떤 포기와도 관련되지 않는다. 콥젝이 충동의 대상이 만족을 가져올 수 있다고 주장한 점은 여기서 중요하다. 헤게모니적 배치 속에 존재하는 주체에게 이 배치구조란 그 안에 존재하는 모든 것이다. 이 헤게모니적 배치구조는 관념적 이상으로 향해가는 멈추지 않는 시도 속의 어떤 한 계기가 아니다. 따라서 지젝이 칸트를 끌어들이는 것은 완전히 잘못된 처사이다. 칸트의 관념적 이상은 그 규정적 역할로 말미암아 현상계를 향한 무한정한 접근을 낳는다. 하지만 이런 종류의 일은 헤게모니적 동일화에서는 일어나지 않는다. 무엇을 향한 무한한 접근인가? 지젝이 제시하는 대안—순진한 기대 아니면 냉소주의—은 부분대상에 대한 근본적 투자가 이루어지게 되면(일단 대상이 "고양되어 [대문자] 사물의 위엄을 갖추게 되면") 무너지게 된다. 비록 언제나 부분적이긴 해도 이 대상은 근본적 변화 혹은 전지구적 사회변혁과 연관될 수 있다. 그러나 이런 경우라 해도 근본적 투자의 계기가 반드시 제시되어야 한다. 어떤 지점에서도 대상을 통한 재현이 없이는 이런 [대문자] 사물을 직접 만질 수 없다. 뿐만 아니라 회고적인 추정이 아닌 "[대문자] 사물"이란 존재할 수 없다. 그러나 대상의 이런 부분성이 어떤 포기나 체념을 의미하진 않는다.

그와 나의 이론적 불일치는 어디에 뿌리를 두고 있는가? 내 생각에는 지젝의 분석은 전체적으로 절충적이다. 지젝의 분석은 두 가지 양립 불가능한 존재론에 기반하고 있다. 하나는 정신분석과 프로이트의 무의식의 발견이고 다른 하나는 헤겔/마르크스주의적 역사철학이다. 지젝은 이 둘을 결합하기 위해서 온갖 말도 안 되는 끼워맞추기를 시도했지만 분명 성공하지 못했다. 그가 즐기는 방법은 피상적인 상동관계를 만드는 것이다. 가령 어디선가 지젝은 자본주의는—라깡주의적 의미에서—현대 사회의 실재라고 했다. 왜냐하면 자본주의는 언제나 돌아오는 것이니까. 그러나 이 불분명한 반복이 실재의 유일한 내재적 성격이라고 한다면 마찬가지로 우리는 매년 겨울은 추우니 추위가 자본주의 사회의 실재라고 말할 수도 있겠다. 진정한 비유적 유추란—인식론적 가치를 갖는 것이라면—자본주의란 사회적 상징화 너머의 것으로서 지젝이 보여줄 수 없는 어떤 것임을 보여주어야 한다.

지젝에 따르면 나는 자본주의란 다양한 이질적 성격들의 위기적 상황에 따른 비일관적 조합이라고 주장한다. 말할 필요도 없이 나는 이렇게 주장한 적이 결코 없다. 내가 실제로 한 말은 이와는 전혀 달리 자본주의의 사회적 형태로서의 일관성은 상품형태에 내포된 모순에 대한 단순한 논리적 분석으로부터 도출될 수 없다는 것이었다. 왜냐하면 자본주의의 사회적 효율성은 자본주의가 불안정한 권력관계를 통해 통제할 수 있지만 자신의 내생적인 논리에서 나올 수는 없는 이질적 외부와의 관계에 의존하기 때문이다. 다시 말하면 자본주의적 지배란 자체 형식에서 도출 가능하거나 자기결정적이라기보다는 헤게모니적 배치의 결과여서 지배의 중심성이 사회 내 다른 것들과 마찬가지로 이질적 요소들의 중층결정에서 비롯되는 것이다. 바로 이런 이유로 세력 간의 관계와 같은 것이 사회에 존재할 수 있는 것이다. 가령 그람시적 의미에서 "위치의 전쟁" 같은 것 말이다. 자본주의의 지배가 그 자체의 형태를 분석함으로써 도출될 수 있다고 한다면, 다시 말해서 우리가 동질적이고 자기발전적인 논리에 맞선다면 적어도 그 논리가 내부적 모순들을 발전시킬 때까지는(이는 제2차 인터내셔널의 마르크스주의가 암시한 결론이며, 지젝의 입장은 이와 그다지 다르지 않다) 일체의 저항은 절대 무용하다.

지젝이 보기에 우리 사이의 불일치는 헤게모니 투쟁에 들어오는 요소들이 "연쇄의 일부분이면서 바로 그 지평선을 중층결정하는" 하나가 언제나 존재하기 때문에 등가적이지 않다는 사실에서 비롯된다. 그의 입장에서 보면 이것은 헤게모니를 향한 투쟁보다 더 근본적인 어떤 것, 투쟁이 일어나는 지형을 구성하는 어떤 것이 있다는 것을 의미한다. 헤게모니 투쟁에 진입하는 요소들의 본질적 불균등성에 관해서는 나는 분명 동의할 수 있다. 헤게모니 이론은 바로 이 불균등성의 이론에 다름 아니다. 그러나 지젝은 **역사적** 논의가 아니라 초월적 논쟁을 제시한다. 지젝에게 모든 가능한 사회에서 이 결정적 역할은 필연적으로 경제가 맡게 된다(여기서 우리는 마치 "최종심급", "지배적 역할", "상대적 자율성" 등의 1960년대의 순진한 구별짓기로 회귀하는 듯하다). 고전적 마르크스주의를 향한 지젝의 공허한 몸짓에 대해 우리가 말할 수 있는 것은 다음과 같다. 우선, 그는 프로이트의 중층결정의 범주를 잘못 사용한다. 중층결정의 예는 프로이트의 이론에서 개인의 사적 역사에 전적으로 의존한다. 그 자체로 스스로 중층결정하는 요소는 없다. 하지만 지젝이 이제 와서 어떤 요소들은 역사적으로 **선험적**이며 중층결정하도록 정해졌다고 말한다면 그는 완전히 프로이트 진영을 떠나는 셈이며, 사실상 융에 가까워진다. 그가 "경제에 의한 최종심급에서의 결정"을 옹호하려고 애쓸 때 지젝은 때로 자연주의의 궁극적 보루를 유지해야 한다고 말한다. 이런 일은 일어날 수 없다. 두 가지 양립 불가능한 존재론을 결합시킬 수는 없다. 중층결정이 그 효과에 있어 보편적이거나—콥젝이 최근 글에서 밝혔듯이 충동의 이론은 고전적 존재론의 공간을 차지한다—완전한 결정의 영역에 둘러싸인 지역적 범주가 되어 근본적인 존재론의 장이 되는 한편, 중층결정이 작동할 수 있는 한계범위를 입법하거나 이 둘 중 하나이다.

자본주의 사회들에서 경제적 과정의 중심성을 보여주기 위해서 굳이 이러한 서투른 절충주의적 담론이 필요하진 않았다는 사실은 참으로 아이러니하다. 어느 누구도 이 중심성을 진지하게 부정하진 않는다. 문제는 지젝이 "경제"를 사회의 토대로 작동하는 자기규정적인 동질적 심급으로 바꿀 때이다. 즉 그는 경제를 헤겔주의적 설명 모델로 환원시킨다. 사회의 다른 어떤 것들과 마찬가지로 경제도 사회논리의 중층결정의 준거점이며, 자본주의의 경제중심성은 사회의 물질적 재생산이 다른 심급들보다 더 사회적 과정에 파장을 일으킨다는 사실의 결과라는 것이 더 진실에 가깝다. 이것이 자본주의적 재생산을 단일한 자기규정적 메커니즘으로 환원시킬 수 있다는 것을 의미하진 않는다.

이제 우리는 지젝 이론이 내포한 난제들의 정점에 다다랐다. 지젝은 혁명의 이름으로, 혁명 자체 외에 어떤 다른 바깥의 대상에 투자하지 않고 작동하는 완전한 혁명적 행위의 이론에 헌신한다. 반면, 그의 이론을 지배하며 초석이 되는 자본주의적 체계는 바로 이 해방적 행위가 깨부수려는 현실이 된다. 이 두 전제에서 나오는 결론은 완전히 그리고 직접적으로 반자본주의적인 것 이외의 어떤 효과적인 해방적 투쟁이란 불가능하다는 것이다. 그의 말을 그대로 옮겨보자 : "나는 반자본주의적 투쟁이 중심적이며 구조적인 역할을 한다고 믿는다."[10] 그러나 그는 반자본주의적 투쟁이 무엇인지 제시하지 않는다. 지젝은 다문화적 · 반성차별주의적 투쟁들은 직접적으로 반자본주의적이 아니라고 신속히 철회한다. 그는 경제와 직접 연관된 좌파의 전통적 목표들도 인정하지 않는다. 고임금, 산업민주주의 노동과정 통제, 진보주의적 수입 분배에 대한 요구들도 반자본주의적으로 제시되지 않는다. 모든 기계들을 부셔버리자는 러다이트들의 제안이 자본주의를 종식시키리라고 상상이라도 하는 것인가? 지젝의 책에서 단 한 줄도 그가 생각하는 반자본주의적 투쟁이 무엇인지를 보여주는 예는 언급되지 않는다. 혹자는 지젝이 다른 혹성에서부터의 침략을 예견하거나 혹 그게 아니라면 그가 언젠가 제안한 적 있듯이 세상을 변화시키기보다는 붕괴시킬 생태적 재앙 같은 것을 상상하고 있는지 의아해할 수도 있다.

그렇다면 그의 논의는 무엇이 잘못된 것일까? 지젝은 헤게모니적 논리를 전략주의적 정치사상에 적용하기를 거부하기 때문에 막다른 골목에 놓인다. 지젝은 모든 "부분적" 투쟁들을 "체계"(이것이 무슨 의미이든)에 내재적인 것이라고 치부한다. 그리고 "[대문자] 사물"은 도달 불가능하므로 그의 반자본주의적 투쟁에는 어떤 구체적인 역사적 행위자도 없게 된다. 결론을 말하자면 지젝은 해방적 주체에 관한 어떤 이론도 제시할 수 없다.[11] 이와 동시에 지젝의 체계적인 총체성은 토대로서 그 내재적 법칙에 따라 철저히 규제받기 때문에 유일한 선택지는 이 법칙들이 그 결과의 총체성을 생산할 때까지 기다리는 것이

10) Slavoj Žižek and Glyn Daly, *Conversations with Žižek* (Cambridge : Polity 2004), 149쪽.
11) *Contingency, Hegemony, Universality*에 수록된 글에서 나는 지젝에게 반복적으로 누가 해방적 주체이며 일반적인 전략전선이 무엇인지 구체적으로 밝히기를 요구했다. 논쟁이 좀더 정치적으로, 그리고 덜 "형이상학적" 틀에서 진행되기 위해선 이 점을 분명히 해야 했지만 지젝으로부터 어떤 대답도 들을 수 없었다.

다. 고로 정치적 허무주의이다.

하지만 지젝의 두 전제를 모두 의심해 보면 우리는 희망을 위한 여지가 좀더 담긴 시나리오를 생산해낼 수 있다. 우선, 투쟁의 부분성을 살펴보자. 등가적 방사(放射)의 영역이 없이는 어떤 요구나 투쟁도 불가능하다. 지젝은 다문화적 투쟁과 같은 것들을 부차적이거나 현존 체제에 완전히 통합된 것으로 본다는 점에서 잘못되었다. 문제를 어느 항목이 더 근본적인가를 따지는 것으로 제시하는 것은 부적절하다. 중심성이란 언제나 민주주의적 요구들의 중층결정에 다름없는 민중적 정체성의 구성과 연결되어 있다. 각각의 중심성은 따라서 지젝이 제시하듯 사회적 효과들의 추상적 기하학 안에서의 위치가 아니라 민중적 전체에서 다른 요구들과의 구체적인 절합에 따른다. 이는 분명 전체의 "진보적" 성격을 보증하지는 않지만 다양한 헤게모니적 시도들이 일어나는 진영을 창조해낸다. 둘째, 우리는 왜 반자본주의적 투쟁 그 자체가 아니라 특정한 균열지점에서 투쟁의 복수성의 절합으로부터 도출되는 반자본주의적 효과들이 존재하는지 그 이유를 명백히 알 수 있다. 혁명적 운동들에 대해서만 살펴보더라도 지난 세기의 큰 격변들—러시아 혁명, 중국 혁명, 쿠바 혁명, 베트남 혁명—어느 것도 그 자체로 반자본주의적이라 선언하지 않았다. 여기서 모유가 갖는 "가슴가치"에 대한 우리의 정신분석적 논의에서 밝혀진 것을 정치적 투자의 "반자본주의적" 가치로 사용해 볼 수 있겠다. 하지만 문제가 하나 남아 있다. "반자본주의"의 의미론적 내용은 무엇인가? 반자본주의란 텅 빈 기표—결여의 이름들 중 하나—인가? 이 경우 "자본주의"는 반자본주의 운동의 구성체로서 반자본주의적 등가물들의 진영의 통합을 구성해내는 변방의 "외부"가 된다. 아니면 자본주의는 전 체제의 토대적 논리인가? 이 경우 반자본주의는 자본주의 자체의 논리의 내재적 효과일 뿐이다. 이 지점에서 지젝과 나의 입장이 확연히 구분된다. 지젝이 총체적 내재성의 장에 남아 있다면—헤겔적 용어로는 논리적 내재성이 된다—나는 부정성의 순간(급진적 투자, 재현의 불투명성, 대상의 분리)은 환원 불가능하다고 주장한다. 이것이 내게는 중심적 역사의 행위자—어느 지점에선가 경험적으로 "계급"이 될 수 있었던 자—가 항상 일종의 "민중"일 테지만 지젝에겐 언제나 더 말할 것도 없이 "계급"인 이유이다. 지젝이 이 점에서 라깡보다는 헤겔에 가까워지고 있다면 나는 헤겔보다는 라깡에 가까워지고 있다.

하트와 네그리 : 신의 섭리

지젝이 사회적 행위자의 정체성을 최종심급의 "역사적 선험성"에 두려고 했다면 하트와 네그리는 이러한 초월적 존재론이 제공하는 특권을 피해간다.[12] 이들에겐 모든 사회적 투쟁들은 서로 연결되지 않았어도 그들이 "다중"(multitude)이라고 부르는 해방적 주체의 구성으로 수렴된다. 그러니 이들의 "다중"과 이 책에서 내가 "민중"이라고 불렀던 것 사이에 어떤 유추관계가 있을 듯 보이기도 한다. 하지만 이러한 유추는 피상적인 것이다. 이들의 접근법이 갖는 주요 특성을 우

12) Michael Hardt and Antonio Negri, *Empire*(Cambridge, MA : Harvard University Press, 2000).

리의 탐색과 관련되는 정도까지만 간략히 살펴보자. 이들의 출발점은 들뢰즈/니체주의적 내재성의 개념이다. 하트와 네그리는 이 개념을 현대의 세속화 과정과 연결시킨다. 하지만 세속적 내재주의는 보편적 체계의 작동과 함께 어느 지점에선가 보편적 역사행위자의 출현을 요구한다. 하지만 모든 것은 이 보편성이 부분적 · 정치적으로 구성된 것인지 아니면 토대를 제공하며 자발적인 것인지 양자 중 어느 쪽으로 개념화되는가에 달려 있다. 근본적 내재주의는 분명 이 중 후자의 위치와 양립할 수 있다. 하트와 네그리는 결연히 후자를 채택한다. 나는 전자의 입장인데, 이 입장은 사회적 토대를 파편화시키는 부정성을 요구하며, 따라서 순수한 내재성으로 환원 불가능하다. 하트와 네그리의 근본적 내재성은 경계 없고—옛 제국과는 대조적으로—중심 없는 본체인 제국의 구성과 함께 가시성의 최고 지점에 도달한다.

이 무형태의 자기규정적인 총체성이 갖는 특성은 제국의 무덤을 파는 다중으로 전이되는데, 이는 어느 정도는 보편적 계급으로서의 프롤레타리아의 출현을 알리는 서곡으로서 자본주의가 발생시킨 보편화에 대한 마르크스의 묘사를 기억나게 한다. 현대의 주권은 다중에게는 역사적 패배였을지 모른다. 왜냐하면 주권은 왕의 절대권력을 재구축하도록 했을 수도 있기 때문이다. 자발적인 수렴을 구속했을지 모르는 재현의 메커니즘들은 다중의 통일성을 가능하게 하는 유일한 것이다. 이 통합적 메커니즘은 어떻게 작동하는가? 『제국』에 따르면 이는 어떤 종류의 정치적 매개와도 연관되지 않는다. 저자인 하트와 네그리는 피억압자의 반동은 너무도 당연하므로 그들의 통합은 자발적으로 수렴하는 경향의 표현이라고 한다. 천국에서 내려온 선물인 통일성은 이들의 이론에서 우리가 헤게모니적 절합에 부여한 것과 동일한 위치를 차지한다. 수직적으로 분리된 투쟁들은 수평적으로는 연결될 필요가 없으므로 모든 정치적 구성은 사라진다. 공통적 목표를 향한 다중의 연합을 보증하는 유일한 원칙은 하트와 네그리가 "대항하기"(being against)라 부른 것이다. 이 원칙은 모든 것에 대해 모든 곳에서 대항하는 것이다. 목표는 보편적인 **탈영**(desertion)이다. 이 과정은 이미 경계를 가로지르는 민중의 유목적인 리좀 운동을 통해 일어나고 있다.

이러한 이론적 연속을 어떻게 생각해야 할까? 무엇보다 전체적 분석의 피상성에 놀라지 않을 수 없다. 너무도 명백한 취약점을 지적하기보다는 이론의 원류를 밝혀보는 게 낫다. 왜냐하면 이 이론이 갖는 문제는 단순한 실수라기보다는 현실적이고 중요한 이슈들을 잘못 다루어서 일어난 결과이기 때문이다. 먼저 "대항하기"의 범주를 살펴보자. 액면 그대로 보자면 이 범주는 무의미하다. 민중은 어느 곳에나 있는 모든 것이 아니다. 그러나—마르크스의 말을 빌려서—"신비한 조개껍질 속에서 이성적 핵을 꺼내보려"고 해본다면 이 범주의 엉성한 형식 이면에 놓인 중요한 문제를 찾아낼 수 있을 것이다. 그 문제란 이 책에서 우리가 "사회적 이질성"의 차원에서 비판하려 시도했던 것이었다. 마르크스에게 있어서 혁명적 주체의 통일성—프롤레타리아—이 자본주의의 사회구조적 단순성에 따른 본질적 동질성의 표현이었다면 하트와 네그리의 다중은 사회적 행위자들의 이질성을 부정하지 않으며, 지젝과 달리 통일성을 하나의 투쟁이 다른 투쟁들을 초월적으로 우선하는 관계에 정초하고 있지도 않다. "민중"의 개념을 통해서 우리는 사회적 요구들의 기초적 이질성과 이 요구들이 집단적 실체들 속에서 수렴하는 것을 짚어보았다. 그러나 이는 요구들의 절합형태와 구분되는 토대적 메커니즘의 표현은 아니다. "대항하기"라는 개념도 구체적인 내용 없이 우리가 "텅 빈 기표"라고 불러온 것을 막연하게 암시한다. 그렇다면 뭐가 다른가? 단순화시켜 보면 정치적 절합의 문제를 다루는 방식에서 다르다. 우리의 입장에 보자면 이질성에서 비롯되는 통일성의 출현은 등가적 논리의 설립과 텅 빈 기표의 생산을 미리 가정한다. 『제국』에서 통일성은 민중이 억압에 대항해서 싸우는 자연적 경향에서 비롯된다. 이러한 경향을 천국의 선물이라거나 내재성의 결과든 어떻게 부르든 상관없다. 신 혹은 자연(Deus sive Natura : 신은 자연과 구별되지 않고 따라서 하나의 실체, 단일체로 존재한다는 스피노자의 철학적 입장. 자연적 물질성, 인간의 사유, 행동 등 그 모든 존재를 구성하는 것들이 하나의 진정한 존재, 즉 신의 속성에 다름 아니라는 것-역주). 중요한 것은 이 문제에 대한 하트와 네그리의 접근법이 정치적 가정을 지나치게 단순화시킨다는 데 있다. 저항이 자연적 경향이라면 저항의 주체를 정치적으로 구성할 필요가 없다. 하지만 사회는 이러한 단순구조가 전제하는 것보다는 훨씬 복잡하다. 민중은 그저 "대항"하는 것이 아니라 특정한 것들에 대해서 다른 사람들을 위해서 대항한다. 그리고 더 폭넓어진 "대항"의 구조—더 지구적인 민중적 정체성—란 고작해야 입장의 정치적 전쟁(물론 실패할 수도 있는)을 질질 끈 결과일 뿐이다. 권력의 내재적 양극이 사라져 버릴 수 있는 중심 없는 제국적 총체성—스피노자식 영원성의 일종—에 대한 그림이라면 이것만한 것도 없다. 9·11 이후의 국제적 무대에서 일어난 일들을 떠올려 보기만 해도 이 점은 분명하다.

하트와 네그리의 주장이 내포하는 또 다른 차원에서도 비슷한 문제를 노정한다. 그들은 전략보다 전술을 더 중시한다. 이 점에 대해서 나는 다시 한 번 어느 정도 동의함을 밝힌다. 사회주의 전통은 전략에 전술을 완전히 종속시키는 것을 옹호한다. 이는 장기 예측을 가능하게 하는 필연적 법칙들의 작동에 기초한 사회주의적 역사적 비전과 사회적 행위주체들이 고정된 계급 위치들로 구성된다는 사회주의 개념이 낳은 결과이다. 그러나 오늘날처럼 미래는 우발적인 변종들로 열려 있고, 사회적 행위자들의 이질성이 점점 눈에 띄는 때 전략과 전술의 관계는 역전되었다. 전략은 필히 더 단기적이고 전술적 개입의 자율성이 증대된다. 하지만 이런 상황이 하트와 네그리를 극단적인—그리고 내가 보기엔 틀린—결론, 즉 전략이 완전히 사라지고 비연속적인 전술적 개입들만이 유일한 게임이라는 결론에 이르게 했다. 그 결과 다시 한 번 오직 정확히 시간 맞춘 수직적 투쟁들만이 전투적 참여의 대상으로 인식되는 한편, 이 투쟁들의 절합은 신 (혹은 자연이) 떠맡는다. 다시 말해 우리는 정치의 완전한 일식을 맞이했다. 하트와 네그리의 접근법은 1960년대의 이탈리아 **노동자주의**(operaismo)가 보여준 최악의 한계들을 드러낸다.

이제 지젝과 하트 그리고 네그리를 비교해 보면 양쪽 모두 같은 이론적 뿌리에서 각자의 이론적 · 정치적 난제들이 비롯됨을 알 수 있다. 이 둘 모두, 물론 다른 종류이긴 해도, 이런저런 형태의 내재성에 궁극적으로 의존하고 있다. 지젝의 경우 이미 살펴본 대로 헤겔주의의 논리적 내재성을 만나게 되는데, 이는 그가 사회적 **선험성**의 초월적 차원으로 사회적 불균등을 전환시키려는 시도에서 드러난다. 실제 지젝의 사상은 그의 초기 저작들의 고무적인 약속들에서 후퇴한다. 명명하기의 문제에 대한 지젝의 통찰력은 일단 명명하기가 대상에 대한 이전의 초월적 구성에서 개념적 한계에 부딪치고 나면 그 날카로움을 상실하게 된다. 이 한계들은 어떤 명명하기조차 위반할 수 없는 종류의 것이다. 지젝은 정서의 근본적인 역설조차 유지할 수 없다. **선험적**인 형식에 따라 어떤 실체가 투자의 대상이 될지 결정된다면 대상에 대한 급진적인 투자는 불가능하다. 마지막으로 지젝은 부정성에 관한 그의 견해를 바꾸어 왔다. 지젝은 적대주의의 환원 불가능한 부정성에 대한 우리의 분석을 열광적으로 반기면서 사회적 이론의 장에서 라깡주의적 실재가 재등장하는 것으로 보았다. 그런데 이제 와서 우리를 비판하는 지젝은 적대주의의 주체들이 역사의 선험적 형태학에 따라 결정된다고 한다. 이런 주장은 상징계란 실재가 그 안에서 작동할 수 있는 한계들을 구축하는 궁극적인 형식이라고 말하는 것과 같다. 이는 철저히 반라깡주의적이다. 지젝의 기획은 그의 무기인 농담과 말장난, 교차참조(cross-reference)조차도 감출 수 없는 절충주의로 빠져버렸다.

하트와 네그리의 내재성은 헤겔주의가 아니라 스피노자-들뢰즈주의이다. 이들은 지젝의 라깡주의적 주저함을 갖지 않아서 이런 점에선 좀더 일관되고 비절충적이다. 하지만 바로 이 때문에 순수하게 내재주의적 접근이 갖는 한계들이 지젝의 경우보다 이들에게서 더욱 선명히 드러난다. 앞서 지적했듯이 『제국』의 저자들은 사회적 적대주의의 원천에 대해 일관된 설명을 제시하지 않는다. 그들이 하는 일이란 고작 일종의 스피노자식 **코나투스**(conatus : 자신의 존재를 유지하려는 내재적 경향 혹은 노력-역주)로 민중이 봉기할 자연적이고 건강한 성향을 가정할 뿐이다. 그러나 이러한 가정을 근거 없는 의지의 결정으로 제시함으로써 그들의 이론에 몇 가지 치명적인 결과를 낳게 되는데, 이 점에 대해서는 이미 언급한 바 있다. 다시 정리해 보면 첫째, 다중 속에서 작동하는 통일성의 경향을 지나치게 단순화시킨다. 이들은 이러한 경향에 대한 다소 의기양양하고 과장어린 낙관적 비전을 갖고 있지만 그들이 제시하는 설명으로는 그 누구도 이 경향이 실제인지 가상인지 결정하기가 어렵다. 둘째, 마찬가지로 이들은 제국 내에서 벌어지는 대립들의 중요성을 축소시킨다. 그러나 셋째로 더 중요한 것은 이들은 제국에서 다중의 힘으로 변해갈 단절의 본성에 대한 아무런 일관된 설명을 제공하지 못한다는 것이다. 나는 물론 여기서 혁명적 단절에 대한 미래주의적 설명을 말하는 게 아니다. 그보다 좀더 기본적인 문제는 혁명적 단절을 구성하는 것이 무엇인가이다. 나는 이를 설명하지 못한 실패야말로—사회정치적 분석에 관한 한 심각한 결과를 초래하는 바—『제국』이 갖는 특이한 양상이라기보다는 일체의 급진적·내재적 접근들의 본질이라고 본다. 이들의 설명들은 언제나 **단절과 지속성** 사이의 미결정된 영토에 불편하게 머물러 있다. 헤겔의 변증법은 이 두 가지 양극적 순간들을 통일성으로 재통합시킬 수 있는 합(synthesis)을 제공하려는 실패한 시도였다. 지젝의 분석에서 발견하는 난제들 대부분도 이 문제로 귀결된다.

이러한 이론적 난제들은 급진적 내재성의 영역에서 해결될 수 없다. 따라서 우리에게 필요한 것은 지형의 변화이다. 그러나 이런 변화는 완전히 성장한 초월로의 회귀에 있지 않다. 내 생각에 사회적 지형은 완전히 내재적으로 혹은 일정한 초월적 구조의 결과로 구성되는 것이 아니라 우리가 **실패한 초월**이라고 부르는 것을 통해 구성된다. 사회에서 초월은 부재의 현존으로 등장한다. 이 구성적 결여 주변으로 사회성이 조직된다. 여기서부터 우리의 분석을 형태화한 주요 범주들, 즉 부재한 충만, 급진적 투자, 대상 *a*, 헤게모니 등등으로 어떻게 옮겨갈 수 있을지는 이해하기 쉽다. 바로 이것이 이론적 범주로서 다중과 민중이 서로 작별을 고하는 궁극적 지점이다. 나는 이제 "민중"의 특수성을 사유하는 또 하나의 현대판 시도—내게는 가장 중요한 시도들 중 하나—를 검토해 보려 한다.

랑시에르 : 민중의 재발견

랑시에르는 그의 "민중" 개념을 어떻게 구성하는가? 그는 정치철학과 정치 사이의 중요한 불일치를 지적하면서 시작한다. 정치철학은 정치에 대한 이론적 논의가 아니라 정치가 불러오는 사회적 파장을 중립화하려는 시도라는 것이다. 이러한 불일치는 어디서 기인하는가? 본질적으로 선하고 질서 잡힌 공동체라는 아이디어가 사회의 부분들을 전체에 종속시키는 것—부분을 부분으로 **셈하는** 것—에 달려있다면 이 셈 속에는 역설적인 부분, 부분이기를 그만두지 않으면서도 그 자체로서 전체로 제시되는 부분이 있다는 사실에 바로 기인한다. 어떻게 이럴 수가 있을까? 랑시에르는 그의 분석을 고전적 그리스 철학의 공동체 개념을 검토하면서 시작한다. 여기서 그는 **산술적** 평등 개념—형법에서 상업적 교환과 형벌을 관장하는 평등—에 기초한 개인들 간의 관계들과 **기하학적** 조화의 개념—전체의 경제 내부에서 각 부분에 특수한 기능을 부여하는—에 토대를 둔 관계들 사이의 대립을 발견한다. 선하고 질서 잡힌 공동체에서는 기하학적 원칙이 궁극적인 지배역할을 한다. 해당 기능에 따른 행위주체자들의 분배 가능성—혹은 셈하기—은 한 돌연변이, 즉 본질적으로 셈할 수 없고 그 자체로 셈의 원칙을 뒤트는 것에 의해서 방해받는다. 이것이 바로 부분이면서 도 전체라고 주장하는 **데모스**(demos)—"민중"—의 출현이다. 『정치학』에서 아리스토텔레스는 공동체의 세 가지 축—적은 수의 부(oligoi), 지배자(aristoi)의 덕 혹은 탁월함, 그리고 모든 것에 속할 자유—을 결정하려고 한다. 랑시에르는 이 세 원칙이 일관된 존재론적 분류에 속하는 지엽적 범주가 아니기 때문에 발생하는 어려움이 있다고 지적한다. 부가 객관적으로 결정 가능한 범주라면 덕은 결정 가능성이 그보다는 적다. 우리가 "민중"의 자유에 도달하게 될 때 우리는 결정 가능한 특별한 장소를 갖기를 중지한 상태로 진입하게 된다. 자유는 축의 원칙으로서 공동체 구성원의 속성임과 동시에 특별한 민중집단의 **유일한** 규정적 특성—유일한 공동체적인 기능—이다. 따라서 우리는 보편성을 구현하는 역할을 하는 특수성을 갖게 된다. 이것은 선한 공동체를 기술하는 기학학적 모델 전체를 뒤튼다. 앞서 설명했던 민중공동체와 **하층민**으로서의 **민중** 사이의 모호성이 랑시에르가 말하는 바를 이해하는 데 도움이 된다. 일단 이 지점에 이르고 나면 우리는 랑시에르가 **경찰**(police)과 **정치**(politics)를 구분하는 방식을 완전히 이해할 수 있다. 경찰이 모든 차이들을 공동체적 전체 내부의 부분성들로 환원시키려는 시도라면—즉 어떤 차이도 단지 특수할 뿐, 보편성의 순간은 순수하고 오염되지 않은 심급(플라톤에서의 철학자-왕, 헤겔에서의 국가관료, 마르크스에서의 프롤레타리아)이라고 말하는 것—정치는 뿌리뽑을 수 없는 왜곡, 즉 부분이면서 동시에 전체로 기능하는 것과 연관된다. 정치철학이 전통적으로 **정치**를 **경찰**로 환원해 왔다면 진정한 정치적 사상과 실천은 정치적 순간을 경찰화된 사회적 형태들의 구속으로부터 해방시키는 것이다.

랑시에르의 분석은 두 가지 차원에서 우리의 분석과 아주 유사하다. 첫째, 전체로 기능하는 부분에 대한 강조로서 헤게모니적 작동에 내재적인 불균등성으로 우리가 정의했던 것은 랑시에르에 의해서 셈할 수 없는 것으로 개념화된다. 이 셈할 수 없는 것은 셈하기 원칙을 방해하기 때문에 구성적 불가능성 주위로 벌어지는 일련의 작동들로서의 정치의 출현을 가능하게 해준다. 둘째, 계급이 아닌 계급이라는 랑시에르의 개념은 보편적 배제—순수한 배제 그 자체의 원칙—의 성격을 띠는 뭔가를 특수한 결정으로 갖는 것으로서 우리가 "텅 빔"이라고 부른 개념과 다르지 않다. 랑시에르는 그 자체의 특수성을 초월하는 상징적 의미가 부여될 때 특수한 투쟁들이 띠게 되는 보편적 기능을 잘 인식하고 있다. 가령 그는 잔느 드룅(Jeanne Deroin)의 사례를 언급한다. 드룅은 1849년 선거에서 투표를 하려다가 보편적 참정권과 여자이기 때문에 보편에서 배제되어 있는 것 사이의 모순을 폭로하게 된다. 마찬가지로 불법체류 이주민 노동자들은 노동자로서의 정체성을 빼앗기고 순수하게 종족 정체성으로 환원됨으로써 셈에 넣어질 수 있는 부분으로서 참여했을지 모를 정치적 주체성의 형태들을 박탈당한다.

많은 부분 내 분석이 랑시에르의 것과 유사하지만 두 가지 면에서 다르다. 첫째, "텅 빔"을 개념화하는 방식이다. 정치적 갈등은 어떤 "이해관계들"의 갈등과는 다르다. 적어도 이해관계들이 셈할 수 있는 것의 부분성에 의해 늘 독점되는 반면, 정치적 갈등에서 문제가 되는 것은 바로 그 셈할 수 있음 자체의 원칙이라는 점에서 다르다고 랑시에르가 주장했던 점은 옳다. 나는 여기까지만 랑시에르의 주장을 인정한다. 하지만 역사적 행위자로서의 "민중"이 진보적 정체성(좌파의 견지에서) 주변으로 구성된다고 보장하는 어떤 **선험적** 보증서란 없다. 왜냐하면 문제가 되는 것은 셈해지는 물질적 **존재**의 내용이 아니라 셈할 수 있음이라는 **존재론적** 원칙이기 때문에 이 문제설정의 담론적 형태들은 대체로 미결정적이다. 랑시에르는 정치의 가능성을 해방적 정치의 가능성과 지나치게 동일시함으로써 다른 대안들, 가령 셈해지지 않는 것이 랑시에르나 내가 정치적으로 변호할 수 있는 것과 이데올로기적으로 양립 불가능한 방식(가령 파시즘)으로 셈해지지 않음을 구성할 수 있는 가능성을 고려하지 않는다. 파시스트적 대안이 셈해질 수 있는 것의 영역에만 머문다고 생각하는 것은 역사적으로나 이론적으로 잘못된 것이다. 대안들의 체계를 탐색하기 위해서 필요한 것은 랑시에르가 지금껏 취하지 않은 한 발 더 나아간 것, 즉 셈할 수 없음의 재현 방식들에 대한 검토이다. 불가능하지만 필수적인 대상들은 언제나 재현의 장으로 진입하는 방법—물론 왜곡된 방식으로—을 찾아내기 마련이다.

내가 랑시에르의 입장과 다른 두 번째는 "민중"에 대한 개념화이다. 그는 이렇게 주장한다.

> 민중은 다른 정당들이 그들에게 자행한 악행의 이름으로 공동체 전체와 동일시된다. 어떤 부분도 갖지 못하는—고대 시대의 가난한 자들, 제3계급, 현대의 프롤레타리아—사람들은 사실상 전부 아니면 무 이상 어떤 부분도 갖지 못한다. 이보다 더 중요한 것은 바로 부분을 갖지 못하는 사람들의 부분의 존재를 통해서 바로 이 전부인 무의 존재 때문에 공동체는 정치적 공동체로, 즉 그들의 "권리" 이상인 공동체의 부분들을 셈하는 것과 관련된 근본적인 논쟁에 의해 분열되는 그런 공동체로 존재하게 된다. 민중은 타자들 사이에 놓인 하나의 계급이 아니다. 민

> 중은 공동체에 해를 끼치고 공동체를 정의와 부정의의 "공동체"로 설립하는 부당함의 계급이다.[13]

나는 이 분석을 민중적 주체성의 형성에 관한 것이라는 점에서만 인정한다. 랑시에르가 "민중"의 비유들을 열거하는 방식은 시사하는 점이 많다. 우리가 사회학적인 기술, 즉 특별한 장소를 점유하는 사회적 행위자들을 다루는 것이 아님은 분명하다. 왜냐하면 "민중"의 현존은 기능과 장소라는 모든 기하학적인 차별화를 소멸시키기 때문이다. 앞에서 살펴본 대로 적대주의적 경계선의 동일한 한 측에 모두 놓여 있는 한 등가적 논리는 서로 다른 집단들을 가로질러 간다. 랑시에르가 묘사한 프롤레타리아 개념은 "민중"적 정체성의 비사회학적인 성격을 강조한다. "프롤레타리아는 수공업자도 노동계급도 아니다. 그들은 설명할 수 없는 집단으로 셈해진다는 바로 그 선언을 통해서만 존재하는 셈할 수 없는 계급이다. **프롤레타리아**라는 이름은 다수의 개인들이 동일하게 공유하는 일련의 속성(수공업자, 산업노동, 결핍 등등)이나 개개인이 하나의 구성원이 될 원칙을 구현하는 집단적 정체성도 정의하지 않는다. … '프롤레타리아적' 주체화란 악행의 주체를 규정한다"(38쪽).

그러나 랑시에르의 분석에는 중대한 이론적 결과들을 제약하는 한 가지 모호한 점이 있다. 자신의 프롤레타리아 개념과 집단에 관한 사회학적인 기술 사이의 어떠한 연관성도 깨끗이 끊어내고 난 뒤

13) Jacques Rancière, *Disagreement : Politics and Philosophy*. Julie Rose 역(Minneapolis : University of Minnesota Press, 1999), 9쪽. 이하 인용문은 괄호로 쪽수를 표시한다.

랑시에르는 갑작스럽게 사회학적인 양보를 하기 시작한다. 가령 정치의 제도를 계급투쟁의 제도와 동일시한다. 정말로 그는 이런 발언을 서슴지 않는다 : "프롤레타리아는 계급이 아니라 모든 계급들의 해소이다. 이 점이 마르크스가 말하는 프롤레타리아의 보편성을 구성한다. … 정치는 진정한 계급이 아닌 계급들 사이의 논쟁의 세트이다. '진정한' 계급이란 사회의 실제 부분들이고, 그래야 하며 기능에 일치하는 범주들이다"(18쪽). 하지만 이런 정식은 성립하지 않는다. 마르크스를 언급하는 것이 특히 도움이 되지 않는다. 왜냐하면 마르크스에게 프롤레타리아의 중심성과 모든 계급의 해소란 아주 정확히 사회학적인 용어로 기술된 과정, 즉 자본주의 하의 사회구조를 단순화시킨 결과였기 때문이다. 마르크스에게 실제 노동자와 프롤레타리아 사이의 관계는 랑시에르보다 훨씬 더 친밀하다. 물론 랑시에르에게 계급투쟁과 정치를 구별하기가 불가능한 반면, 마르크스에게 정치의 소멸과 국가의 쇠약은 계급 없는 사회를 세우는 것과 동체이다. 마르크스에게 사회적 동질성의 증가가 프롤레타리아의 승리를 위한 선결요건이었다면 랑시에르에게는 비환원적 이질성이야말로 계급투쟁의 조건이다.

이러한 고찰에서 어떤 결론을 도출할 수 있을까? 간단히 말해서 "계급투쟁"의 개념과 정치논리와 사회학적 기술의 절충적 조화를 넘어서는 일이 필요하다. 나는 계급투쟁을 계급이 아닌 계급들의 투쟁이라고만 덧붙이기 위해서 언급하는 것이 무슨 의미가 있는지 모르겠다. 그람시에게 시작된 "계급"에서 "집단적 의지"로의 이동을 완성할 필요가 있다. 오직 그때에만 랑시에르의 내실 있는 분석의 잠재적 결과들이 충분히 만개할 수 있을 것이다.

이제 결론을 내릴 때다. 위 세 가지 접근법들과 비교함으로써 우리의 분석이 갖는 특수한 성격과 차원이 좀더 가시화되었다. 지젝과 달리 우리는 모든 정치적 정체성들의 중층결정된 성격은 초월적 지평에서 **선험적**으로 구성될 수 없고 항상 구체적인 과정과 실천들의 결과라고 주장한다. 이 점이 명명하기와 그 구성적 역할에 영향을 주는 것이다. 『제국』의 저자들과 달리 우리는 절합의 순간은—정당의 매개와 같이—과거에 옹호된 단순한 정식보다는 확실히 복합적이어도 그 적절성과 중심성을 잃지는 않았다고 생각한다. 랑시에르에 관해서 대답하기란 좀 어렵다. 왜냐하면 우리 입장은 그의 분석의 핵심적 가정들을 공유하기 때문이다. 우리에게도 "민중"은 정치의 주인공이며, 정치는 자체의 반듯한 구별과 기능으로 규정된 실체로서 완전히 만개한 사회에서 사회성이 결정(結晶)되는 것을 막아준다. 바로 이런 이유로 우리에게는 사회적 적대주의와 집단적 정체성들을 개념화하는 일은 매우 중요하다. "계급투쟁"과 같이 정형화되고 거의 무의미한 정식을 넘어설 필요가 절박하다.

지적인 작업은 레오나르도가 "고집스러운 엄격함"이라 부른 것과 같은 윤리적 명령을 담고 있다. 실제적인 조건에서는—특히 늘 고도의 정서로 가득한 정치적 문제들을 다룰 때는—몇 가지 유혹에 저항해야만 하는 것을 의미한다. 이 유혹들을 하나의 정식으로 압축시킨다면 "절대 낱말들의 테러리즘에 굴복하지 말라"이다. 프로이트가 썼듯이 심약해져서는 안 된다: "우리는 그 길이 어디로 이르는지 결코 말할 수 없다. 먼저 낱말들에 굴복하고 차차 실체에도 굴복하게 된다."[14] 이러한 심적 취약성의 몇 가지 주요 형태들 중 하나가 윤리적 단죄로 분석을 대신하는 것이다. 파시즘과 홀로코스트와 같은 주제들이 특히 이런 방향으로 빠지기 쉽다. 물론 홀로코스트에 대한 비난이 잘못된 것은 아니다. 문제는 비난이 설명을 대신할 때 생긴다. 몇 가지 현상들이 합리적으로 이해할 수 있는 원인이 박탈된 일탈현상으로 보일 때 일어난다. 우리가 파시즘을 합리적 설명을 넘어선 것이 아니라, 사회들에 본질적인 내재적 가능성의 하나로 볼 수 있을 때에야 비로소 그것을 이해할 수 있게 된다. 긍정적인 정서적 의미들을 가진 조건들에 대해서도 마찬가지이다. 좌파의 입장에서 "계급투쟁", "경제에 의한 최종심급에서의 결정" 혹은 "노동계급의 중심성"이란 용어들은 감정의 무게가 실린 페티시로 기능한다. 혹은 최근까지 그렇게 기능해 왔다. 이 용어들이 갖는 담론적 호소는 줄어들 수는 없을지라도 그 의미는 점점 불명확해져 왔다.

오늘날 내가 보기에 정치적이며 지적인 과제는—나 역시 이 과제에 조금이나마 보탬이 되고자 노력해 왔는데—칭찬이든 비난이든 위에서 설명한 심약성이 초래한 지평을 넘어서는 것이다. 정치적 범주로서의 "민중"의 귀환은 이러한 지평의 확장에 기여할 수 있는데, 계급과 같은 다른 범주들이 그것들의 본질, 즉 요구의 본질이 설명될 어떤 궁극적인 핵심이 아니라, 요구들을 절합시키는 우발적이고 특별한 형태들이라고 제시하는 것을 도와주기 때문이다. 이러한 지평의 확장은 전지구적 자본주의라 불리는 시대를 살아가는 우리들의 정치적 참여의 형식들을 생각할 때 필요한 조건이다. 우리가 몸담고 살아가는

14) Sigmund Freud, *Group Psychology and the Analysis of the Ego. The Standard Edition of the Complete Psychological Works of Sigmund Freud* 수록. James Strachey et al. 편역(London : Hogarth Press, 1953-1974), 18 : 91쪽.

세상에서 사회적 관계들에 본질적으로 따르는 탈구(脫臼)는 과거보다 더 심화되어 있고, 과거의 사회적 경험을 통합하는 범주들은 갈수록 구태의연해지고 있다. 사회적 요구들의 자율성, 이 요구들의 절합논리, 그리고 거기서 파생되는 집단적 실체들의 본성을 재개념화하는 일이 필요하다. 이러한 노력—반드시 집단적이어야 할 이 노력—이야말로 우리 앞에 놓인 진정한 과제이다. 우리가 이 과제를 떠맡을 수 있다는 바람을 가져보자.

부록 1 : 정서, 대상 *a*, 그리고 헤게모니

민중주의에 대한 우리의 연구는 다음과 같은 테제를 따른다 : (1) "민중"의 출현은 고립되고 이질적인 요구들로부터—등가물들을 통해서—정치적 경계의 형식들과 적대주의적 힘으로서의 담론적 권력구성과 관련된 "지구적" 요구로의 변화를 요구한다. (2) 이러한 변화가 이질적 요구들에 대한 단순한 분석에서 도출되지 않기 때문에—한 차원에서 다른 차원으로의 어떤 논리적·변증법적·기호적 변화는 없다—질적으로 새로운 뭔가가 개입되어야 한다. 나는 이 차별적이며 환원 불가능한 순간을 그것이 무엇과 연루되었는지 고찰하지 않은 채 "급진적 투자"라고 불렀다. 우리가 논의해 온 다른 의미화 작용들은 이 투자가 취하는 **형태**를 설명할 수는 있어도 그것의 **힘**은 설명하지 못한다. 하지만 어떤 실체가 투자의 대상이 된다면—가령 증오나 사랑의 대상—투자는 필연적으로 **정서**의 질서에 귀속된다.

하지만 정서를 의미화에 관한 우리의 토론에 추가할 때 의미화 그 자체로부터 분리 가능한 어떤 현상으로 말한다고 생각해서는 안 된다. 의미화와 정서 사이의 관계는 그보다는 더 친밀하다. 언어의 패러다임적 극(소쉬르의 연상적 극)은 언어의 기능에 중요한 부분으로서 패러다임적 전치가 없다면 의미화는 불가능하다. 그러나 패러다임적 관계는 기표와 기의의 차원 모두에서 작동하는 전치들로 구성되어 있고, 이 연상들은 무의식의 지배를 받는다. 가치의 관계들이 그저 형식적으로 구체화할 수 있는 단위들 사이에서만 구성되는 언어란 가능하지 않다. 정서는 의미화 그 자체에 필요하다. 그러나 우리가 정서의 측면에서 문제를 고려한다 해도 동일한 결론에 이른다. 정서는 그 자체로 언어와 독립해서 존재하는 것이 아니라 의미화 연쇄의 차연적 고착들로 구성된다. 이것이 정확히 "투자"가 의미하는 바이다. 결론은 분명하다 : 우리가 "담론적" 혹은 "헤게모니 형태"라고 부르며 차이와 등가의 논리를 절합하는 콤플렉스들은 정서적 구성요소가 없이는 이해할 수 없다(오염될 수 없는 합리성의 이름으로 민중주의적 · 정서적 애착들을 무시하는 것이 어리석은 일임을 보여주는—아직 증거가 더 필요하다면—다른 증거도 있다).

어떤 사회적 전체도 의미화와 정서적 차원들 간의 분리 불가능한 절합의 결과라고 결론지을 수 있다. 하지만 민중적 정체성의 구성을 논의할 때 우리는 아주 특별한 유형의 전체를 다루고 있는 중이다. 이 전체는 단순히 부분들의 총합으로의 전체가 아니라 부분이 전체로 기능하는 (우리가 사용한 예에서 민중적 공동체와 동일하다고 주장하는 하층민) 그런 전체이다. 이 문제를 헤게모니적 차원에서 볼 때도 마찬가지이다. 헤게모니적 관계는 일정한 특수성으로 성취할 수 없는 보편성을 의미화한다. 그러나 헤게모니적 관계의 존재론적 가능성은 무엇인가?

이 문제를 해결하기 위해 나는 콥젝의 최근 저작에서 찾을 수 있는 두 가지 아주 뛰어난 분석을 예로 들어보겠다. 콥젝의 분석은 정신분석 장에 속하지만 우리의 정치적 분석에 뚜렷한 결과를 미치며 광범위하게 응용 가능하다.

콥젝의 첫 논문 「완고함의 무덤 : 안티고네에 대하여」는 우리의 주제와 관련된 대목들에서 프로이트의 충동 개념을 다룬다. 콥젝의 주장에 따르면 프로이트에게 충동의 목적은 죽음이다. 이는 무슨 뜻인가? 본질적으로 모든 충동은 무생명 혹은 무기력의 초기 상태를 목표로 한다. 그러나 이 상태는 정신분석에서 원초적 엄마-아이의 이원관계로 그려지는(콥젝은 여기서 **티메우스**의 신화를 언급하는데, 이 신화에서 지구는 모든 것을 구성하는 원환으로서 어떤 종류의 기관도 필요하지 않다) 회고적인 환상이다. "[이 상태는] 모든 사물과 행복을 포함하며, 주체가 돌아가려고 … 고군분투하는 것"이다[15](우리는 이 그림에서 정치적 분석에서 이미 나타난 어떤 것, 즉 충족되지 않은 요구들이 지속적으로 부재의 현존으로 재생산되는 충만함이라는 아이디어를 쉽게 찾아볼 수 있다). 이 충만함은 신화적이기 때문에 이것을 향한 실제 모색은 이 두 가지 사실이 없다면 오직 파괴로 치닫게 된다. "(1) 하나의 단일하고 완전한 충동은 없으며 오직 부분충동만 있을 뿐이다. 따라서 **파괴의지는 실현 불가능하다**. (2) 충동의 두 번째 역설은 충동의 활동 중 일부분은 자신의 목적달성을 방해한다는 점이다. 충동에 내재된 장애물—충동의 **대상**—은 충동에 **브레이크를 겖**과 동시에 충동을 **부수고** 방해하며, 따라서 목표에 도달

15) Joan Copjec, *Imagine There's No Woman : Ethics and Sublimation* (Cambridge, MA : MIT Press, 2003), 33쪽. 이하 인용문은 괄호로 쪽수 표기.

하는 것을 방해하고 충동을 부분충동으로 잘게 나눈다”(34쪽). 그렇다면 충동은 라깡이 대상 *a*라고 부른 부분대상들을 통해서 만족된다.

콥젝의 주장이 어떻게 프로이트와 라깡의 텍스트들과의 관계 속에서 구성되는지를 살펴보는 것이 중요하다. 먼저 프로이트의 원초적 어머니(Nebenmensch)라는 개념과, 회복 불가능한 충만함으로서의 원초적 사물(Das Ding)과 재현 가능한 것 사이의 초기적 분리의 개념에서 시작해 보자. 원초적 어머니의 어떤 것은 재현할 수 없으며, 따라서 기표의 질서 내부에 구멍이 뚫리게 된다. 하지만 문제가 여기서 멈춘다면 우리는 칸트의 현상계와 본질 사이, 존재와 사유 사이의 대립의 영역에 남아 있게 된다. 바로 이 부분에서 라깡은 프로이트의 사상을 급진화해서 상실된 사물은 **사유의 불가능성**이 아니라 **존재의 공허**라고 했다. 콥젝은 이렇게 설명한다. “엄마가 재현이나 사유를 피해가는 것이 아니라 나를 어머니에게 애착시키는 쥬이상스가 상실된 것이며, 이 상실이 내 존재 전체를 고갈시킨다”(36쪽). 하지만 만일 쥬이상스가 완전히 상실된 것이 아니라면 그 이유는 쥬이상스의 흔적들이 부분대상들에 남아 있기 때문이다. 이러한 흔적들의 성격은 아주 신중하게 탐색해야 할 문제이다. 왜냐하면 흔적들은 더 이상 본질/현상의 재현적 체계를 따르지 않기 때문이다. 부분대상은 그 자체로 총체성으로서 전체 장면을 구성하는 원칙이다.

> 이념적 표상[*Vorstellungrepräsentanz*]이라는 개념의 발전은 그렇다면 원초적 어머니 콤플렉스의 **사물**요소를 둘, 즉 사물과 개념적 표상으로 나누는 것처럼 보인다. 비록 사물이 더 이상 실재적 대상으로 상상될 수 없고 오직 이념적 표상의 기술을 통해 부분적으로만 유지된다고 해

> 도 말이다. 이 이론에 따르면 이 부분적 대상이 장면에 등장할 때 **사물**이라는 낡은 개념, 이제 와서는 그저 회상적 환상에 불과한 그 개념으로 향하는 통로를 막아버린다는 점이 분명해진다. … 반역적 대리인과 부분대상은 몸이나 따로 어딘가에 존재하는 사물의 증거가 아니라, 몸과 만족이 유기체적 몸과 실재적 사물의 지지를 상실해 버렸다는 사실에 대한 증거가 된다(37쪽).

콥젝은 이러한 변형이 쥬이상스의 부분대상이 도달할 수 없는 사물을 재현한다는 개념과 결별한다는 점을 아주 신중하게 강조한다. 콥젝은 라깡의 승고 개념—"평범한 대상을 사물의 위엄을 갖추도록 고양시키기"—을 인용하면서 이러한 고양은 재현을 낳는 것이 아니라 평범한 대상으로 사물을 대체한다고 주장한다.

두 번째 논문 「나르시시즘, 비스듬히 도달하기」에서 콥젝은 부분대상이 **전체의 부분**이 아니라 **전체인 부분**이라는 중요한 발견을 제시한다. 여기서 콥젝은 벨라 발라쉬(Bela Balázs)와 들뢰즈를 불러온다. 이 두 이론가들은 클로즈업을 단지 전체 중 세세한 부분에 초점을 두는 게 아니라 재구성으로 본다 : "클로즈업은 장면 그 자체의 **전체를** … 드러낸다. 혹은 들뢰즈에 의하면 전체를 '표현한다' … 충동의 부분대상은 이와 동일한 논리를 예시한다고 나는 주장한다. 부분대상은 유기체의 부분을 형성하는 게 아니라 절대적인 변화를 암시한다"(53쪽). 부분대상은 총체성을 환기시키는 부분성이길 멈추고 우리가 앞서 사용한 용어를 빌려 표현하면 총체성의 **이름**이 된다. 라깡은 엄마-아이의 이원관계를 제3항, 즉 가슴을 더함으로써 해소시키는데, 가슴은 어머니로부터 떨어져 나온 충동의 대상이다. 콥젝은 다음과 같이 주장한다.

> "결여의 대상" 이라는 용어는 출처인 티메우스 혹은 라멜라(얇은 막-역주) 신화를 떠나서는 이해할 수 없다. 부분대상 혹은 결여의 대상은 결여, 즉 본래의 충만한 공간(Plenum) 혹은 원초적 사물(*Das Ding*)의 상실로 열린 공허로부터 출현한다. 모성적 사물과 하나가 된 상태에서 비롯된 신화적 만족을 대신해서 주체는 이제 이 부분대상을 통해서 만족을 경험한다… 충동의 외부적 대상의 고양—가령 모유가 가슴의 위치(입이나 위장 이상의 것을 만족시킬 수 있는 대상의 지위)로 고양되는 예를 생각해 보자—은 다른 대상들과의 관계에 있는 문화적 혹은 사회적 가치에 좌우된다. 이 잉여적 "가슴가치"는 전적으로 만족의 대상으로서 충동이 그것을 선택하는 것에 달려 있다(60쪽).

이 문제가 민중적 정체성들과 무슨 관계가 있는가? 대답은 간단하다. 전부 다 관련된다. 콥젝은 정신분석적 범주들이 국지적인 것이 아니라 일반적 존재론이라 불릴 수 있는 장에 속한다는 것을 철저히 인식하고 있다. 가령 콥젝은 프로이트의 충동 이론이 고전적 존재론의 영역을 차지하고 있다고 주장한다. 콥젝의 설명이—정신분석에서 종종 일어나듯이—전적으로 유전학적 성격을 갖는 것은 사실이지만 또 쉽게 구조적 용어로 다시 바꿀 수도 있다. 엄마-아이의 이원적 관계의 신화적 완전성은 그와는 반대인, 충족되지 않은 요구들에 의해 생긴 탈구에 의해서 환기된 성취되지 못한 충만성과 일치한다. 충만함 혹은 완전성에의 열망은 단순히 사라지지 않고 충동의 대상인 부분대상들로 전이된다. 정치적 차원에서 보자면 이는 우리가 헤게모니적 관계라고 부르는 바로 그것이다. 일정한 특수성이 불가능한 보편성의 역할을 한다. 이 대상들의 부분적 성격이 특수한 이야기에서 나오는 것이 아니라 바로 의미화 구조에 내재적이므로 라깡의 대상 *a*는 사회적 존재론에서 주요한 요소가 된다. 전체는 언제나 부분에 의해 체화된다. 우리의 분석 차원에서 헤게모니적이지 않은 보편성이란 없다. 그러나 그 이상인 뭔가가 있다. 콥젝의 클로즈업과 모유의 "가슴가치"의 예들에서처럼 전체로서 기능하기 위해서 특정한 부분들의 물질성에 어떤 것도 선결적이지 않다. 일단 어떤 부분이 이런 기능을 갖게 되면 부분으로서의 그 물질성이 바로 향유의 원천이 된다. 그람시는 이와 유사한 정치적 논의를 제공한다. 사회를 전체로서 헤게모니적으로 재현하는 사회적 힘은 우발적 투쟁의 결과이지만 일단 특정한 사회적 힘이 헤게모니적이 되면 역사적 시기 내내 그렇게 남아 있게 된다. 투자의 대상은 우발적일지 모르지만 그렇다고 무관심하지는 않다. 즉 대상이 제멋대로 바뀌지는 않는다. 여기서 우리는 근본적 투자란 대상이 신화적 충만성을 구현하도록 만드는 것이라는 충분한 설명을 얻게 된다. (향유로서의) 정서는 이 투자의 본질이며, 그것의 우발적인 성격은 이 형식의 "급진적" 요소를 설명해 준다.

이 점을 좀더 물고 늘어져 보자. 우리는 정작 없거나 외래적인 상동성이 아니라, 두 가지 다른 각도—정신분석과 정치—에서 객관성의 구조와 관련된 어떤 것에 대해 찾아낸 동일한 발견을 다루고 있다. 프로이트의 무의식 발견이 의미하는 주요한 존재론적 결과는 재현의 범주가 단순히 부차적인 수준에서 그것에 선행하는 완전성을 재생산하는 것이 아니라, 반대로 객관성의 구성에 절대적으로 우선하는 차원이라는 사실이다. 따라서 처음부터 중층결정이 안 된 의미란 불가능하다. 원초적 어머니의 완전성이 순전히 신화적이라면 대상 *a*에 대한 급진적 투자를 통하지 않고 얻을 수 있는 쥬이상스란 없다. 따라서 대상 *a*는 일차적으로 존재론적인 범주이다. 그러나 우리가 정치적 이론에서 출발한다면—단지 **유추적**인 것이 아닌—아주 **동일한** 발견을 하게 된다. 헤게모니를 통하지 않고 얻을 수 있는 사회적 충만성이란 없고 헤게모니는 순전히 신화적이기 때문에 언제나 우리를 피해갈 완전성의 부분대상에 대한 투자 이상 아무것도 아니다[우리의 용어로 말하자면 헤게모니는 "결핍된 존재"로서 경험되는 상황의 양화(positive reverse)일 뿐이다]. 대상 *a*의 논리와 헤게모니적 논리는 유사하기만 한 것이 아니라 똑같다. 이 점이 바로 마르크스적 전통 내에서 그람시적 순간이 중요한 인식론적 단절을 나타내는 이유이다. 마르크스주의가 전통적으로 체계적으로 닫힌 총체성(최종심급에서의 경제에 의한 결정 등등)으로 향하는 통로에 대한 꿈꾸기였다면, 헤게모니적 접근은 결정적으로 본질주의적 사회논리로부터 절연한다. 오직 가능한 총체화 지평은 신화적 총체성의 재현인 부분성(헤게모니적 힘)을 통해 주어진다. 라깡식으로 말하자면 대상이 사물의 위엄을 갖추고 고양된다. 그런 의미에서 헤게모니적 투자의 대상은 **완전히** 화해한 사회(이 사회는 체계적 총체성으로서 어떤 투자도 헤게모니도 필요하지 않다)인 **실제적** 사물에 대한 차선이 아니라, 일정한 역사적 지평 내에서 충만성이 받아들인 이름이다. 헤게모니적 투자의 부분대상은 모조품이 아니라 열정적 애착의 결합지점이다. 만족을 주는 충동의 능력에 대한 콥젝의 주장이 여기서 의미를 갖는 것은 내가 주장하고자 하는 것과 동일한 정치적 핵심을 다른 방식으로 보여주기 때문이다.

이 모든 논의는 부분대상에 대한 정서적 애착이 없는 민중주의란 존재하지 않기 때문에—이쯤에 와서 반드시 확실해져야 하는 것으로서—내 책의 주제가 담고 있는 의미를 명확히 전달해 준다. 한 사회가 이런 성격의 제도적 질서를 유지할 수 있어서 모든 요구들이 그 자체의 내재적 메커니즘 안에서 만족될 수 있다고 한다면 민중주의란 존재하지 않을 것이고, 바로 이런 분명한 이유 때문에 어떤 정치도 존재하지 않을 것이다. "민중"(민중적 공동체라고 주장하는 하층민)을 구성할 필요성은 충만함은 성취되지 않고 사회 내의 부분대상들(목적, 수사, 상징들)이 고착되어서 충만함의 부재를 일컫는 이름이 될 때만 생겨난다. 왜 이러한 정서의 차원이 여기서 결정적인지는 이미 앞서의 논의를 통해서 분명해졌으리라 믿는다.

부록 2 : 왜 어떤 요구들은 "민주적"이라고 불리는가?

이 글의 초고를 읽은 독자들은 내가 "민주적 요구들"이라고 부른 것에 대해 의아해했다. 왜 요구들을 "시기적절한" 혹은 "격리된"이 아니라 "민주적"이라고 부르는가? 이 요구들이 민주적인 이유가 무엇인가? 이런 질문들은 모두 정당하다. 우선 "민주적"이란 말은 내 논의의 맥락에서 민주주의 체제와 아무런 관련이 없다. 내 원고가 제시하고자 하는 것은 이 요구들이 어떤 특정한 정치적 방식으로 절합되도록 목적론적으로 결정되지 않았다는 점이다. 파시스트 체제도 자유주의 체제와 마찬가지로 민주적 요구들을 흡수하고 절합할 수 있다. 또 "민주적 요구들"의 개념은 그 요구들의 정당성과 관련된 어떤 규범적 판단과도 관련이 적다고 말할 수 있다. 이 개념은 엄격히 말해 기술적이다. 민주적이란 일반적 개념에서 내가 취한 유일한 특성들은 다음과 같다. (1) 요구들은 일정한 종류의 사회적 하층에 의해서 체계에 제시된다. 다시 말해 요구들에 내포된 평등주의적 차원이 있다. (2) 요구들의 출현 자체가 일정한 배제와 박탈을 가정한다(우리가 "결핍된 존재"라고 부르는 것).

이런 정의는 민주주의에 대한 다소 기이한 개념인가? 나는 그렇게 생각하지 않으며, 민주주의 개념을 이렇게 사용하는 방식의 계통을 살피는 것으로 내 입장을 변호해 보련다. 이 계보학적 재구성의 출발점은 "부르주아 민주주의 혁명"이라는 마르크스적 개념이다. 이 예에서 민주주의는 봉건주의와 절대주의에 대항한 신생 부르주아의 투쟁과 연결되었다. 민주적 요구란 여기서 내재적으로 부르주아적이며 본질적으로 "자유주의-민주주의적" 체제의 설립과 연결된다. (부르주아) 민주주의적 요구들과 사회주의적 요구들은 다르다. 사회주의는 자본주의 사회를 초월하는 데 있으며, 역사적 발전의 좀더 진보적 단계에 해당되었다. 정치적 의제의 주요 항목이 봉건주의 전복이었던 나라들에서 사회주의 세력들의 과제는 부르주아 민주주의 혁명을 도와서 만개한 자본주의 사회를 일정한 기간 동안 수립하는 데 있었다. 오직 나중에 가서야 자본주의의 내적 모순에 의해서 사회주의적 요구들이 정치적 투쟁의 전선이 된다. 따라서 사회주의와 민주주의 요구들 사이에는 중대한 구별이 있으며, 부르주아 헤게모니와 자유주의 국가의 수립 내에서 민주주의 요구들을 기입하는 것은 당연해진다.

이러한 말끔한 구별들은 "조합되고 불균등한 발전"이라는 표제 하에 수렴되는 현상들이 출현함으로써 흐트러진다. 어떤 나라에서 만일 봉건주의의 전복이라는 과제가 중심을 차지했으나 사회적 세력으로서의 부르주아지가 너무 미약해서 자체의 민주주의적 혁명을 가져오기 어렵다면 어떤 일이 일어날까? 민주주의적 혁명은 역사적 의제로 남아 있지만 부르주아적 성격은 점점 문제적이 되어간다. 부르주아의 리더십이 다른 역사적 주체들로 전이되고 행위주체와 과제 사이의 비정통적 절합들이 가능해진다. "노동자와 농민의 민주주의적 독재"라는 볼세비키식 정식은 이미 "민주주의" 개념을 새롭고 예기치 못한 방향으로 뒤틀었고, 트로츠키의 "영구혁명"은 혁명, 민주주의 과제와 행위주체 사이의 관계를 좀더 느슨하게 풀어놓았다. 1930년대의 반파시즘 투쟁과 1945년 이후 제3세계의 혁명의 물결은 "부르주아 민주주의 혁명"이라는 개념의 해체과정을 좀더 확실하게 보여주었다. 민주적 요구들과 자유주의 간의 연관성이 순전히 우발적인 것으로 밝혀진 한편(수많은 형식적 반자유주의 체제들이 민주적 요구들을 내세우는 유일하게 가능한 형태였다), 민주적 요구들이 권위주의적 공격에 대항해서 자유주의 체제들을 옹호하는 일이 필요할 때 이 체제들의 "부르주아"적 성격을 더 이상 쉽게 내세울 수 없었다. 세력, 체제, 사건들의 의미는 절합적 매개에서 일어날 변화에 달려 있었다. 1960년대 아르헨티나에서 다음과 같은 헤드라인이 실린 신문을 읽은 기억이 난다 : "국민헌법(The National Constitution)이 전복적이 되어간다."

바로 이러한 광범한 역사적 변형 속에서 우리는 그람시의 개입이 갖는 중요성을 이해할 수 있다. 그의 헤게모니 이론은 민주적 요구들의 민중적 기입이 선험적이거나 목적론적으로 결정된 권위적 명령에 따라 진행되지 않을 때만 의미를 갖지만 다양한 방향으로 움직여 갈 수 있는 우발적인 작용이다. 이는 민중적 기입에 관한 한 "확고한 운명"을 갖는 요구는 없다는 것을 의미한다. 사실 이것은 기입의 우발성에 관한 문제만은 아니다. 왜냐하면 어떤 요구도 일정한 종류의 기입이 없이는 요구가 될 수 없기 때문이다. 그람시의 이론에서 이 지점에 다다르면 우리는 "민주적 요구"라는 개념을 만나기는 하지만 완전히 이 개념에 도착할 수는 없다. 그람시에게 절합의 심급—혹은 집단적 의지—의 최종적 핵심은 언제나 그가 근본적 계급이라 부른 것이며, 이 핵심의 정체는 절합 실천에서 비롯된다고 볼 수 없다. 즉 민주적 요구와는 다른 종류의 존재론적 질서에 속한다. 이것이 『헤게모니와 사회전략』에서 우리가 그람시에게 남은 본질주의의 마지막 잔재라고 부른 것이다. 우리가 이것을 제거한다면 절합의 심급으로서 "민중"—우리가 민중적 요구라고 부른 것의 장소—은 오직 특별한 민주적 요구들, 앞서 살펴본 대로 텅 빈 기표(라깡적 의미에서는 대상 a)로 기능하는 그런 요구의 헤게모니적 중층결정에서 비롯된다.

이로써 내가 이 요구들을 "민주적"이라고 부른 이유가 설명되었기를 바란다. 마르크스 전통에 대한 어떤 향수어린 애착이 있어서가 아니라, 그 전통에는 유지해야 할 만큼 생생한 "민주주의" 개념의 재료들이 담겨 있기 때문이다. 그것은 바로 현존 사회질서에 맞서서 등가적인 논리를 촉발시킬 만한 충족되지 않은 요구들의 개념으로서 "민중"의 출현을 이끌 것이다. "민주적" 대신에 이를 "시기적절한" 것으로 불렀다고 가정해 보자. 이렇게 이름붙이는 것은 완전한 실증성의 개념을 즉각 환기시키게 될 테지만 우리는 이런 실증성이란 없다는 것을 잘 알고 있다. 요구는 차이에 따라 구성되거나—요구의 실증성이 유목적이지 않고 관계적 앙상블 속에 위치한다는 뜻이다—다른 요구들과 등가적인 관계를 갖는다. 우리는 이 대안이 충족된 요구와 충족되지 않은 요구들 사이의 것과 겹쳐진다는 것을 잘 안다. 그러나 충족된 요구는 요구이기를 중단한다. 오직 충족의 결핍만이—일언지하의 거절과 "균형을 유지하기" 사이에서 왔다갔다할 수 있는 것—요구에 물질성과 담론적 현존을 줄 수 있다. "민주적" 조건(사실 이미 요구의 개념 속에 포함되어 있는 형용사로 반복되는 것이기 때문에 자격조건이라 할 수는 없다)은 요구의 출현조건인 등가적/담론적 환경을 가리키는 한편 "시기적절"이나 "고립된"은 그렇지 못하다. 물론 민중적이고 민주적인 요구와 더 관습적인 민주주의 개념 사이의 관계라는 문제가 아직 남아 있다. 이 문제는 다음 기회에 다루어 보겠다.

과장된 전쟁 : 칸트와 프로이트에 나타난 분노의 신화

—스티븐 밀러

친구여,
자 이제 투쟁이 시작된다
가이아가 이 세상에 분노를 풀어놓은 이래
한번도 해보지 않았던 싸움.
지금까지 자연은 서로 힘겨루기 이외에
다른 것은 모르는 듯하다.
제3의 힘이란 존재하지 않으니.
이 불을 끄는 자 그 무엇도
물을 끓어오르게 하지 못할 것이며
그 역도 마찬가지.
하지만 서로에게 치명적인 적이
앞으로 다가올 이에게 등장하여
불은 더 이상 홍수와 어울릴 줄 모르며
물도 천상까지 혀를 날름대는 불꽃과 춤추지 않으리라.

하인리히 본 클라이스트, 『펜티씰리아』[1]

1

영구적 평화에 관한 칸트의 에세이는 글

1) Heinrich von Kleist, *Penthesilea : A Tragic Drama*. Joel Agee 역 (New York : Harper Collins, 1998), 8–9쪽.

속에서 절대 대놓고 묻지 않는 질문인 왜 전쟁인가를 둘러싸고 진행된다. 이 질문은 평화의 전망을 다루고 있는 칸트의 이 글을 1933년부터 아인슈타인과 프로이트 사이에 공적으로 오간 서신들과 연결시켜 준다. 아인슈타인과 프로이트는 칸트와는 달리 무엇보다 "왜" 전쟁인가에 관심을 두었다. 하지만 아인슈타인이 프로이트에게 던진 질문이 원칙상 좀더 칸트적이라는 사실은 우연의 일치만은 아니다. "인류를 전쟁의 위협으로부터 건져낼 방법이 있는가?"[2] 이 두 번째 질문은 반드시 첫 번째 질문으로 이어진다. 우리가 그 원인을 밝혀낼 수 있다면 인류를 전쟁의 위협으로부터 벗어나게 할 수 있으리라 희망할 수 있을지 모른다. 칸트의 글은 동일한 추론에 따라 전개된다. 지구상의 영구적 평화에 대한 칸트의 요구는 전쟁의 목표나 전쟁의 역사를 구성하는 특정한 캠페인 문구가 아니라, 전쟁의 원인을 강조하는 방식으로 전쟁의 현상을 향해 가도록 변함없이 이끈다.

그러나 전쟁의 원인이란 어느 정도까지는 문제가 되지 않는다. 칼 슈미트가 주장하듯 전쟁의 발발은 오직 한 주권국가의 **결정**, 즉 세속적인 기적에 달린 것이다. 마치 신학적 기적이 자연적 원인들의 연쇄고리를 끊을 수 있듯이. 클라이스트의 오디세우스는 아킬레우스와 펜티씰리아 사이의 사나운 전투 중 자연이 스스로 분리되는 것을 목격하게 된다. 이 분리의 "기적"은 주권적 결정에 가깝다고 할 수 있겠다. 만일 주권적 결정이 주권성(결정적 성격)을 전투의 신속함에서 끌

2) Sigmund Freud, "Why War?"에서 인용. *The Standard Edition of the Complete Psychological Works of Sigmund Freud*(앞으로는 *S.E.*로 표기). James Strachey et al. 편역(London : Hogarth Press, 1953–1974), 22 : 199쪽.

어온다고 한다면 말이다. 전투장에서 돌아오자마자 오디세우스는 힘겨루기 너머의 "제3의 권력"을 마주했다고, 혹은 독일어에 충실해서 "제3"에 가까이 머물렀다고 주장한다 : "내가 보기에 자연에는/ 순수한 힘과 그것에 대한 저항 이외에 제3의 항이란 없다." 오디세우스는 자신의 지식을 자연의 본능적인 자기 인식(즉 "힘")에 근거한다. 물은 자신이 불을 끌 수 있음을 알고 항상 이 앎에 따라 행동한다. 이 "제3항"("권력"이라고 할 수는 없는 것)은 자연을 그 자체로부터 소외시키고 자연은 자기 인식을 할 수 없게 된다. "불은 더 이상/ 홍수와 함께 흐를지 **알지** 못하고/ 물도 더 이상 천국까지 치솟는 불꽃을 따라 너울댈지 알지 못한다." 게다가 이 제3의 항은 힘과 저항적 힘 모두에게 "치명적적"이다. 단순한 **적으로서의 힘**이 아니라 **힘의 적**인 적의 출현으로 인해 힘을 인지 가능한 양으로 만드는 상수가 교란되어 더 이상 힘으로는 이 적과 맞서 싸울 수 없게 되고, 그 결과 자연의 ("물리적") 앎 이외의 다른 앎이 요구된다.

클라이스트의 수사학은 이렇게 아킬레우스와 펜티씰리아 사이의 결투를 전쟁 이론의 예외로 지지한다. 이들의 결투는 "무장한 힘들 사이의 적대적 싸움"(옥스포드 영어사전이 정의하는 전쟁의 의미)이 아니라 힘의 적들 사이의 좀더 복잡한 갈등으로 **나타난다**(양쪽 모두 대체로 "적대적"이다 : 클라이스트의 극 마지막에 그녀의 사랑을 표현하는 궁극적인 방법의 하나로 펜티씰리아가 아킬레우스를 조각조각 뜯어내는 장면을 생각해 보라). 전쟁은 적의 힘에 저항하거나 그것을 초과하기 위한 시도일 뿐만 아니라, 무엇보다도 힘의 체제가 부적절하다는 것을 제시하고 힘에서 그 힘을 제거하려는 시도일 것이다.

이 예외가 갖는 의미를 가장 잘 측정하는 방법은 클라우스비츠

(Carl von Clausewitz)가 『전쟁에 관하여』에서 정식화한 전쟁의 모델에 따르는 것이다. 이 책은 (전략으로서의) 전쟁에 대한 기념비적인 이론일 뿐만 아니라, 이론적인 대상으로서 전쟁의 특수성에 대한 가장 체계적인 논문이다. "전쟁의 문학적 · 현학적 정의"를 거부하면서 클라우스비츠는 전쟁이 거대한 결투라고 개념화한다 : "전쟁은 큰 규모로 벌어지는 결투와 다르지 않다. 셀 수 없이 많은 결투들이 모여 전쟁이 되지만 전쟁의 전체적인 그림은 한 쌍의 결투자들을 상상함으로써만 그려질 수 있다."[3] 하지만 결투는 서로 몇 번 칼로 찌르기식의 지극히 평범한 ("문학적인") 재현일 순 없다. 이런 식의 결투에서는 당사자들은 서로에 대한 (동료애적) 사랑을 이해하게 된다. 클라우스비츠는 이보다는 레슬러의 이미지를 더 선호하는데, 이 경우 동료애가 남아 있을 여지가 없다. 싸움의 형식 안에서 레슬러들은 힘이 갖는 순전한 육체성을 구현한다. 레슬링 경기의 목적은 상대를 **치는** 것이 아니라 **던져버리**는 것이다. 레슬링의 목표는 전적으로 과장되어 있다('과장'을 의미하는 영어의 hyperbolic은 어원적으로 hyper와 ballein이 결합되어 말 그대로 밖으로, 혹은 저 너머로 던져버리는 것을 의미). 핵심은 언제나 적의 힘을 초과해서 씨름장으로부터 적을 밖으로 던져버리는 것이다. 레슬러들은 과장을 교환한다. 선수들은 최악이 되려고 최선을 다하기 때문에 싸움은 대화라기보다는 극한까지 몰아붙인 몰개성적인 (혹은 초개성적인) 통로가 된다. 이 극단까지 몰아세운 통로는 다시 전쟁 이론의 순수한 목적이다.

3) Carl von Clausewitz, *On War*. Michael Howard and Peter Paret 편역(Princeton : Princeton University Press, 1976), 75쪽.

> 마음이 선량한 사람들은 물론 피를 보지 않고 적을 무장해제시키거나 굴복시킬 현명한 방법이 있다고 생각할지 모른다. 또 이렇게 하는 것이야말로 전쟁기술의 진정한 목적이라고 상상할지 모른다. 듣기에는 좋을지 모르지만 이런 생각에는 백일하에 드러내야 할 오류가 있다. … 만일 전쟁의 한쪽이 아무 가책 없이, 유혈낭자도 감수하며 무력을 사용하는데 다른 쪽에서는 그러지 않으려고 한다면 전자가 이길 것은 확실하다. 무력을 사용하는 측은 상대로 하여금 어쩔 수 없이 무력을 사용하게 만들게 되고, 따라서 서로가 상대를 극단으로 치닫게끔 몰아가게 된다. … 따라서 사태를 이렇게 보아야 한다. 전쟁의 잔인성에 대한 자괴감 때문에 진정 전쟁이 무엇인지에 대해 눈을 감아버리는 것은 소용없으며, 심지어 잘못된 것이다. … 전쟁 이론 자체에 중용의 원칙을 들여오게 되면 언제나 논리적 모순에 이르게 된다. … 그렇다면 핵심 주제를 다시 한 번 반복해야겠다 : 전쟁은 힘의 행동이고, 힘을 적용하는 범위에는 어떤 논리적 한계도 없다. 따라서 전쟁 당사자는 상대편을 똑같이 대응하도록 몰아간다. 이론상 상호적 행위가 시작되면 극단으로 치달아가게 된다.[4]

극단으로 치닫게 되는 통로는 결투의 형식을 취하지만 이 통로가 개별적인 결투자에게만 귀속될 수는 없다. 힘의 가속화, 즉 과장의 과장, 전쟁 당사자들이 결투의 논리에 들어서자마자 양쪽을 가차없이 쥐고 흔드는 분노는 결투형식 그 자체에 속하는 기능이며, 따라서 제3항처럼 나타난다. 클라우스비츠는 적이 상대의 힘을 누르고 그를 집어

4) 같은 글, 75-77쪽.

던져서 싸움 바깥, 경계 밖으로 밀어낼 때 갈등의 대상이 현실화되고 갈등 그 자체가 탄생하게 된다고 가정한다. 그러나 이 가정은 레슬러들이 결국 형제지간이라는 것을 의미할 뿐인지 모른다. 그들의 결투가 힘 사이의 몰개성적인 갈등이 되면 될수록 결투는 힘을 배치하고 휘두르는 개인들 사이의 시끌벅적한 투쟁이 되지 않는다. 진실로 전쟁법칙의 전통은 힘과 사람들(죄와 죄인) 사이의 구별에 의존하는 듯하다. 결투가 그 자체의 과장된 논리에 따라 전개된다는 바로 그 이유 때문에 결투가 끝나고 난 뒤 개별 결투자들은 (그리고 서로를) 결투가 항상 초래하는 (그리고 여기에 대해선 클라우스비츠의 주장대로라면 양해를 구할 필요가 없다) 유혈낭자에 대한 책임에서 풀려날 수 있게 된다.[5] 전쟁의 법칙은 이런 구별을 미리 가정하며, 따라서 그 명확성을 감소시키는 경

5) 가톨릭교도로서 전쟁사상가인 슈미트는 이와 같은 구별을 지지한다. 진정 전쟁에 관한 슈미트의 저작들에 담긴 논쟁적 날카로움은 이데올로기들의 사악함을 제시하려는 시도에 있다고 해도 과언이 아닐 것이다. 그의 저작이 보이는 이런 양상은 슈미트가 "전쟁에 대항한 전쟁"(그가 보기에 평화주의와 인간주의의 동맹이 빚은 결과)의 전망을 비난할 때 확실해진다 : "전쟁을 향한 평화주의적 적대감은 너무 강해서 평화주의자들을 전쟁에 대항한 전쟁에서 비평화주의자들을 향한 전쟁으로 내몰게 된다면, 이로써 인간을 친구와 적으로 따로 묶어낼 수 있게 되므로 평화주의가 진정 정치적 에너지를 소유하고 있음이 밝혀질 것이다. 실제로 만일 전쟁을 종식시키려는 의지가 너무 강해서 더 이상 전쟁을 피할 수 없다면 이 의지는 정치적 동기가 된다. 다시 말해 비록 극단적 가능성일 뿐이라 해도 이 의지는 전쟁과 심지어 전쟁을 벌이는 이유를 정당화한다. 현재 이것이 전쟁을 정당화하는 특이한 방식처럼 보인다. 전쟁은 이렇게 되면 인류의 절대 마지막 전쟁일 것이라고 여겨진다. 이런 전쟁은 필연적으로 이상할 만큼 강렬하며 비인간적이 된다. 왜냐하면 정치적 프레임의 한계를 초월하기 위해서 동시에 적을 도덕적 범주들과 그 외 다른 범주들로 강등시키며, 적을 단순히 패배시키는 게 아니라 완전히 파멸시켜야 하는 괴물로 만들기 때문이다. 다시 말해 적은 더 이상 자신의 경계로 후퇴해야 하는 대상이 아니다." *The Concept of the Political*. George Schwab 역(Chicago : University of Chicago Press, 1996), 36쪽.

향을 띤 실행들을 규제하거나 금지하도록 고안되어 있다.

클라이스트는 이 과장의 논리를 한 단계 더 밀고 나간다. 극단으로 향하는 길은 전쟁이 힘 너머로 가는 길, 따라서 힘의 사용이 갈등에 부과하는 한계 너머로 가는 길이다. 싸움이 당사자 모두를 몰고가는 과장이 "힘의 치명적인 적"이라면 양쪽 당사자 모두 상대방이 힘겨루기로 인한 싸움의 한계들을 존중할 것이라고 가정할 수 없다. 전쟁 논리의 이러한 악화는 전쟁을 종작없고 개인적으로 만들어 버린다. 힘의 사용에 내포된 한계가 없다면 어느 쪽 적이라도 상대가 전쟁을 걸어오는 일을 언제 그만둘지 장담할 수 있는 사건이란 존재하지 않는다. 어느 한쪽이 상대—자신의 형제—를 자신이 참여하고 있는 싸움의 논리로부터 자유로이 분리시키도록 허락하는 휴식이란 전쟁의 과장에는 없다. 싸움 자체의 논리는 힘의 가속화를 너머서 세력겨루기 이면의 인간을 움켜쥐도록 확장된다. 이 겨루기는 하나의 논리로서는 극단으로 향하는 클로우스비츠의 통로만큼이나 비개성적이지만 이것이 당사자들을 몰아가는 극단은 사적인 감정이나 복수로 구성되게 된다. 여기서 유일한 한계라면 암살인데, 칸트가 분명히 밝혔듯 암살은 전쟁과 평화를, 싸움 당사자들을 비당사자들로부터 분리시켜 주는 모든 한계들을 불가피하게 무너뜨리는 실천에 다름 아니라는 점에서만 예외이다.

이 과장을 일컫는 다른 이름은 **분노**이다. 전쟁이 있는 곳에 분노가 있다. 진실로 클라이스트의 오디세우스는 갈등에 관한 자신의 설명을 신화적 분노들을 불러냄으로써 시작한다 : "자 이제 시작되었다/ 친구여, 지금껏 한번도 해보지 않았던 투쟁/ 가이아 신이 이 세상에 분노들을 풀어놓은 이래로." 클라이스트가 "격분"에 관한 현대적 설명을 위한 무대를 제공하듯이 분노는 『일리아드』를 시작하고, 칸트의 영원한 평화에 관한 에세이에 출몰하며, 프로이트의 전쟁에 관한 명상 표면 위로 떠오른다. 칸트는 영원한 평화를 다루는 에세이의 가장 중요한 순간에 서사전통으로 돌아가서 『아이네이드』에서 **분노**(Furor)의 핏빛 입을 불러내는 몇 구절을 인용한다 : "내면에서 불경한 분노는 … 이를 갈면서 핏빛 입으로 괴성을 지를 것이다."[6] 1915년 논문 「전쟁과 죽음의 시간을 위한 단상들」에서 프로이트는 "마치 모든 것이 끝난 뒤 인간에게는 미래도 평화도 없는 양 발길에 걸리는 모든 것들을" 무참히 짓밟는 "맹목적인 분노"를 불러낸다.[7]

어느 정도 **분노**는 전쟁에서 힘 자체보다 더 중요하다. 클라우스비츠 자신도 이를 인정한다. 무장한 세력들의 경쟁조차도 "싸움에 따르는 유혈낭자도 마다 않고 일말의 양심의 가책도 없이 힘을 사용"하는 것에 좌우된다. 어떤 요소는 단순히 힘을 사용하거나 물질적 위력을 양적으로 배가시키는 것을 넘어선다. 분노는 미지의, 질적인 "x"요소에 의해서 양적인 힘을 배가시킨다. 이 요소는 극단으로 향하는 천재성의 길로서 다음의 이름들 중 어느 것을 취해도 무방하다 : 테크놀러지, 신, 여성성, 마술, 속도, 비밀, 야만성 혹은 자유. 진실로 싸움을 구성하는 힘들의 가속화는 "힘 있기"라기보다는 "광분적"일지 모른다. 궁극적으로 전쟁과 레슬링 시합을 가르는 것은 바로 전쟁이 무차별적인 폭력을 전략적으로 사용하도록 만든다는 사실에 있다. 그렇다 해도 전쟁의 이론은 **분노**를 목적을 위한 수단으로 만든다. 비록 **분노** 그 자

6) Virgil, *The Aeneid*. Robert Fitzgerald 역(New York : Vintage Classics, 1990), 13–14쪽.
7) Freud, "Thoughts for the Times on War and Death." *S.E.* 14 : 279쪽.

체가 힘으로 환원되지는 못해도 작전수행시 적의 힘을 이겨내도록 사용될 수 있다. 문제는 분노를 결코 싸움의 한계 안에 완전히 가둘 수 없다는 데 있다. 분노는 항상 전쟁을 좀더 복잡한 기호학적 체계로 만든다. 이 기호학적 체계는 전쟁 참가자가 실제 적의 힘을 굴복시키는가의 여부가 아니라 자신이 보일 수 있는 가능한 무제한적인 분노("충격과 경외")를 그럴싸하게 전시하는 것, 즉 자신의 힘에 대한 합리적 계산을 기만적이지는 않더라도 필시 부정확하게 만들어 줄 "x"요소를 전시하는 것에 달려 있다.

신화적 용어로서 분노는 종종 한쪽 혹은 양쪽 모두를 초자연적인 존재에 의해서 (악마든 신이든) 사로잡히게 만든다. "x"요소는 전사의 환골탈태의 형태를 취하며 그의 신들림은 상대방 적에게 향하는 것으로 제시된다. 슈미트가 전쟁에 저항하는 전쟁의 위험성을 경고했을 때 이런 전쟁은 적을 "반드시 무찌를 뿐만 아니라 철저히 파괴시켜야 할 괴물"로 탈바꿈시키게 된다. 이때 이 괴물은 아마도 분노의 화신에 다름 아니리라(그렇다면 슈미트가 이러한 투사를 평화주의의 정치와 연결시키는 것은 기본적으로 옳다. 왜냐하면 평화주의의 구체적인 관심은 전쟁과 분노 사이의 관계이기 때문이다). 전쟁 신화에 관한 그의 저작들 중 하나에서 조르쥬 뒤메질(Georges Dumézil)은 가령 분노를 일종의 "악령출몰"(demonophany)이라고 묘사한다.

> 브레멘의 아담처럼 식견 있는 독일인이 토속어의 *Wut*를 번역하려고 마땅한 말을 찾을 때 원뜻에 가장 가까운 말이 분노이다. 반복하건대 이 낱말은 환골탈태적 분노, 인간이 자기 자신 이상으로 틀림없는 목표와 쳐다볼 수 없을 정도의 눈매를 가지고 전체 몸가짐, 때로는 형태까지

> 도 바꾸어서 천하무적의 괴물이 되어 아무 감정의 흔들림이 없거나 무감각해져서 변해가는 분노의 상태를 의미한다. 전장터에서 그의 출현은 일종의 악령출몰이다. 적이 그를 보거나 그의 외침을 듣자마자 공포로 가득 차게 되어 마비되고 무감각해진다. 심지어 공격자의 힘조차 기하급수적으로 증가하는 듯이 보인다.[8]

왜 전쟁인가?라는 이 질문은 실제로 이보다 좀 구체적인 질문, **왜 분노인가?**로 이어진다. 아인슈타인은 자신이 프로이트에게 질문을 던진 이유는 그 자신 역시 "인간의 의지와 감정의 어두운 부분들"에 관심이 있었기 때문이라고 밝힌 바 있다. 이 질문은 인간의 환골탈태에 대한 대응에서 출발한다. 물론 표현이 덜 하긴 해도 이 질문은 오디세우스의 보고서만큼이나 기이한 질문이다. "박애주의의" 출납부에 따르면 이 질문은 또한 제3자와의 만남에 대한 증언이기도 하다. 적의 세력이나 권력들 사이에서 전쟁은 무엇보다 인간존재**에게** 일어나는 예측 불가능한 어떤 것이다. 구체적으로 전쟁은 인간**에게** 인간**을 통해서** 일어난다.

전쟁을 불러내는 이러한 논리를 이해하는 일이 무엇보다 중요하다. 왜냐하면 국제법의 기획에 토대를 제공하는 전쟁에 대한 박애주의적 혹은 인도주의적 접근과 이 논리를 떼어낼 수 없기 때문이다. 가령 프로이트가 박애주의자라고 부른 아인슈타인은 자신의 전쟁 논의를 "국가 간에 일어나는 모든 갈등을 해결하는 [국제적인] 입법과 판결을 담당할 기구"[9]에 대한 논의를 시작할 서곡으로 바꾼다. 하나의

8) Georges Dumézil, *Horace et les Curiaces*(Paris : Gallimard, 1942). 17-18쪽[번역은 필자의 것].

토론은 다음 토론을 부른다. 이러한 국제기구의 주체를 구성할 공동체는 바로 전쟁의 위협에 노출된 인류 당사자의 공동체에 다름 아니기 때문이다. 국제법의 프로젝트는 이런 의미에서 권리의 주체, 인간이라는 개념, 시민권이 아니라 잠재적으로 전쟁상황에 처하게 될 것이라고 규정된 그런 인간 개념을 가정한다. 국제적 인권의 주체는 **희생자**이다. 희생자의 위치는 전통(민족 혹은 인종적)과 언어로 기입되는 것이 아니라 자비의 스펙터클을 통해서 형식화된다. 다른 예를 하나 들어보면 '1949년 8월 12일 전쟁 희생자 보호를 위한 제네바 협정' 은 이 원칙을 공식화한 것으로 해석해 볼 수 있다. 전쟁이라는 우발적 사건에 대한 일련의 규칙처럼 보이는 것을 통해서 이 협정들은 국제법의 주체를 인정하는 기능을 담당한다. 권리의 주체는 전쟁이라는 질병에 걸릴 잠재적 희생자로서의 인간이다. 제8 결의사항은 주체와 전쟁에 관한 협정의 인류애적인 비전을 명시하면서 다음과 같은 사항을 가정한다.

> 본 대회는 모든 국가들보다 앞서 다음을 확언하려 한다 :
>
> 본 대회의 임무는 오로지 인류애적인 목표에 고무되었기 때문에 미래에 각 정부들이 결코 전쟁희생자 보호를 위한 제네바 협정을 적용할 필요가 없게 되기를 진심으로 소망한다.
>
> 본 대회가 강력히 바라는 바는 크고 작은 세력들이 그들의 이견을 국가 간 협조와 상호 이해를 통해서 우호적으로 해결해 나감으로써 지구상에 평화가 영원히 유지되기를 소망한다.[10]

9) Freud, "Why War?" *S.E.* 22 : 199–200.

평화에 대한 "진심어린 소망"이나 "강력히 바라는 바" 등의 과장된 표현들은 궁극적으로 인류를 위협하는 전쟁을 비개성적 운명 혹은 숙명으로 불러내는 기능을 한다(진정 전사자의 수를 "fatalities"로 처리하는 현대적 선택이야말로 이러한 전쟁의 개념이 압도적임을 보여주는 또 다른 증거이다). 결국 전쟁은 언제나 "우리"(부상자, 환자, 조난자들, 방관자, 수감자들)에게 일어나는 어떤 것이다. 외교적 대회를 개최할 때의 소망이나 심지어 종국에 가서는 전쟁의 행위주체자가 될 정부들의 극단적인 바람에도 불구하고.

《2》

칸트의 영구적 평화에 관한 "예비적 논문들"은 모두 암묵적으로 전쟁의 원인에 관한 대체로 노골적인 주제로 선회한다 : 전쟁은 전쟁에 대한 준비과정 때문에 일어난다. 이런 준비과정—적에 대한 미래의 주장들을 정당화하는 데 사용될 "옛 문서들"의 축적, 정규군의 모집이나 외자채무를 통한 부의 증대—은 그러나 일단 법정치적 공간에 놓이고 나서야 비로소 전쟁의 원인으로 등장한다. 칸트에게 이는 약속, 협정, 사회계약의 "상호 주관적인" 공간이다. 전쟁을 위한 다양한 형태의 준비과정은 그것이 구조적으로 평화협정의 유효성과 그 협정들을 토대로 세워진 국가 간의 신뢰도를 해치는 정도까지만 전쟁의

10) *Geneva Conventions of August 12, 1949, for the Protection of War Victims*(Washington, D. C. : US Government Print Office, 1950), 22쪽.

원인이 된다. 첫 번째 예비적 논문에서 칸트는 가령 다음과 같이 진술한다.

> '평화에 대한 결론이 만일 미래의 전쟁을 위한 소재를 비밀스럽게 저장해 둔다면 그것이 어떤 결론이라도 유효하다고 간주될 수 없다.'
>
> 만일 그렇게 된다면 이는 단순한 휴전이며, 적대감의 중지이지 평화가 아니다. 평화란 모든 적대감의 종결이며, 여기에 형용사 "영구적"을 붙인다면 의심스럽게도 이미 동어반복에 가까워진다. 평화의 결론은 미래의 전쟁을 도발하는 모든 현존 이유들을 무화시킨다. 비록 그 이유들이 현재 관련된 당사자들에게 아직 미지의 것이라고 해도.[11]

미래의 전쟁을 위한 자료를 비밀스럽게 보유하고 있는 평화에 대한 약속은 유효성이 없다. 이러한 약속에 토대를 둔 평화는 평화라는 이름에 값하지 않는다. 이런 유효성 없는 협정은 불안정한 상황을 낳을 것이라 예측할 수 있다. 약속의 사회정치적 기능은 "계약 당사자들"이 서로의 비밀스런 의도들을 계산해야 할 밑도 끝도 없을 임무를 덜어준다. 내가 약속을 할 때 공적으로 나는 이런 비밀들에 따라 행동할 권리를 포기하는 대신 약속 자체의 텍스트에서 윤곽이 그려진 의도들에만 맞추어 행동할 의무를 진다. 그러므로 평화에 대한 모든 약속이 미래의 전쟁을 위해 "비밀스럽게 저장된 재료"를 동반한다면, 계약 당사자들은 각기 상대방의 말을 믿기보다는 그의 "진정한" 의도가

11) Immanuel Kant, *Political Writings*. Hans Reiss 편, H. B. Nisbet 역(Cambridge : Cambridge University Press, 1970), 93쪽.

무엇인지를 항상 살펴야 하는 위치에 놓일 수밖에 없다. 전쟁에 대한 끝없는 준비정책(군비)은 헤아릴 수 없는 것에 대한 체계적인 계산을 향해 정치경제의 자원을 쏟아붓게 한다. 적들은 타자에 대해 알려지지 않은 것을 알아내려는 과대한 시도 속에 스스로 소진할 수밖에 없어진다. 이는 인간의 심리가 갖는 힘을 보여주기 위한 것이 아니라 그저 자신의 생존 가능성을 보장받기 위한 것일 뿐이다.

전쟁의 정치가 미래의 전쟁을 계획하는 주권을 중심으로 진행되는 한 전쟁은 군사력을 향한 열린 경쟁 너머로, 이해관계의 갈등 너머로, 힘에 의한 권리의 강요 너머로, 나아가 폭력 너머로 진행된다. 칸트는 그의 세 번째 예비적 논문에서 준비된 군대들에 관해 윤곽을 제시하는데, 이처럼 전쟁은 상대방의 군사력 준비과정이 담고 있는 비밀들을 알아내고 그것에 대항해서 스스로를 보호하려는 기획에서부터 시작된다. 전쟁 선포라는 결정은 따라서 이러한 과장된 인식론적 · 정치적 기획의 궁지, 그것의 지속 불가능한 비용에 대한 대응에 불과할 뿐 법적 · 정치적 목적을 추구하기 위한 것이 아니다.

> '준비된 군대[예비력(miles perpetuus)]는 점차적으로 모두 폐지될 것이다.'
>
> 그들이 언제나 준비된 상태라는 사실 바로 그것 때문에 상대 국가들은 지속적으로 전쟁의 위협을 받게 된다. 그들은 국가들이 서로 무한정한 숫자의 군인들을 경쟁적으로 무장시키도록 만들며, 그 결과 단기전보다 평화를 더 억압적인 것으로 만들게 되는 비용을 치르게 된다. 그 결과 군대는 부담스러운 군사대비를 끝내기 위해 시작된 침략전쟁의 원인 그 자체가 된다.[12]

예비력의 유지는 어느 쪽도 상대방의 세력증대를 확실한 정치적 목적이나 군사적 목적 그 어느 것에 의해서도 제한할 수 있을 것이라고 가정할 수 없는 상황을 초래하게 된다. 『전쟁에 관하여』라는 논문에서 클라우스비츠는 이 두 목적을 모두 싸움의 실천이라는 측면에서 정의한다. 전쟁 참가자들의 정치적 목적이란 상대가 자신의 의지대로 따르기를, 즉 논쟁이 되는 영토를 포기하도록 만드는 것이다. 싸움 자체(전쟁)는 이 목적을 위한 수단으로 사용된다. 그러나 군사적 목적은 이 싸움에 내재된 것으로서 정치적 목적으로부터는 자율적이다. 원칙적으로 전쟁은 일단 한쪽 무장세력(비록 한쪽 군대 전부는 아니더라도)이 결정적으로 그 상대 세력을 굴복("전복")시킬 때 끝난다. 그러나 예비력의 문제에 대한 칸트의 이론은 세력경쟁 내의 앎 또는 지식의 위치와 관련된다. 칸트의 전쟁은 그림자 권투만큼보다도 레슬링 매치와 아무런 관련이 없다. 전투가 시작되기 전에 상대의 무력이 어느 정도인지 가늠하는 일은 필요하다. 전쟁에 앞서 한 국가가 상대국의 세력을 얼마나 아는가에 대한 지식 여부에 따라 정치적·경제적 결정들이 내려진다. 칸트는 전쟁을 한다는 결정 자체 역시 이 지식 여부에 달려 있다고 제안한다. 이때 그 지식이 얼마나 정확한지, 또 상대가 실제 동원 가능한 "물리적" 힘이 어느 정도인지는 상관이 없다. 나아가 전쟁 선포의 결정은 이 앎의 기획에 드는 비용을 계산하는 것에 기초할 가능성도 있다. 이 기획이 잠재적으로 국가 경제에 요구하는 무한정한 부가지출 말이다. 결국 실제 전쟁은 가상의 전쟁을 위한 무한 군비확

12) 같은 글, 94-95쪽.

장보다는 비용이 덜(실제 더 싸게 들지는 않더라도) 들기 마련이다.

칸트의 분석에서 나오는 결과는 현기증날 정도이다. 전쟁은 슈미트의 생각처럼 예외에 기초를 둔 결정이라기보다는 국가 정책을 상대에 대한 앎[혹은 "정보"(intelligence)]에 토대를 두도록 만들려는 시도에서 비롯된 일련의 가공할 만한 내적 아포리아들에 대한 대응이다. 예외의 상태라는 전망, 즉 힘의 사용이 필요해질 상황은 전쟁준비를 정당화하려는 허무맹랑한 가설일 뿐이다. 칸트의 분석은 예외적 상황이라는 외로운 시간이 오기를 기다리는 동안 실제 전쟁은 언제나 영구적 군비확장이 불가피하게 불러들인 정치경제적 문제들에 대한 대응으로 일어날 것이라고 암시한다. 이런 전쟁은 정치·군사적 목적이라는 관점에서 합리화될 수 있을지 모르지만 이 전쟁의 가장 우선적인 목표는 미지의 것에 부여된 중요성을 제거하거나 축소시키려는 것이다.

3

프로이트가 그의 논문 「전쟁과 죽음의 시간을 위한 단상들」을 대혼란 속으로의 하강운동을 묘사하는 것으로 시작하는 것은 "이 전시의 소용돌이"를 안에서부터 묘사하려는 시도이다.[13] 전쟁에 대한 사

13) 나는 사무엘 베버가 「전시」라는 글에서 이 소용돌이 비유를 정밀하게 분석하고 있는 대목에서 이 부분에 대한 논의를 착안했다 : "전쟁이 도발한 혼돈에 관한 이 숨막힐 듯한 묘사에서 문장의 문법적 주어의 위치를 주목하라. 그 상황을 역사의 주체가 아니라 대상으로 규정하는 절로 시작해서('소용돌이에 휘말려서 … 일방적으로 정보

색은 종국에 생길 갈등의 결과에 대해 알지 못한 채 오직 글쓰는 당시의 상황과 관련될 수 있을 뿐이다. 이 소용돌이를 사유할 수 있는 유일한 위치는 소용돌이 자체의 "위치"이다. 아니면 소용돌이가 물러난 미래의 비-위치이다. "우리가 붙들려 있는 전시의 혼돈에서, [좀더 정확히 말해서 전시의 소용돌이에서] 일방적인 정보에 의존해야 하고 이미 일어났거나 일어나기 시작한 큰 변화들에 너무 가깝게 있어 미래가 형성될 기미가 전혀 없이 우리를 내리누르는 인상들의 의미에 대해서, 그리고 우리가 형성할 판단의 가치에 대해 우리는 갈피를 못 잡고 있다."[14] 소용돌이 묘사 자체는 소용돌이를 평화로운 미래의 과거로 강등시킬 판단들의 자리를 대신한다. 한편으로 이러한 대체는 그 자체로 일반적인 "환멸"의 예로 제시되며—제1차 세계대전의 발발을 기다려 온 일종의 집단적 분위기—프로이트는 그의 논문 첫 페이지

가 주어지고, 거리감도 없이 … 미래가 형성될 기미조차 주지 않고') '주체'는 더 이상 통제할 수 없고, 진실로 압박하는 일련의 인상들에 말 그대로 밑으로 던져진(subjected) 것으로 출현한다. '우리 스스로 매복당했다.' 독일어로는 그 의미가 더 강하다. *werden wir selbst irre.* 여기서 irre란 일반적 의미로 '미친'과 좀더 일반적인 의미로 '존재상실, 방향상실' 둘 다 의미한다. 독일어에서 이 상황은 반성적 주체(wir seblst)로 귀속한다. '우리' 주체들은 우리 밖에서 진행되는 사물들 때문에 방향을 잃을 뿐만 아니라 이 사건들이 우리 자신에 관한 방향감각을 잃게 만든다. '우리 자신이 힘을 상실하게 된다.' 단지 사물들에 대해서 뿐만 아니라 우리 자신에 대해서, 가령 판단능력을 잃게 된다. 전쟁의 결과들은 프로이트가 독일어로 Wirbel, '소용돌이'라고 지정한 것으로 어떤 '거리'도 일체 허용하지 않고 '미래를 형성할 기미조차' 주지 않는다. 미래는 '형성'(Gestalt)될 수 있을까? 아니면 미래가 소용돌이 그 자체여서 모든 형태를 파괴하는 형태, 어느 곳에도 도달하지 않는 움직임이며, 모든 것을 그것이 시작하는 지점에서 그러쥐고 압박하는 것인가? 만일 뭔가 있다면 모든 재산과 재산 관계들을 밖에서 뿐만 아니라 동시에 안으로부터도 위반하는 폭력의 비유이다." *Violence, Identity and Self-Determination*. Hent de Vries and Samuel Weber 편집(Stanford : Stanford University Press, 1997), 90쪽.

14) Freud, "Thoughts for the Times." *S.E.* 14 : 275쪽.

들에서 이를 분석하면서 출발한다. 프로이트의 사색은 따라서 부정적 형태를 띤다. 판단이나 과학적 분석이 아니라 오로지 미래에 대한 생각들뿐이다. 그는 판단을 내리기보다는 판단의 무효성을 기술한다. 프로이트는 시대의 형식 없는 형상, 시대의 변이, 운동, 폭력성을 서술할 뿐이다. 이것은 소용돌이 그 자체에 대한 관심의 형식이다. 판단을 무효화하는 힘에 대한 관심, 판단이 전쟁으로 손상되는 "환영"에 조공을 바치는 정도까지만 유효한 관심이다. 이런 의미에서 소용돌이는 실증적 과제에 대응한다. 프로이트는 판단에 저항하는 소용돌이를 **지지한다**. 그는 소용돌이가 갖는 환멸의 힘에 대응함으로써 신호를 보낸다. 전쟁에 **대해** 말하는 것이 가능하지 않다면, 단정적인 판단을 내릴 수가 없다면 그것은 말하는 사람들이 전쟁에 휩쓸려 있기 때문이다. 이들은 자신이 판단해야 할 대상으로부터 거리를 유지하지 못한다. 더군다나 이 발언자들이 말해야 할 바로 그 대상이 이들의 자리를 강탈해 버린 결과 발언 그 자체가 무엇이 발언되어야 할지와는 무관하게 전쟁과 불가분해졌고, 필경 전쟁에서 가장 심란한 것과도 떼어낼 수 없게 되었다. 따라서 이제 발언은 전쟁에 "대해서" 오직 **환유적으로만**, 그것이 전쟁의 일부인 한에서만 가능하다.

프로이트는 소용돌이가 환영을 휩쓸어 버리기 때문이기도 하지만 또한 언어의 판단력이 중지된 채 발언되는 대상이기 때문에 소용돌이를 지지한다. 소용돌이 자체에 대한 관심은 따라서 언어가 재현한다고 주장하는 모든 대상들 너머에 있는 대상에 대한 관심이다. 즉 언어의 이해관계적 구조에 대한 관심(만일 발화에서 지시되지 않는 발언 그 자체와 불가분한 "이해"가 언제나 존재한다면)이다.

언어의 대상 자체—발화행위를 이끌어 가는 관심—를 서술화의 대상으로 만드는 것이 가능할까? 혹은 서술화의 시도가 늘 변함없이 그것이 발언한다고 주장하는 대상을 전치시켜서 소용돌이에 휩쓸려 가야 할까? 다시 말하건대 대상에 "대해서 말하"되("그것은 그를 잘 말해주는 거야"라고 누군가 말하듯이) 우화적으로만, 즉 뭔가 다른 것에 대해 말하는 것을 통해서만(바라건대 언어의 대상으로 판명될 어떤 것) 말하는 걸까? 결과와 상관없이 이러한 재현의 기획에는 언어 그 자체가 그 대상에 대한 접근을 통해서 이해될 수 있을지 모른다는 희망이 투사되어 있다. 이 희망은 언어가 증언하는 **숨은 이면의** 이해관계들이 통상적으로 재현되고 유지된다는 것이다.

숨은 이면의 이해관계들 : 언제나 잠재적으로 주어진 발화상황을 방해하는 그런 이해관계들. 누군가 말한 것을 가령 그가 말함으로써 얻도록 해야 할 이득의 차원과는 무관한 것으로 만드는 이해관계. 언어로 한 약속을 누름으로써 대화상대자의 태도에 대한 어떤 확신도 초과시키는 이해관계. 여기서 거짓말이 문제가 된다. 왜냐하면 대상에 대한 진실을 감추기 때문이라기보다는(즉 대상이 그것에 없는데도 있다고 말하는 것) 발화의 이해관계와 발언되는 대상 사이에 분열을 일으키기 때문이다[이 때문에 라깡은 거짓말보다는 "가장"(feint)에 대해 더 즐겨 말하곤 했다. 가장은 발화를 중층결정하는 이해관계, 그 이해관계의 중층결정이 메타 언어를 불가능하게 하는 그런 장과 관련된다[15]]. 그러므로 희망은 바로 이런 이해관계가 공적으로 공유되는 이해관계가 될 수 있다는 것, 이해관계가 일반 언어의 토대가 될 수 있다는 것, 혹은 적어도 일반 언어를 만들어

15) Jacques Lacan, *The Seminar of Jacques Lacan, Book III : The Psychoses, 1955-1956*. Jacques-Alain Miller 편집, Russell Grigg 역(New York : Norton, 1993), 37쪽.

내는 집단기획의 지평이 된다는 것이다. 어떤 일반 언어도 발화를 이끄는 이해관계가 언제나 공적으로 인식 가능하고 발화의 행위가 이런 이해관계를 구성적으로 언급하지 않는다면(혹은 이해관계를 공적으로 만드는 기획을 언급하지 않는다면) 가능하지 않다. 진정 서술적 언어는 이런 기획과 불가분하다. 서술적 언어는 그 자체가 언어의 대상을 재현으로 전이시키는 지속적인 시도이다. 대상을 낚아채려는 서술적 언어의 시도는 궁극적으로 언어의 대상, 일반 (메타) 언어의 토대를 형성할 하나의 대상을 그려쥐려는 시도이다. 따라서 각 대상은 이 다른 대상, 즉 이제 **객관성**의 형태로 재현에 내재적인 것으로 제시되는 그런 대상에 "대해서 말한다." 객관성에의 주장은 각 대상이 그것이 대상인 한 언어의 대상 자체에 대한 적합한 메타포라는 주장이다.

글 첫머리 다음에 이어지는 페이지에서 프로이트는 시작부터 이미 전쟁은 평화로운 인간 동료애를 함께 묶어주는 공통 이해관계를 파괴해 버린 듯하다고 설명한다. 전쟁은 서술에 개입된 희망을 파괴해 버린 듯하다. 이 희망이 부재할 때 재현과 대상 사이에 벌어진 틈새에서 생겨난 이 부재에, 미래로 열려진 지평을 막는 과도한 근접성에 대한 의식이 놓여 있다. 공적으로 공유된 이해관계의 자리에 희망의 부재는 국지화할 수 없는 이해관계로서의 **호기심**을 낳는다. 주체는 자신이 관심을 갖는 (흥미롭고 기묘한) 대상만큼만 호기심을 갖는다. 따라서 주체의 호기심이 주체가 자신을 그쪽으로 향해 말을 걸도록 하는 호기심의 대상과 재빨리 혼동될 수 있을 정도이다. 한편으론 호기심은 주체가 관심을 갖는 일련의 대상들과 분리할 수 없을지 모른다. 호기심은 하이데거가 썼듯이 한 대상에서 다른 대상으로 넘어가는 과정에서만 등장할 뿐 "모든 곳에서, 그리고 아무 곳에서도" 존재하지 않는다.[16] 다른 한편, 호기심은 수많은 대상들에 이끌리지만 어느 것도 존경하지 않은 채 오직 자신을 계속 반복해서 확증하는, 자유로이 부유하는 관심에 놓여 있다. 하지만 이 양자의 경우 환원할 수 없는 것은 여기도 저기도 아닌 동시에 지나치게 여기에 그리고 지나치게 저곳에 놓인, 모든 것에 부착되어 있기 때문에 자유로이 부유하는 (거리감 없는 공간을 열어놓는) 이해이다. 프로이트의 소용돌이에 대한 묘사가 판단을 대신하듯이 호기심이 희망의 자리를 대신한다.

「소용돌이로 빠져들기」에서 포우의 화자가 갖는 호기심이 그 예이다. 포우의 단편은 산만함을 넘어선 호기심의 이론화, 재난 위로 유령처럼 떠도는 호기심의 양식으로 읽을 만한 이야기이다. 소용돌이가 "우리와 지평선 사이에 몸부림치는 막대한 벽처럼" 일어선 몇 분 후 화자는 "비자연적인 호기심이 내 원래의 공포심을 대신했다"고 주장한다. 이 호기심의 유일한 대상은 "소용돌이 그 자체", 그것의 "깊이"와 "미스터리"이다. "잠시 후 나는 소용돌이 그 자체에 대한 몹시 강렬한 호기심에 사로잡혔다. 나는 긍정적으로 소용돌이의 깊이를 탐구해

16) Martin Heidegger, *Being and Time*. Joan Stambaugh 역 (Albany : State University of New York Press, 1996), 36, 161쪽. 또 장 뤽 낭시가 "존재론적 호기심"을 이론화하면서 하이데거가 부여한 산만함과 비일관성으로부터 호기심을 추출해내려 했던 시도를 참고하라. 낭시의 프로젝트에서 중요한 것은 세계 그 자체, 혹은 영구적 평화의 기획을 활기 있게 만드는 "공동 이해"를 넘어선 "이해"의 출현에 다름 아니다 : "우리는 무엇보다도, 그리고 본질적으로 세상에 대해 우리 자신에 대해 호기심을 갖는다('세상'이 이 존재론적 호기심의 대상을 일컫는 일반적인 이름이다). … 그렇다면 호기심의 가장 원시적 층위, 무엇보다도 우리가 먼저 관심을 갖는 차원(기원)을 [하이데거의] 비일관적 호기심, 그리고 다른 사람들을 돌보는 관심으로부터 떼어낼 필요가 있다." *Being Singular Plural*. Robert D. Richardson and Anne E. O'Byrne 역 (Stanford : Stanford Unversity Press, 2000), 19-20쪽.

보려는 소망을 느꼈다. 심지어 어떤 희생도 감수하면서까지 말이다. 내가 느낀 가장 큰 비애감은 저 해안가에 있는 옛 동료들에게 내가 본 이 미스터리에 대해 결코 말할 수 없으리라는 사실이었다. 분명 이것이 아주 극단적으로 한 인간의 마음을 사로잡은 특유한 공상이리라."[17]

《4》

프로이트는 제1차 세계대전 발발을 미래의 일정한 이미지로부터의 단절 혹은 약속과 사건 사이의 불일치라는 의미에서 특별한 환멸의 순간으로 표시한다. 일어난 일이 우리의 기대를 저버린다. 그러나 이 환멸은 개인적인 실망 이상의 문제이다(가령 프로이트가 말한—「왜 전쟁인가?」 마지막 문장에서—자신이 아인슈타인에게 주었을지 모를 실망감 같은 것 : "내가 한 말이 당신을 실망시켰다면 용서해 주시리라 믿습니다"[18]). 프로이트의 "단상"이 곧이어 명확히 밝혀줄 것은 이 환멸은 윤리와 정치 사이의 관계가 막대한 규모로 방해받음으로써 생긴 결과라는 사실이다.

프로이트에게 미래의 결정적인 형상을 포기하는 것은 역사적 시각 이상의 문제였다. 전쟁이 미래가 어떤 모습일지에 대해 우리가 갖는 확실성을 교란시키는 힘을 갖는다면 그것은 일정한 확실성이 전

17) Edgar Allan Poe, *Selected Tales*. Diane Johnson 편집과 서문(New York : Vintage Books, 1991), 150쪽.
18) Freud, "Why War?" *S.E.* 22 : 215쪽.

시에 반드시 사라지게 될 정치적 형태에 관련되기 때문이다. "소용돌이 그 자체에 대한" 프로이트의 호기심은 현재의 만행을 비판할 수 있는 시각의 파괴를 증언한다. 구체적으로 제1차 세계대전은 계몽주의가 정치적 행동이라는 관점에서 윤리에 부여해 온 비판적 기능을 무효화시킨다. 영구적 평화에 대한 글에서 칸트는 이 기능을 다음과 같이 규정한다.

> 정치의 진정한 체계는 따라서 도덕성에 일차적으로 헌신하지 않고는 단 한 발자국도 내딛을 수 없다. 비록 정치 그 자체가 어려운 기술이지만 정치를 도덕과 결합시키기 위해 어떤 기술도 필요하지 않다. 정치와 도덕이 갈등을 겪는 그 순간 도덕은 정치가 풀어낼 수 없는 매듭을 끊어버릴 수 있다. … 모든 정치는 올바름 앞에서 무릎을 꿇어야 한다. 정치가 광휘의 잔영이 남아 있는 무대에 느린 속도로나마 도착하리라는 바람이 있더라도.[19]

윤리가 정치를 분리시킨다. 윤리는 주어진 정치체제 속에서 이제 막 시작될 정치의 지평을 열어준다("지속될 광휘"를 지닌 완전히 정당화된 정치 혹은 영구적 평화). 어떤 순간에라도 정치적 행위는 다가올 정치의 이름으로 비판받고 윤리는 그런 비판을 보장할 영원한 가능성이다. 어떤 정치체제도 칸트에 의하면 "도덕적 이성"을 위해서가 아니라 도덕성에 "헌신해야"만 한다. 선하고 정직한 행동의 이상에 가깝게 가기 위해서가 아니라, 체제의 정당성이 그것이 기껏해야 가까이 다가갈

19) Kant, 125쪽.

수 있을 뿐인 정치의 주변에서 맴돌기 때문이다.

전쟁은 윤리가 정치에 열어주는 지평을 무시한다. 전쟁은 정치를 그 자체와 분리시키는 미래(평화)를 무시한다. 다시 말해 전쟁 혹은 일체의 전쟁은 오직 하나의 정치, 전쟁의 정치만 있다는 사실을 (환멸적으로) 제시한다(따라서 슈미트가 정치성 그 자체의 고유한 본질과 개념을 규정하려고 한 시도는 "전쟁의 진정한 가능성" 주변을 맴돌고, 이런 기획이 평화로운 인간성의 기획에 정치의 분리를 위치시키려는 신칸트주의적 시도에 대한 비판을 중심으로 구성되어야 한다는 점은 놀라운 일이 아니다[20]). 프로이트는 이렇게 쓴다.

> 환멸에 대해 말할 때 내가 무엇을 의미하는지 즉시 알 수 있을 것이다. 감상주의자가 될 필요는 없다. 인간적 삶의 경제에서 고통에 대한 생물학적 · 심리적 필요성을 인식할지 모른다. 그러면서도 전쟁의 수단과 목적 모두를 비난하고 모든 전쟁을 일체 중지하기를 갈망할지 모른

20) 하지만 슈미트의 기획이 정치의 분리를 지워버리거나 부인하기보다는 정치의 정치적 분리, 즉 정치를 윤리적 심급에 종속시키는 것이 아니라 정치성을 규정하는 분리를 정교하게 만드는 것이라는 점을 덧붙여야 한다. 슈미트의 주장은 이렇다. 윤리적 토대에 기반해서 정치적 행위를 주장하는 것은 정치를 효과적으로 제한하지 못한다. 왜냐하면 이런 주장은 정치의 특수성을 (효과적으로 저항하기보다는) 단순히 억압할 뿐이기 때문이다. 슈미트에 따르면 정치적 행위의 윤리적 저항이란 언제나 정치성 자체에 대한 전쟁, 전쟁에 대항한 전쟁으로 끝나기 마련이다. 적은 평화 혹은 인류의 적이 되어 갈등의 목표가 힘을 통해서 특수한 정치적 목적을 달성하기보다는 그 적을 파멸시키는 것이 될 뿐이다. "평화"와 "인간성"은 전쟁을 넘어선 국가의 투사라기보다는 그들의 주권과 폭력 어느 것이든 제한을 두지 않는 정치적 단일체들의 알리바이가 되어버린다. 따라서 정확히 국가행위에 대한 한계를 유지하고 그럼으로써 저항의 가능성에도 한계를 부여하기 위해서 전쟁의 실제 가능성에서 출발하는 정치의 개념을 규정해야 한다. 오직 전쟁이 정치의 본질을 규정하는 사건성(eventuality)으로서의 전쟁에서 시작할 때에만 비로소 전쟁에 대한 전쟁의 절대적 공포를 피할 수 있다.

> 다. 우리는 스스로에게 의심의 여지없이 전쟁은 국가들이 그토록 다른 조건들에서 살아가는 한 결코 중단되지 않을 것이라 말해왔다. … 그러나 우리 자신 다른 희망들을 갖도록 허락하기도 했다.[21]

그런 희망들은 우선 전세계적 코스모폴리탄 문명의 기획과 관련된다. 전쟁이 이런 문명의 이상이란 환상이라고 폭로하고 있음을 보여주는 방향으로 그의 논의의 흐름이 전개될 때라도 프로이트는 인내심을 갖고 그 전제들을 정교하게 제시한다. 칸트의 경우 이런 문명의 지평이 도덕법에 내재하고 있다면, 프로이트는 후기 마르크스주의적 사상가의 면모를 보이면서 이 지평이 테크놀러지와 생산수단의 발전과 함께 떠오른다고 가정한다(보편적 도덕법은 오직 지구적 경제를 토대로 해서만 사유 가능하므로 혁명 부르주아지의 이데올로기적 투사에 다름 아니다). 인간이 "지구의 군주"라는 가정은 전쟁을 초월하는 것이 가능하고, 나아가 전쟁의 참화로부터 비켜나 있을 "우리"가 존재한다는 환상을 갖도록 허락한다. 지구상의 인간의 주권은 인간에 의한 인간의 폭력적 지배를 구태의연한 것으로 만든다.

> 우리는 위대한 세계를 지배하는 백인종의 나라들을 기대한다. 이들의 손에 인류의 지도력이 놓여 있고, 전세계적 이해관계가 그들의 관심사가 되며, 이들의 창의력이 자연을 지배하는 우리의 기술적 진보뿐만 아니라 문명의 예술적·과학적 표준들을 만들어냈다. 우리는 이 민족들이 오해를 해결하고 이해관계의 갈등을 해결할 방법을 찾기를 기대

21) Freud, "Thoughts for the Times." *S.E.* 14 : 275–276쪽.

해 왔다.[22]

오해와 이해관계의 갈등은 갈등 그 자체의 대상과 갈등의 해결이 떼어낼 수 없을 때만 전쟁을 통해서 해결된다. 가령 영토분쟁은 오직 군사력을 통해 그 영토를 결정적으로 획득함으로써만 해결될 수 있다(가령 "평화를 위한 땅"). 하지만 만일 해결 그 자체가 갈등의 첨예한 대상으로부터 구별되는 또 다른 대상을 갖는다면 갈등을 해결하는 "또 다른 방식"이 있을 수 있다(가령 "관계들의 정상화"). 갈등 그 자체가 영토와 관련되어 있다면 갈등을 해결하려는 목적은 평화를 보존하거나 갈등을 해결할 평화로운 방법들을 유지하는 것이다. 따라서 평화에 대한 관심과 이해관계는 소위 "세계적인 이해관계"의 하나이며, 이는 어떤 특수한 갈등의 대상이 될 수 없지만 언제나 모든 갈등을 해결하는 목적일 뿐이다. 이 이해관계의 이름으로 군사적 갈등 그 자체가 부인되고 어떤 특수한 갈등의 대상과 필연적으로 분리된 해결책이 모색된다.

이러한 이해관계의 지평—있는 그대로의 세상의 차원들 혹은 그 세상의 "한 뼘의 기간"을 갖는 것—은 테크놀러지의 출현으로 열린다. 왜냐하면 테크놀러지는 원칙적으로(테크놀러지가 원칙이 있다고 잠시 가정해 보자. 물론 이는 절대 확실한 문제가 아니다) 어떤 대상이나 목적이 없다. 자연의 정복으로서의 테크놀러지는 세상 그 자체를 제외한 다른 모든 대상에 대한 인간의 포기이다. 세상이 제외되는 이유는 세상은

22) 같은 글, 276쪽.

대상이 아니라 대상이 등장하는 열린 틈이기 때문이다. 혹은 차라리 테크놀러지는 인간 그 자체가 아닌 모든 대상의 포기이다. 인간 그 자체는 대상이 아니라 세상의 열림이며, 주권을 가진 "지구의 주인"이다.

테크놀러지의 진보라는 전망은 어떤 정치적 개체의 이해와 동일할 수 없는 공통의 이해관계의 지평과 일치하기 때문에 희망을 약속한다. 진실로 공통 이해와 국가의 이해 사이에 차이가 있게 되는 순간 희망이 생긴다(희망이라는 정치적 원칙). 아니면 좀더 급진적으로 말해서 국가의 존재(혹은 또 다른 정치적 집단화)가 그러한 공통의 이해관계라는 견지에 달려 있을 때, 국가의 존재가 비국가에 달려 있을 때 그렇다.[23]

사실 자연에 대한 테크놀러지의 정복이란 **윤리**의 공간을 열어주는 듯하다. 적어도 윤리란 국가가 비국가에 대해 지는 책임을 유지시키며, 국가의 합법성이 국가 자신의 이해관계(법적·정치적 질서, 영토

23) 나는 이러한 구별을 절합하는 아주 단순한 방법을 조르쥬 아감벤에게서 빌려왔다 : "다가올 정치는 더 이상 어떤 새롭거나 낡은 사회적 주체의 편에서 국가를 정복하거나 통제하려는 투쟁이 될 수 없다. 그보다는 국가와 비국가(인간성) 사이의 갈등, 즉 어떤 형태든 고유성과 국가조직 사이의 해결 불가능한 구별이다." *Means Without End : Notes on Politics*. Venceno Binetti and Cesare Casarino 역(Minneapolis : Minnesota University Press, 2000), 88쪽. 그러나 문제가 국가와 민족이 아니라 국가와 비국가로 바뀌자마자 다른 종류의 정치적 패러다임에 우리가 진입한다는 사실, 그리고 이 패러다임은 윤리와 정치 간의 다른 관계를 수반한다는 점을 덧붙여야 하겠다. 일단 정치의 분리가 "어떤 형태든 고유성과 국가조직 사이의 해결 불가능한 구별"이 되고 나면 윤리와 정치 사이의 관계는 더 이상 정당성의 생산을 목적으로 향해가지 않는다. 이에 따라 정치적 조직과 행위에 대한 윤리적 저항은 "인간성"과 같은 어떤 것, 혹은 아감벤이 "어떤 형태든 고유성"이라 부른 것을 가정한다 해도 더 이상 인간성의 이름으로 정당화할 수 없다(인간성은 국가의 합법성 주장의 매개변수들 안에서만 정당화를 제공할 수 있을 뿐이다).

혹은 민족 등의 하나의 대상으로 구현된)로 환원될 수 없는(어떤 결정적인 대상이 없는) 공동 이해에 대한 존중심에 달려 있다고 주장하는 실천인 한에서 그렇다. 기술적 진보가 갈등 해결의 다른 방식들을 제공할 수 있다는 희망을 불러일으킨 후 곧 프로이트는 윤리와 정치 사이의 관계에 대한 논의를 시작한다.

> 이 각각의 국가들 내에서 도덕적 행위의 고결한 규범이 개인들에게 부여되고, 개인의 삶의 방식은 문명화된 공동체에 참여할 마음이 있다면 이 규범에 따라야만 했다. … 문명화된 국가들은 이 도덕적 기준들을 그들의 존재의 토대로 간주했다. 이들은 어느 누군가 이 기준들에 이의를 제기하려 들거나 종종 비판적 지성에 의해 기준들을 검토하는 것조차 적절치 못하다고 선언할라치면 심각한 조치를 취했다. 따라서 국가 자체가 그 기준들을 존중하고 그것에 저항하는 어떤 일도 하지 않으며, 만일 그렇게 한다면 국가의 존재기반 자체와 상충하게 되는 것이라고 가정했다.[24]

시민에게 부여되는 동일한 기준을 따르는 국가라는 개념은 전쟁 그 자체에 대한 환영적 개념과 일치한다. 이 개념의 조건에 따르면, 국가 간 군사적 갈등이 있다 해도 이 갈등이 국가가 그 합법성을 위해 따르는 공동의 이해를 범해서는 안 된다. 윤리가 정치적 행위에 부여한 한계를 따를 때 군사적 폭력도 자체 한계를 부여해야만 한다. 칸트는 이 자기 한계 부여를 갈등의 "결과" 혹은 "결정"으로 보이도록 개념화한다. 군사적 폭력의 기능은 간섭할 권위를 갖는 제3의 세력이 없는

24) Freud, "Thoughts for the Times," *S.E.* 14 : 276쪽. 강조는 필자의 것.

곳에 결정(승리든 패배든)을 강요하는 것이다. 그는 이렇게 쓴다. "결국 전쟁이란 자연상태 속에서 힘에 의해 자신의 권리를 주장하기 위한 편법으로, 어떤 정의의 심판장이 법적 권위를 가지고 결정을 내릴 수 있는 상황이 아닐 때 택하는 유감스러운 방법이다. 이런 경우에 당사자 어느 쪽도 불의의 적으로 선언될 수 없다. 왜냐하면 이렇게 되면 이미 재판관의 결정을 가정하는 것이 되기 때문이다. 소위 '신의 재판'에서 갈등의 결과만이 누가 옳은 쪽에 섰는가를 결정할 수 있을 뿐이다."[25]

이 결정은 단순한 지배이며, 적들을 굴복시키고 서로에게서 떼어놓는 힘의 월등함인 한편 오직 한쪽 편으로만 향해 갈 수 있는데도 가상의 제3의 세력이 개입함으로써 이루어지는 승리의 지위를 갖는다(개입은 "판단"이나 "신"의 "선언"의 형태를 띤다). 결정은 한쪽 편의 주권을 증언하지만(누가 "옳은지" 결정함으로써) 동시에 관련 당사자 모두에게 (마치 외부로부터 오는 듯이) 부여된다. 이는 월등한 힘의 보장이면서도 제한이다. 군사력에 법의 힘을 부여하지만 더 나아간 힘의 행사를 대가로 치른다. 폭력을 통해 이룩된 갈등의 결과란 폭력 그 자체를 나누게 된다[칸트에게 이 폭력의 분리는 "힘"(might)에 의한 "권리"(right)의 주장으로서 전쟁의 **목적**이 될 수 있었다. 따라서 전쟁은 자연상태의 표현이자 영구화라기보다는 자연상태로부터 나가는 출구가 된다. 자연상태로부터 나오는 "자연스러운" 비상구 혹은 자연에 이미 역사와 관련된 뭔가가 있다는 증거]. 코스모폴리탄적 문명에 적합한 전쟁이란 법을 가능하게 만드는 한계들을 침범하지 않는 것이다. 미래의 법을 위한 조건들, 미래를 가능하게 만드

25) Kant, 126쪽.

는 법과 그 법 아래에 놓인 미래, 다시 말해 이런 전쟁에 참여하는 당사자들은 스스로 결정을 내리도록 강요하는 데 필요한 정도의 폭력만을 행사하도록 제한한다(혹은 결정에 법의 힘을 부여할 만큼의 폭력).

발터 벤야민(Walter Benjamin)의 「폭력의 비판을 위하여」(Critique of Violence)는 이러한 한계를 토대로 갖는 폭력을 정의하려는 시도였다[26](진정 독일어 Gewalt는 이 한계를 암시하고 있다. 이 낱말이 힘 혹은 폭력을 의미하지만 또한 구성된 세력 혹은 "법의 힘"을 의미할 수도 있다). 폭력은 구성적으로 법적 영역에 속하기 때문에 폭력의 "폭력"은 법의 견지에서, 특히 실증법에 따라 측정할 수 있다. 실증법의 체계 내에서 우리는 합법적 폭력과 비합법적 폭력 사이를 구별할 수 있다. 이런 구별에 따라 구성되어 있기 때문에 실증법은 법과 폭력의 공모성을 증언할 유리한 위치에 있다. 진정 벤야민의 비판은 대체로 법적 체계라는 매개변수들 속에 폭력에 대한 비난이 결코 그 목적에 따라 좌우되지 않는다는 관찰에 기초해서 진행된다. 폭력은 그 자체로 순수하게 언제나 비난받는다. 또한 폭력은 그 목적과 무관한 수단으로서 비난받는다. 다시 말해 폭력은 새 법의 토대가 될 수 있는 결정을 담고 있기 때문에 비난받는다. 하지만 벤야민의 주장은 법적·군사적 결정의 초과에 따라 (아마 이런 결정적 폭력에 덧붙여서 혹은 그것과 불가분하게 일어난) 일어날 수 있는 폭력을 간과한 듯하다. 벤야민은 이런 폭력은 아무리 극단적으로 강요되어도 아무것도 결정하지 않고 따라서 아무것도 설정하지 못하기 때문에

26) Walter Benjamn, "Critique of Violence." Edmund Jephcott 역, *Walter Benjamin : Selected Writing, Volume One*(1913–1926). Marcus Bullock and Michael W. Jennings 편집(Cambridge : Harvard University Press, 1996), 236–252쪽.

생략한다. 폭력의 이러한 행사는 결정을 위해서 필연적인 힘 너머에 있다.

이런 극단적 폭력은 아마도 좀더 심오한 의미에서 새로운 법을 설립하는 종류의 폭력보다 비합법적일지 모른다. 왜냐하면 이 폭력은 법적 힘에 따른 어떤 폭력에도 필연적인 한계를 존중하지 않기 때문이다. **이 폭력은 구성된 법, 헌법에 의해서가 아니라 법을 열어주는 "순수한 폭력"의 견지에서 비합법적이다.** 이런 폭력은 미래법의 견지에서, 심지어 법의 미래라는 기준에서도 비합법적이다("이 폭력은 갈등하는 민족들 사이의 동료애적 유대를 찢어버리고 증오심의 유산을 남기려고 위협한다. 찢어진 유대의 재생이란 앞으로 올 오랜 시간 동안 불가능하기 때문이다"). 한편, 같은 이유로 이런 폭력을 비합법적이라고 부르는 것은 지나치게 낙관적이다. 그 폭력이 헌법적 실증법이 아니라, 법을 결정적으로 가정하는 한계를 초과하는 이유로 법에 내재적인 비판적 기준이 적용될 수 없다. 이 폭력은 새 법을 가정해서가 아니라 아무것도 가정하지 않기 때문에 "비합법적"이다. 나아가 헌법적 법이 정상적으로 스스로 보유하기 위해 추구하는 가정을 방해하기 때문에 그렇다. 적들 사이의 갈등의 결과가 슈미트가 "진짜 육체적인 살육"이라 부른 것을 통해서 결정될 수 있다고 해도, 공공연한 전투가 끝난 뒤 부상자들을 고문하는 것으로는 (아니면 아마도 보다 문제적인 것은 "진짜"일지는 모르지만 "육체적"이지는 않은 폭력을 통해서는) 아무것도 결정될 수 없다. 이와 반대로 이런 행위들은 가능한 결정을 손상시킬 수 있다. 사건을 위협하는 피비린내 나는 열광에 대항해서 결정을 허락하고 기억할 수 있는 것이—이와 함께 결정의 가능성까지—법의 기능일 것이다.

어느 경우든 이 과도한 폭력의 한계야말로 프로이트가 (제1차

세계대전의 전형적인 싸움형태와는 대조적인) "기사도적 싸움"이라고 부른 것을 인증해 준다.

> 우리는 믿기를 거부했다. 하지만 그런 전쟁이 일어난다면 우리 머릿속에 어떻게 그려볼 수 있을까? 우리는 이 전쟁을 그리스의 근린 의회가 동맹소속의 어떤 도시도 파괴될 수 없고 어떤 올리브 덤불도 잘려나갈 수 없으며 수도공급도 중지될 수 없다고 선언했던 그 시대 이후 인간 사이의 친화가 증진되는 것을 보여줄 기회라고 보았다. 우리는 전쟁을 기사도적 무장행렬이라고 상상했다. 갈등의 한쪽 편의 우월함을 높여주는 데까지 싸움을 한정하는 한편, 가능한 한 결정에 아무런 도움도 되지 못할 살을 에는 듯한 고통을 피해가고 싸움에서 빠져나온 부상자들을 위한 완전한 사면을 보장해 주고 또 부상자들의 회복을 위해 애쓰는 의사와 간호사들을 위한 면제도 보장하기를 상상했다. 물론 싸움에 참여하지 않는 계급들에 대한 최대의 고려도 해주어야 한다. 가령 전시동원사업에 참여하지 않는 여성들, 다 자라고 나면 친구나 조력자로 양편에 참여하게 될 아이들. 평화 시기의 공동 문명을 구현한 국제적 과제들과 기구들도 유지되어야 했다.[27]

"무서운 고통" 가하기, 의료진 방해, 여자와 아이 유린 등 이런 폭력들은 "결정에 아무런 기여도 하지 않는" 것이기 때문에 비합법적이다. 이런 의미에서 이런 폭력들은 "평화시 문명화된 공동체를 구현한 국제적 과제와 기구들"을 유지하지 않는다. 칸트가 이론화한 대로 "결정"은 국제적 문명공동체의 존재를 증명하고, 이런 공동체가 법과 기

27) Freud, "Thoughts for the Times." *S.E.* 14 : 278쪽.

구들로 구현되는 토대가 된다. 결정은 주권력의 행사를 구축함과 동시에 제한한다. 갈등이 이쪽이나 저쪽, 한쪽을 위해서만 결정된다고 해도 이는 모든 적대감이—아마도 특히 강대국의 적대감을 포함해서도—중지되어야 할 변환기이다. 프로이트가 분명히 하는 대로 이 제한의 지점은 다른 국가나 세력을 보호하기 위해서가 아니라 "공동체" 그 자체를 보호하기 위한 것이다. 즉 이 공동체를 궁극적으로 구성하는 연약한 신체와 생명들의 총체에 대한 보호를 위한 것이다. 이 지점은 국가가 아니라 비국가를 보호하기 위한 것이다. 다시 말해 결정은 정치적 행위에 대한 윤리적 비판의 토대가 되는 갈등 그 자체로부터 출현하는 순간이다. 결정에 따르기(마치 "신의 심판"인 듯이)는 정치적 행위가 언제나 비판받을 만한 것이라는 패러다임에 동의하는 것이다. 그런 결정을 언제나 앞에 두고 전쟁을 행하는 것은 동일한 패러다임의 한계 내에서 갈등을 유지하는 것이다. 그러나 이런 극단적 상황 속에서 비판해야 할 것은 폭력 그 자체가 아니다. 오히려 결정의 힘으로서의 폭력은 소중하며 필수불가결하다. 그보다는 오늘날 "무상으로 주어진 폭력"이라 부를 수 있는 것, 즉 폭력을 위한 폭력, 오직 폭력의 즐거움을 위한 폭력, 순전히 권력 행사로서의 폭력, 어떤 결정도 따르지 않는 초과잉여적 결정력이 비판되어야 한다. 이런 폭력은 비판을 가능하게 해주는 조건을 파괴하는 경향이 있기 때문에 "비합법적"이다. "무서운 고통"의 문제는 단순히 인류애적인 관심사만이 아니다. 인류애적인 관심사는 전쟁의 희생자들에 대한 걱정이 아니다. 인류애적인 노력은 폭력이 비판받을 수 있는 조건을 유지하는 기능을 한다. 이 조건 내에서 국가는 비국가에 대한 그들의 합법성을 유지하며 국가 자체의 합법성이 국가를 다른 "문명"국가들과 민족들에 묶어주는 "공통이해"에 대한 존중과 불가분해진다.

제1차 세계대전의 환멸은 따라서 잠재적으로 무한정한 고통의 출현과 관련된다. 이런 고통은 결코 다른 것보다 우위에 놓일 관심주제가 될 수 없으며, 따라서 윤리적 관계들을 방해한다. 안토닌 아르토(Antonin Artaud)를 떠올려 보면 이 전쟁은 윤리와 정치에서 "신의 심판을 끝장냈다." "심지어 이런 종류의 [기사도적] 전쟁도 공포와 고통을 충분히 낳을 수 있을 법했다. 하지만 이 전쟁은 인류의 집단적 개인들, 즉 국가와 민족들 사이의 윤리적 관계의 발전을 방해하지 않을 수도 있었다."[28] 고통의 정도("**충분한** 고통")가 정치적으로 결정된 적에 대한 승리에 기여할 수 있는 한편, 그런 고통은 언제나 중층결정되어 있고 싸움에, 정치적 적을 지배하는 데 아무런 기여를 하지 않고 차라리 "인간을 스스로에게 포기하는" 잉여 폭력을 증언한다. 인간 자신이야말로 어떤 결정적인 갈등상황에서 떨어져 나온 절대적 적이다. 이런 적은 목적 없는, 약속 없는, 요구 없는 폭력, 자신이 위로하거나 보증서를 받아낼 어떤 주체에게도 귀속되지 않는 폭력에 굴복한다. 이런 폭력에 상응하는 고통이란 따라서 맹목적인 분노에 노출된 **한쪽** 편에만 일어나게 된다. 이는 점차적으로 비판할 수 없는 정치의 매듭에 맡겨져 있는 세계의 고통이다.

> 우리가 믿기를 거부했던 전쟁이 이제 일어났다. 이 전쟁은 환멸을 가져왔다. 이 전쟁은 다른 시대의 어떤 전쟁보다 더 피비린내 나고 파괴적이다. 공격과 방어의 무기들이 어마어마하게 완벽함을 자랑하기

28) 같은 글.

때문이다. 이 전쟁은 적어도 선행된 어떤 전쟁보다 잔인하고 몹시 고통스러워서 달랠 수 없다. 이 전쟁은 국제법이라 알려진 모든 제한들을 무시한다. 평화시 국제법은 국가들이 지키도록 약속한 것이다. 이 전쟁은 부상자와 의료원들의 특권을 무시하며, 인구의 선량한 시민과 군대 사이의 구별을 무시하고, 사적 재산의 주장들도 무시한다. 전쟁은 맹목적인 분노 속에서 자신이 가는 길가에 놓인 모든 것들을 밟고 지나간다. 마치 전쟁이 끝난 뒤 인간에겐 아무런 미래도 평화도 없는 것처럼. 전쟁은 싸움에 참여하는 민족들 사이의 일체의 공동 결속도 다 끊어버리고 다가올 오랜 시간 동안 이 결속감을 다시 재생시키는 것을 불가능하게 만들, 쓰라린 증오의 유산을 남겨놓으리라 위협한다.[29]

29) 같은 글, 278-279쪽.

윤리적 폭력에 대한 변명

—슬라보예 지젝

반(反)바디우주의자 주디스 버틀러

차이의 표면 아래로 우리가 인간성의 동일한 핵심, 즉 인간적 약점, 희망, 쾌락을 공유한다는 생각만큼 윤리적으로 혐오스러운 것은 없다. 이 가짜 인본주의적 "유대"라는 개념에 대항해서 우리는 플라톤식 윤리적 폭력의 핵심을 가차없이 주장해야 한다. 가령 브레히트가 코이너 씨에 대해 한 이야기에서 보여주듯이 말이다.

> K씨에게 누군가 "만일 당신이 어떤 사람을 사랑하다면 어떻게 하실 건가요" 라고 물었다. K씨는 대답하기를 "그 사람을 스케치한 후 닮게 만들겠소." "어느 쪽을요? 스케치요?" K씨는 "아니오" 라고 말했다. "그 사람 말이오."[1]

대타자의 "괴롭힘"에 대해 지나치게 민감하게

1) Bertolt Brecht, "If Mr. K. Loved Someone." *Stories of Mr. Keuner*. Martin Chalmers 역(San Francisco : City Lights, 2001), 27쪽.

반응하는 이 시대를 사는 우리에게 유례없이 이러한 급진적 태도가 필요하다. 지금은 일체의 윤리적 압박이 권력의 폭력이라는 거짓 전선으로 여겨지고 있다. 이 "관용적" 태도는 현대 권력이 이제 더 이상 검열에만 의존할 수 없고 제약 없는 허용 혹은 알랭 바디우가 그의 「현대 예술에 대한 15가지 테제」의 열네 번째 테제로 제시한 것에 따를 수밖에 없다는 사실을 인식하지 못한 데서 비롯한다 : "상업적 거래와 민주주의적 의사소통을 관리하는 법을 통해서 전체 가시청 영역을 통제할 수 있게 되었기 때문에 제국은 더 이상 어떤 것도 검열하지 않는다. 모든 예술, 그리고 모든 사상은 우리가 소비하고 소통하고 즐길 수 있는 권력을 수용하는 바로 그 순간 파멸된다. 우리는 이제 우리 자신에 대해 매정한 검열관이 되어야 한다."[2]

오늘날 "윤리적 폭력"에 관한 널리 퍼진 불평들, 즉 우리를 보편성의 잔인한 행사를 통해 "공포로 몰아가는" 비판의 윤리적 명령에 굴복하려는 경향에 이보다 더 강력한 대조를 상상할 수 있을까? 이 비판의 (그다지 비밀스럽지 않은) 비밀스러운 모델은 자유롭게 (재)타협한 "폭력 없는 윤리"로서, 여기서 최고의 문화비평이 예기치 않게 대중심리학의 가장 저차원의 형태와 조우하게 된다. 이때 드러나는 궁극적인 아이러니는 이 "윤리적 폭력에 대한 비판"이 이따금 약자가 강자에게 강자의 터져나오는 생명력을 막기 위해서 부여하는 도덕적 규범의 니체주의적 모티브, 즉 "도덕적 민감성", 나쁜 양심, 죄의식 등 생명의 영웅적 주장에 대한 내적인 모든 저항들과 연결되기도 한다는 사실이

2) Alain Badiou, "Fifteen Theses on Contemporary Art." *Lacanian Ink* 〈http://www.lacan.com/frameXXIII7.htm〉(1 July 2004).

다. 니체에게는 이런 "도덕적 민감성"은 동시대 최후인에게서 절정에 달한다. 최후인은 생명의 과잉된 강렬성을 스트레스 없는 "행복"을 향한 그의 추구를 방해하는 것으로서 두려워하며, 그의 나약한 균형을 위협한다는 이유로 "잔인하고" 강요된 도덕적 규범들을 거부하는 사람이다.

윤리적 폭력에 대한 저항의 최신판은 주디스 버틀러의 최근 책에서 나타난다. 버틀러는 바디우를 직접 거론하진 않지만 사실상 일종의 반(反)바디우 선언문을 제시한다.[3] 주디스 버틀러가 제시하는 최신판은 우리가 최고의 윤리적 가치에 대해 충분히 책임을 갖고 행동할 수 없다는 사실을 향한 존경심을 고양시키면서 우리의 약점에서 덕목을 만드는 유한성의 윤리이다. 우리가 물어야 할 질문은 이 윤리의 작용이 갖는 제한성과 관련된다. 버틀러의 기초적 행보는 불가능성의 조건에서 가능성의 조건으로 선회하는 표준적 데리다식 방식을 취한다. 인간주체가 그 자율성 안에 갇혀서 자신은 이해할 수 없고, 따라서 설명되지 않는 선험적인 복합적 상황에 던져졌다는 사실은 동시에 도덕적 행위를 가능하게 하는 조건이 된다.

주체가 그 자신에 대한 서사적 설명을 통해서 자신의 근본적인 탈중심성을 받아들이고 스스로 언어-전통의 차별적 시간성에 굴복하는 과정을 서술할 때 아이러니하게도 버틀러는 라깡이 기표의 상징적 거세 혹은 소외라고 부른 것에 도달하게 된다. 그렇다면 주체는 의미화 구조에 의해 총체적으로 결정되는가, 아니면 자유의 여백을 소유하

3) Judith Butler, *Kritik der ethischen Gewalt*(Frankfurt : Suhrkamp, 2003). 인용문의 영역은 모두 나의 것이다.

는가? 버틀러는 상징적 규범들의 규칙에 맞서는 저항을 설명하기 위해 푸코를 택한다 : 규범들은 오직 이 규범들에 관해서 자신을 정렬시키고 규범들을 전복하거나 다른 방식으로 (재)기입하는 등의 최소한의 자유를 유지하는 주체들에 의해서 실천될 때에만 지배한다. 그러나 라깡은 이보다 더 강력한 주체적 자율성을 허락한다 : 주체가 분리(소외와 상반된)를 수행함으로써 대타자(상징질서) 내의 결여의 장소를 차지하고 있는 한 주체는 대타자의 지배를 중지시킬 수 있다.

자신을 완전히 설명하는 일이 불가능한 이유는 모든 서사의 재구성을 위한 간주관적 맥락이 비환원적이라는 조건 때문이다. 이 간주관적 맥락은—모든 서사의 (무의식적) 동기화와 리비도적 투자와 함께 타자의 부름에 대답하고 대타자에게 말을 건네는 것과 관련되는데—내러티브 자체 안에서 결코 완전히 투명하게 남아 있을 수 없다. 상징적 서사로 자신을 완전히 설명하는 일이란 **선험적**으로 불가능하다. 주체로서의 나의 위치는 대타자와의 연관성에 의존하기 때문에 실체—전통의 규제적 · 상징적 실체뿐 아니라 대타자의 신체적이며 욕망하는 실체로서의 나의 존재—는 환원 불가능할 정도로 취약하다. 이 원초적 취약성은 나의 윤리적 위치와 자율성을 제한하기는커녕 **토대**를 제공한다. 개체를 인간으로, 따라서 우리가 책임지며 도와주어야 할 의무를 갖는 대상으로 만드는 것은 그 혹은 그녀의 유한성이며 취약성이다. 이 원초적 노출상태 혹은 의존성은 윤리를 손상시키기는커녕(궁극적으로 내가 스스로에게 지어야 할 책임을 면제시켜 준다는 의미에서의 손상 : "나는 내 자신의 지배자가 아니다. 내가 하는 행동은 나를 압도하는 세력들의 조건 하에 놓여 있다") 서로의 민감성과 한계를 인정하고 존중하는 개개인들 사이에 적절히 윤리적인 관계를 열어준다. 여기서 중요한 것은 대타자의 침투 불가능성과 나 자신에 대한 나의 침투 불가능성 사이를 연결하는 지점이다. 이 둘이 연결되는 것은 내 자신의 존재가 원초적으로 대타자를 향해 노출되어 있다는 사실에 근거한다. 대타자와 마주해서 나는 완전히 나를 설명할 수 없다.

따라서 첫 번째 윤리적 제스처는 절대적인 자기위치적 주관성의 위치를 포기하고 자신의 노출성 혹은 던져짐, 대타자(성)에 의해 압도당하는 자신을 인정하는 것이다. 이 한계는 우리의 인간성을 제약하기는커녕 긍정적(실증적)인 조건이다. 한계에 대한 인식은 근본적인 용서와 관용(살아라 그리고 살게 하라)의 위치이다 : 나는 결코 대타자 앞에서 나를 설명할 수 없다. 왜냐하면 나는 이미 내 자신에게 불투명하기 때문이며, 대타자로부터 "너는 누구냐?"라는 질문에 대한 완전한 대답을 얻을 수 없기 때문이다. 대타자 또한 그 혹은 그녀 자신에게 스스로 미스테리이다. 대타자를 인식하는 것은 따라서 잘 규정된 능력에 따라 인정하는 것이("나는 너를 합리적이고 선하고 사랑스럽다고 인식한다") 아니라, 바로 그 이해 불가능한 불투명성의 심연에서 대타자를 인식하는 것이다.

우리가 던져진 이 불가해한 배경, 그 때문에 우리가 충분히 우리 행동에 책임지고 설명할 수 없는 그 배경에 대한 참조의 한계는 바로 자유의 부정성이다. 내 심리의 완전한 실증적 내용이 최종적으로 이해 불가능할 때도 자유의 여백은 바로 내가 만나는 어떤 종류의 실증적 요소를 향해서 내가 "아니야!"를 외칠 수 있게 한다. 이 자유의 부정성은 모든 실증적 내용에 질문을 던질 수 있는 영(零)의 차원을 제공한다. 따라서 라깡의 입장은 급진적 자율성은 노출되어 있거나 기존 조건의 거미줄에 갇혀서 감당할 수 없는 상태 어느 쪽과도 양립 불가능하지는 않다는 것이다. 내가 던져진 상황의 실체적 무게를 내려놓을 수 없고 내 존재의 불투명한 배경을 뚫고 나갈 수 없지만 부정성의 행위를 통해서 나는 "판을 새로 닦고", 급진적인 행위의 "자살적" 제스처를 통해 상징계로부터 나 자신을 면제시켜 그 바깥으로 나갈 수 있다. 이 행위는 프로이트가 "죽음충동"이라 불렀고 독일관념론은 "급진적 부정성"이라 부른 바로 그것이다.

만일 우리가 이런 식으로 칸트를 읽는다면 자율성과 던져짐 혹은 설명 불가능성 사이의 대립은 그 날카로움을 잃게 된다. 버틀러는 설명 불가능성이 도덕적 책임성의 조건이라는 주장을 한 발 더 밀고 나가 주체의 자율성의 조건이라고도 주장했어야 한다. 우리는 여기서 라깡의 "전부가 아닌" [not-all]의 논리를 떠올려야 한다. 진정한 자율성의 위치는 "내가 모든 것에 책임을 진다" [I'm responsible for everything]가 아니라 "내가 책임질 수 없는 것은 아무것도 없다" [there is nothing for which I am not responsible]이며, 이것에 대응하는 것은 "나는 전부를 책임지지 않는다" [I am not responsible for All]이다. 나는 전부를 총체적으로 볼 수 없기 때문에 내가 책임질 수 없는 것은 아무것도 없다(그 반대도 마찬가지이다. 내가 모든 것에 책임을 진다면 내가 책임질 수 없는 뭔가가 반드시 있어야 한다).

이런 논리에 따라 버틀러는 타자성을 향해 열려진 채 자신을 바꾸어 자기동일성을 잃어버리는 "황홀적" 주체를 강조함으로써 헤겔을 구하려고 노력한다. 그러나 여기서 취해야 할 하나의 중요한 단계가 있다. 주체는 항상 이미 박탈되었거나 황홀할 뿐만 아니라 이 황홀 자체가 주체이다. 즉 주체는 실체가 황홀을 통해서 "박탈"될 때 생겨나는 공허이다. 이런 구분이 머리카락을 쥐어뜯고 싶을 만큼 골치아

프긴 해도 이 둘을 구별하는 것은 아주 중요하다. 주체의 지위는 언제나 제한되어 있고 박탈되어 있으며 노출되어 있는가, 아니면 **주체 자체가 이 박탈에 대한 박탈의 이름인가?** 주체의 한계로부터 우리는 주체의 이름인 한계 그 자체로 옮겨가야 한다.

헤겔에게는 "자아 거세"라는 묘수가 있는데, 이때 주체가 스스로 거세한다고 말하는 것으로는 충분하지 않다. 이 자아란 누구인가를 물어야 한다. 문제는 이 자아가 오직 거세의 결과로 등장한다는 것이다. 이렇게 해서 변증법적 과정의 주요한 순간은 그 핵심 포인트의 "실체변환"이 된다. 즉 처음은 그저 서술부로서 이 과정의 종속계기였던 것이 중심계기가 되어 반대로 서술부를 구성했던 요소들을 서술부의 종속계기들, 즉 자아가속적 순환의 요소들로 소급적으로 등가시킨다. 이는 또한 그 자체로 결과이며, 생산물이 된 정신에 대한 헤겔의 지독하게 "사변적인" 정식들로 접근해 가는 방식이기도 하다.[4] 따라서 정신은 근본적으로 탈실체화되어 있다. 정신은 자연에 대한 실증적 대항세력이 아니라 바로 그 자체를 자유롭게 하는 과정이다. 자연은 무기력해지는 자연적 물질을 점차적으로 뚫고 나와 빛을 발하는 다른 종류의 실체이다. 헤겔은 이 자유의 과정 밑에 깔린 일종의 실증적 작동인으로서의 정신의 개념을 거부한다.[5] 만일 "오직 자기 자신의 결과로

4) "정신에는 일반적으로 본성상 시원이 있다. … 그러나 우리가 정신이 무엇인지를 묻는다면 바로 나오는 대답은 정신은 바로 자연으로부터 정신을 자유롭게 하는 이 운동, 과정이라는 것이다. 정신은 정신 그 자체의 존재이자 실체이다." G. W. H. Hegel, *Hegel's Philosophie des subjektiven Geistes/Hegel's Philosophy of Subjective Spirit*. vol. 1, M. J. Petry 편역(Dordrecht : D. Riedel, 1978), 7쪽.

5) "정신은 통상 주체로서 뭔가를 행하며, 자신이 하는 일과는 별개이며, 운동이며 과정으로서 여전히 특수화된 채 대체로 우발적인 이 행위 자체로 불린다. 이 절대적인 생

서만 정신은 정신이 된다"[6]면, 자신으로부터 소외되고 나서 자신의 타자성에서 스스로를 인식하고, 다시 그 내용을 전취하는 것이 헤겔적 정신이라는 표준적 설명은 오도된 것이다. 정신이 돌아가는 자아는 이 회귀운동 바로 그 자체에서 생산되거나, 혹은 회귀의 과정이 돌아가는 바로 그것이 이 회귀과정 자체를 통해 생산되는 것이다.[7]

버틀러의 이론에서 중심적인 "헤겔주의적" 반성적 전환에서 주체는 자신의 행위를 규제하는 규범들을 향해 입장을 취해야 할 뿐만 아니라, 이 규범들도 마찬가지로 무엇이 주체로 인정되거나 되지 않는지를 결정해야 한다. 버틀러는 푸코에 기대어 이 비판적 전통의 기본적 특성을 구성한다. 우리는 규범에 따라 현상을 비판하고 판단할 때 동일한 제스처로 이 규범들의 위상을 검토해야 한다. 말하자면 우리는 뭔가를 진실하다고 할 때 동시에 "그것을 진실하게 받아들이는" 기준을 문제삼아야 한다. 이 기준은 추상적이거나 무역사적이지 않고 언제나 우리가 던져진 구체적인 상황의 일부이다. 기초적인 헤겔주의적 제

명성, 이 과정, 자연성, 직접성으로부터 진행되어 와 그 자연성을 지양하고 그만둠으로써 자기 자신이 되고, 스스로 자유로워지며 또 그렇게 자신의 생산물이 되어 자기 자신에게로 돌아감으로써 자신이 되는 것은 다름 아닌 정신의 속성이다. **정신의 실제성이란 스스로를 자신의 존재로 만들어 가는 것이다.**" 같은 글, 강조는 필자의 것.

6) 같은 글.

7) 여기서 헤겔의 『논리학』이 제시한 더할 나위 없이 핵심적인 정식을 상기해 보라. 본질은 "스스로를 가정하며 이 가정의 지양이 본질 그 자체이고, 역으로 이 가정의 지양이 가정 그 자체이다. 따라서 반영은 그 앞에서 그것이 초월하는 직접성을 발견하고 다시 그로부터 회귀한다. 그러나 이 회귀는 반영이 그에 앞서 찾은 것을 가정한다. 그러므로 발견된 것은 오직 뒤에 남겨짐으로써만 존재하게 되는 것이다. … 자기 자신으로의 회귀에 대한 가정—존재가 그로부터 생겨나고 이 회귀로서만 존재하는 것—은 이 회귀 그 자체에 놓여 있다." *Hegel's Science of Logic*. A. V. Miller 편역(London : Humanities Press International, 1969), 402쪽.

스처는 『현상학』의 서문에서 정리된다. 테스트는 언제나 최소한 자기 관계적이며 자아반영적이다. 즉 내가 행위의 진술에 담긴 진실성을 테스트할 때 나는 항상 테스트의 기준을 테스트함으로써 테스트가 실패했을 경우 언제나 성공과 실패의 기준을 문제삼을 수 있게 될 것이다.

헤겔에 대한 버틀러의 이해는 헤겔 관념주의에 대한 아도르노의 비판으로 매개되어 있는데, 버틀러 자신 이 비판을 비판적으로 읽는다.[8] 아도르노가 "진정한 불의는 언제나 우리가 맹목적으로 우리 자신을 정당하고 상대방을 부당하다고 보는 입장에서 발견된다"[9]고 주장할 때 그가 아름다운 영혼에 대한 헤겔의 오래된 주장을 반복하고 있지는 않은가? "진정한 악은 자신의 주변에서 악을 보는 바로 그 응시이다." 아마도 버틀러는 너무 빨리 칸트의 소위 "윤리적 나르시시즘"에 대한 아도르노의 비판적 거부를 승인하고 있는지 모른다. 칸트의 윤리적 나르시시즘은 현실세계에서 일어나는 결과들로부터 독립적인 윤리적 원칙들을 따르는 입장으로서, 이때 현실세계는 "병리적"인 것으로 거부되고 나의 의지, 나의 의도가 궁극적인 윤리적 잣대로

8) 이것이야말로 외부로부터 구체적인 일상생활에 부과된 추상적 보편의 윤리적 폭력에 대한 아도르노의 비판을 추상적 보편성의 최고 권좌로서 혁명적 테러를 비판한 헤겔과 연결시킨 버틀러에게서 나타나는 이중적 역설이다. 첫째, 헤겔은 여기서 혁명이 폭력적으로 교란시킨 유기적인 전통적 결속감의(헤겔 이전에 버크에 의해 정리된) 보수주의적 표준 모티브에 기대고 있으며, 보편적 민주주의에 대한 헤겔의 거부는 이와 동일한 사상사의 일부라는 점을 명심해야 한다. 우리가 여기서 마주한 것은 "보수주의자" 헤겔을 찬양하는 버틀러이다. 더 나아가서 헤겔은 단순히 혁명적 테러를 거부하는 것이 아니라, 그 테러의 필요성을 함께 주장한다. 우리는 테러의 추상적 보편성과 전통적인 유기적 통일성 사이에서 선택권이 있는 것이 아니라 선택은 이미 강요된 셈이다. 첫 번째 입장은 필연적으로 추상적 보편성에 대한 주장의 입장이다. Butler, 17쪽.

9) 같은 글, 251쪽.

서 그 순수성을 주장한다. 이와 상반되는 태도는 보통 헤겔에서 찾아볼 수 있는 것으로 나의 행동의 "진실"이 그 구체적인 결과들에서 드러나고, 윤리적 실체에 의해서 수용되는 (그 속으로 기입되는) 방식에서 적어도 그 태도가 주체와 실체 사이의 미리 정해진 조화와 실체의 근본적으로 "자비로운" 위치를 가정한다는 점에서 문제시된다. 그러나 내가 나의 나르시시즘뿐만이 아니라 사회적 실체가 "사악"하고, 따라서 나의 모든 행위가 의도된 바와는 정반대로 변화하기 때문에 사회적 실체 속에서 나 자신을 완전히 인식할 수 없다면 어떻게 되는가? 다시 말해서 내 행위의 의도가 좌절되면 전적인 책임이 나에게 있는 것인가?

버나드 윌리암스(Bernard Williams)는 "의도의 순수성/실제 결과"라는 양자택일 너머 제3의 입장을 제시하면서 상황의 비환원적 우발성, 즉 우리 행위의 가치가 비환원적 우발성에 얼마나 좌우되는지에 초점을 둔다. 이는 스캔들과 같은 결과를 낳게 된다. 왜냐하면 이 입장은 칸트에 맞서서 병리적인 얼룩은 윤리로 환원 불가능하다고 주장하며, 헤겔에 대항해서는 윤리적 실체에 대한 신뢰를 거부하기 때문이다.[10] 윌리암스는 칸트의 선험적 보편주의와 공리주의를 함께 문제삼는 입장을 취한다는 점에서 특이하다. 서로 상반되는 선험적 보편주의와 공리주의가 공유하는 지점은 "일반 통화"(common currency)라는 개념으로 우리가 모든 도덕적 경험을 판단하도록 해주는 보편적 매개이다. 칸트의 경우는 도덕법이고, 공리주의에서는 공리성이다. 이런 관

10) Bernard Williams, *Moral Luck : Philosophical Papers*(Cambridge : University of Cambridge Press, 1981)을 보라.

점에서 볼 때 자율성에 대한 칸트식 강조는 "윤리적 나르시시즘"의 표현이라기보다는 우리가 넘어갈 수 없는 한계를 인정하는 것으로 읽을 수 있다. 나는 언제나 결국 불투명한 상황에서 행동하고, 따라서 내 행동의 결과를 지배할 수 없기 때문에 내가 할 수 있는 일이란 신실한 의도를 가지고 행동하는 것뿐이다.

그러므로 칸트는 단순히 윤리적 철학가로서 내적인 의도의 순수성이 내 행동의 도덕적 성격을 결정짓는 유일한 기준이라고 보지는 않았다. 칸트는 도덕적 행위가 어떤 의미를 갖기 위해선 자신의 도덕적 의도와 현실의 객관적 구조 사이의 깊은 친화성 혹은 조화를 가정해야 한다는 것을 잘 알고 있었다. 이것이 순수 실천이성의 가설들이 맡은 역할이다. 언뜻 보기에 칸트가 "도덕적 행운"을 배제한 듯하지만 여기서 다시 돌아온다. 칸트는 우리가 내적인 의도에 스스로를 제한시켜 두고 완전히 실제적 결과들을 무시한 채로는 효과적으로 도덕성을 실천할 수 없다고 인정한다. 우리는 일종의 "믿음의 도약"에 몸을 맡겨서 현실의 우호적인 구조에 대한 근본적인 신뢰를 가져야 할 수밖에 없다.

타자의 얼굴 후려치기

주체성은 초월과 어떤 관련을 갖는가? 사르트르와 레비나스가 각기 제시한 두 가지 기본 모델을 살펴보자. 사르트르의 "자아의 초월" 개념은 주체란 부정성의 힘이며, 자아초월적이고, 따라서 결코 자기동일적인 실증적 개체가 아니라고 말한다. 한편, 또 하나의 주체 개념은 비환원적이고, 헤아릴 수 없으며, 초월적인 타자성을 향해서 열려 있음을 통해서 존재하는 주체를 제시한다. 이때 주체가 가능한 이유는 절대적이거나 자아에 기초하고 있기 때문이라기보다는 이해할 수 없는 타자와의 긴장 속에 놓여 있기 때문이다. 자유란 바로 타자를 헤아릴 수 없게 만드는 이 (자아와 타자 사이의–역주) 틈새를 통해서만 가능하다. 예상대로 헤겔은 양자가 궁극적으로 동일하다고 주장함으로써 이 두 극단 사이의 매개를 제공한다. 주체는 이 주체성의 핵에 접근할 수 없고, 스스로 탈중심화되어 있으며, 바로 자신의 중심에 놓인 심연을 추정할 수가 없다. 뿐만 아니라 사르트르식 첫 번째 주체 모델은 두 번째 주체 모델의 "진실"(자기반영적 뒤틀림 속에서 주체는 자신을 저항하는 초월적 힘이 사실은 자신의 것, 즉 주체 자체가 갖는 힘이라는 것을 인정해야 한다)이 아니다. 또 그 반대(주체는 타자의 심연과 대면함으로써만 출현한다)도 성립하지 않는다. 이것은 헤겔의 상호 주관성의 교훈처럼 보인다 : 나는 또 다른 자유주체와의 만남을 통해서만 자유로운 주체이다. 여기서 반대편의 주장은 통상 헤겔에게 이 타자에 대한 의존은 타자에서 주체를 완전히 인식하고 타자를 완전히 전유하는 과정에 놓인 매개과정이거나 우회로일 뿐이라고 지적하곤 한다. 하지만 이게 그렇게 간단한 문제일까? 만일 헤겔주의적 "인정"이 내가 이해 불가능한 타자, 나의 자유를 막는 방해물로 등장하는 타자 속에서 타자의 실증적으로 가능한 토대와 조건을 인정하는 것을 의미한다면 어떻게 될까? 만일 **오직** 타자가 "지양"된다는 의미에서만이라면 어떻게 되나?

우리는 "타자"의 주제에 대해서 그 상상적 · 상징적 · 실재적 양상들을 가시화하는 일종의 분광분석(spectral analysis : 화학과 물리학에서 물질의 화학적 구성을 시각적 스펙트럼에 나타나는 줄로써 분석하는 방법–역주)을 해봐야 한다. 이 주제는 아마도 이 세 차원을 결합하는 "보로미안의 매듭"(Borromean knot : 세 개의 원이 서로 겹쳐 있는 형태로 라깡은 상상계, 상징계, 실재계의 상호 연관성을 이 위상학적 이미지로 제시한다–역주)이라는 라깡의 개념을 보여주는 절대적인 사례를 제공할 것이다. 첫째, 상상계적 타자가 있다. "나를 닮은" 타자, 내가 경쟁이나 상호 인정의 거울상 같은 관계를 맺는 동료 인간들. 그 다음에는 상징적인 "큰 타자"가 있다. 사회적 존재의 "실체"이며 우리의 공존을 조합하는 몰개성적인 규칙들의 세트. 마지막으로 실재로서의 대타자, 그 불가능한 물자체, "비인간적 파트너"인, 상징질서로 매개된 어떤 대칭적 대화도 불가능한 대타자. 이 세 차원이 어떻게 상호 연결되어 있는지를 이해하는 것이 중요하다. 물자체로서의 이웃[*Nebenmensch*]이란 나의 상동, 즉 거울 이미지로서의 이웃의 이면에는 항상 이해 불가능한 근본적 타자성, "고급화되"지 못하는 괴물스러운 물자체의 심연의 그림자가 드리워져 있음을 의미한다.[11]

11) "그리고 왜 [대타자는] 대문자 O를 갖는가? 여기엔 분명 우리를 현혹시키는 이유가 있다. 마치 우리가 언어가 제공하는 것에 대해 부차적인 기호들을 제공해야 할 때 언제나 그렇듯이. 이 현혹적인 이유는 다음과 같다. **너는 내 여자다**—어쨌든 이것에 대해 당신이 아는 것은 무엇인가? **너는 내 주인이야**—사실을 말하자면, 정말 그렇게 생각해? 이 발화의 기초적 가치를 구성하는 것은 겉으로 그런 척하는 것뿐 아니라 타자는 절대적 대타자로 저기에 있다는 사실을 메시지가 전달하려고 한다는 점이다. 다시 말해서 대타자는 인식되었지만 그 자신은 그 사실을 모른다는 점에서 대타자는 절대적이다. 이와 유사하게 의미의 겉치레를 구성하는 것은 궁극적으로 너 역시 그것이 겉치레인지 아닌지 모른다는 점이다. 본질적으로 대타자의 타자성이 내포한 이 알 수 없는 상태가 발화가 타자에게 발언되는 그 차원에서 발화관계의 성격을 규정한다." Jacques Lacan, *The Seminar of Jacques Lacan, Book III : The Psychoses, 1955–1956*. Jac-

50년대 초 이래 라깡의 "초석어"(founding word)라는 개념, 즉 상징적 타이틀을 부여함으로써 우리 자신이 되도록 하는 (아내, 주인 등등) 진술이라는 개념은 수행성 이론의 메아리처럼 간주되어 왔다. 하지만 라깡은 분명 이와는 좀더 다른 것을 목표로 삼는다. 우리가 조우하는 타자가 상상계적 **동일자**(semblant)가 아니라 어떤 상호적 교환도 가능하지 않은 실재의 물자체라는, 손에 잡히지 않는 절대적 대타자이기 때문에 이런 조건에서 우리는 수행성, 상징적 참여에 의존할 필요가 있다. 우리와 물자체의 공존을 최소한 참을 만하게 만들기 위해서 위안을 주는 매개물**로서의** 상징적 질서가 개입해야 한다. 대타자－물자체가 "정상적 인간 동료"로 "고급화"되는 일은 우리 사이의 직접적인 상호작용을 통해 일어날 수는 없고 대신 양측이 각자 자신을 맡길 제3의 행위주체를 가정한다. 몰개성적 상징질서 없이는 상호 주체성(인간들 사이의 대칭적이고 공유하는 관계도)이란 없다. 두 항 사이의 어떤 축도 제3항이 없이는 지속될 수 없다. 대타자가 기능하지 않는다면 우호적인 이웃은 (안티고네에서처럼) 괴물스러운 물자체와 일치하게 된다. 내가 인간적 파트너로 관계를 가질 수 있는 이웃이 없다면 상징적 질서 그 자체가 괴물스러운 물자체로 바뀌고, 이 괴물이 직접 나에게 기생하게 된다(슈레버의 신처럼 직접 슈레버를 통제하고 쥬이상스의 빛줄기로 뚫어버린다). 매일매일 상징적으로 규정되는 타자와 우리 사이의 교환을 떠받치는 물자체가 없다면 우리는 하버마스류의 "편편하고" 방부제 처리된 우주에서 살게 된다. 이런 곳에서는 주체들은 과잉 열정이라는

ques-Alain Miller 편집, Russell Grigg 역(New York : Norton, 1993), 37-38쪽.

그들의 치명적 결함을 박탈당한 채 의사소통의 통제된 게임 속에서 생기 없는 장기판 말들로 환원된다.

여기서 우리는 타자의 얼굴을 에피파니처럼, 진실 자체를 선행하는 사건처럼 조우한다는 레비나스적 개념을 생각해 봐야 한다 : "그러나 속임수와 솔직함은 이미 얼굴의 절대적 진정성을 가정한다. … 진리를 찾기 위해 나는 이미 스스로 보증하는 한 얼굴과 관계를 만들었다. 이 얼굴의 에피파니 자체는 어쩌면 명예를 건 말이다. 언어적 기호의 교환으로서의 모든 언어는 이미 이 원초적인 명예의 말을 언급하고 있다."[12] 우리는 이 문장들을 라깡의 대타자의 원환적 · 자기지시적 성격, 즉 우리 존재의 상징적 "실체"를 배경으로 삼아 읽어야 한다. 이 "실체"는 도날드 데이빗슨의 "전체적"(holistic) 주장을 통해 잘 제시될 수 있다. "믿음에 대한 유일한 증거는 다른 믿음들이다. … 어떤 믿음도 스스로를 확인할 수 없으므로 나머지 다른 믿음에 토대를 제공해 줄 수도 없다."[13] 이 원환성은 상징적 질서의 "치명적 결함"으로 기능하기는커녕 상징질서가 효과적으로 기능하기 위한 조건이다. 레비나스가 얼굴은 "스스로를 보증할 수 있다"고 주장했을 때, 이는 얼굴이 상징질서의 악무한적 원환성을 깰 수 있도록 해주는 비언어학적 참조점 역할을 함으로써 이 질서에 궁극적인 토대이자 "절대적 진정성"을 제공한다는 의미이다.

12) Emmanuel Levinas, *Totality and Infinity*. Alphonso Lingis 역(Pittsburgh : Duquesne University Press, 1969), 202쪽.
13) Donald Davidson, *Truth and Interpretation*. Ernest Lepore 편집(Oxford : Blackwell, 1986), 331쪽.

얼굴은 따라서 궁극적인 **페티시**이며 대타자의 "거세"(비일관성, 결여), 질서의 원환성이라는 심연을 채우는 대상이다. 차원을 달리해 보면 이 페티시화—아니면 페티시적 부인—는 다른 사람의 얼굴과 우리가 일상생활에서 맺는 관계에서 찾아볼 수 있다. 페티시적 부인은 살이라는 날 것 그대로의 현실과 일차적으로는 아무런 관련이 없고, 그보다는 좀더 근본적인 차원에서 대타자의 심연/공허와 관련된다. 인간의 얼굴이 우리의 이웃이라는 궁극적 실재인 공포스러운 물자체를 "고급화한다." "기표의 주체"라고 불리는 공허가 엄격히 이 대타자의 비일관성과 상관관계를 갖는 한, 주체와 얼굴은 대립된다. 타자의 얼굴을 마주하는 사건은 타자의 주체성의 심연을 경험하는 것이 아니다. 이 경험을 하기 위해서는 오직 그 경험의 모든 차원들에서의 탈얼굴화, 얼굴이 일그러지게 되는 단순한 안면경련이나 찡그림을 통해서이다(이런 의미에서 라깡은 실재란 "현실의 찡그림"이라고 했다).

수치심은 이 "체면손상" 경험인가? 모범적인 사르트르식 설명에 따르면 주체는 그의 "대자체"의 입장에서 "즉자체"를 수치스러워한다. 여기서 즉자체는 그의 육신에 따른 정체성이라는 어리석은 실재이다 : 내가 정말 이 냄새나는 몸, 이 용변, **저것**이란 말인가? 간단히 말해서 "수치심"이란 "정신"이 직접적으로 무기력하고 천박한 육신의 현실에 연결되어 있다는 사실을 가리킨다. 이를 반박하는 라깡의 논리는 수치란 개념상 환상에 연관된다는 것이다. 수치심은 그저 단순한 수동성이 아니라 **적극적으로 취하는 수동성**이다 : 내가 강간을 당한다면 그 사실은 수치스럽지 않다. 하지만 내가 강간당하는 걸 즐긴다면 나는 수치심을 느껴야만 한다. 적극적으로 취한 수동성이란 따라서 자신이 놓인 수동적 상황에서 쥬이상스를 찾는 것을 의미한다. 쥬이상스의 조합은 궁극적으로 근본적 환상, 즉 수동적 위치에서 쥬이상스를 얻는 것에 대한 환상의 조합이기 때문에(가령 "아버지가 나를 때리고 있다"), 주체를 수치심으로 노출시키는 것이 자신이 어떻게 수동적 상황에 놓여 오직 육신으로만 다루어지는가를 들춰내는 것은 아니다. 수치심은 사회적 현실에서 그런 수동적 위치가 (부인된 친밀한) 환상을 건드릴 때 생긴다.

우리는 이제 정신분석이 인간적 얼굴의 위엄성에 대한 옹호로부터 얼마나 멀리 떨어져 있는지를 분명히 알 수 있다. 정신분석적 치료는 (대타자를 대변하는 분석가에게) 한 사람의 가장 은밀한 환상들을 공론화시켜서 체면이라는 말이 갖는 가장 급진적인 의미에서 체면을 잃게 만드는 경험은 아닐까? 이 점은 이미 정신분석적 치료에 대한 물질적 장치가 제시하는 교훈이다 : 이 장치에서 주체-환자와 분석가가 얼굴을 마주하는 것이 아니라, 주체는 누워 있고 분석가는 그의 뒤에 앉아 있는 채 두 사람 모두 허공을 응시한다. 여기엔 상호 주관성이란 존재하지 않고 오직 얼굴을 마주하지 않은 두 사람—첫 번째와 세 번째—만 있을 뿐이다.

그렇다면 어떻게 법, 법정, 재판과 제도 등등이 이 그림에 들어오게 되는가? 라깡은 대답한다 : 제3자의 존재를 통해서. 타자와 대면했을 때 나는 무한히 그에게 책임을 갖는다. 이것이 윤리적 성좌의 본원적 형태이다. 그러나 언제나 제3항이란 있게 마련이고, 바로 그 순간부터 새로운 질문들이 생겨난다. 내가 얼굴을 마주한 내 이웃은 이 제3항과 어떤 관련이 있는가? 그는 제3자의 친구인가, 적인가 아니면 희생자인가? 무엇보다 이 둘 중 내 이웃은 어느 쪽인가? 이 모든 질문들은 비교할 수 없는 무한성들을 비교하도록 만들며, 타자의 절대적 우위성을 제한하고, 셈할 수 없는 것을 셈하도록 이끈다. 그러나 레비나스에게 중요한 것은 이런 종류의 법적 관계는 필수적인 것이긴 하지만 여전히 타자에 대한 원초적인 윤리적 관계에 뿌리를 두고 있다는 사실이다.[14] 레비나스의 이론에서 타자에 대한 책임감은 비균형적이며 비상호적이다 : 나는 타자에게 똑같이 내게 책임을 지라고 주장할 권리가 전혀 없는 채 타자에 대한 책임을 진다. 이 비균형성은 원초적인 윤리적 사실이다. 나는 타자에 대해 책임을 질 준비를 해야 한다. 비록 이것이 그의 자리를 취하거나 그를 위해 볼모가 되는 것을 의미한다고 해도 말이다 : "주체성 그 자체는 처음부터 볼모의 위치에 놓여 있다. 주체성은 다른 사람들을 위해 속죄하는 정도까지 책임을 진다."[15] 이것이 레비나스가 "화해적 희생"을 정의하는 방식이다. 볼모로서 동일자는 이 화해적 희생의 몸짓을 통해서 대타자의 자리를 취하게 된다. 이 "화해적 희생"의 몸짓은 전형적인 예수의 것이 아닌가? 예수는 우리 모두를 위해 희생을 함으로써 모범적인 인간["여기 인간이 있다"(*ecce homo*)]이 되지 않았는가?

바로 이 차원에서 레비나스는 유대주의와 기독교를 분리시키는 틈새를 찾는다. 유대주의의 근본적인 윤리적 과제는 "살인자가 되지 않은 채 존재하는" 방식에 대한 것이다 : "유대주의가 바로 여기 이

14) 환원 불가능한 타자성에 대한 찬양과 봉쇄의 거부라는 이 길의 끝에는 물론 부득이 한 가지 정치적 결론이 놓여 있다 : "정치적 전체주의는 존재론적 전체주의에 기반한다." Levinas, *Difficult Freedom : Essays on Judaism*. Seán Hand 역(Baltimore : Johns Hopkins University Press, 1990), 206쪽.

15) Levinas, *Ethics and Infinity : Conversations with Phillippe Nemo*. Richard A. Cohen 역(Pittsburgh : Duquesne University Press, 1985), 100쪽.

아래의 삶에 정박해 있다면 이는 유대주의가 초자연적 질서를 상상할 상상력이 부족해서거나 물질이 유대주의에서 뭔가 절대적인 어떤 것을 대표하기 때문이 아니다. 그보다는 양심의 첫 빛줄기가 인간을 그의 이웃에게로 이끄는 길에 비추어졌기 때문이다."[16] 지상의 삶을 우리의 윤리적 활동의 기본 토대로 인정하는 것과는 대조적으로 기독교는 너무 멀리 가버림과 동시에 충분히 멀리 가지는 못한다. 기독교는 이 유한성의 지평을 극복해서 모두가 함께 지복의 상태로 들어가 "믿음으로 산을 움직여"서 유토피아를 실현시킬 수 있다고 믿는다. 동시에 기독교는 즉시 이 지복의 상태를 여기 아닌 다른 곳으로 이동시킴으로써 이 지상의 삶이 궁극적으로 이차적인 것으로 머무르고 시이저에게 시이저가 속한 곳을 넘겨줌으로써 이 세계의 지도자들과 타협하게 된다. 정신적 구원과 세속적인 정의 사이의 연결고리가 잘린 셈이다.

법의 종교로서 유대교의 결정은 자구대로 취해진다. 유대교의 법은 불경한 초자아의 대체물을 삭제한 가장 순수한 형태이다. 아들이 하룻밤 섹스를 하지 못하게 공식적으로 금지하지만 행간에 담긴 메시지는 아들이 성적 정복에 나서기를 설득하는 전통적인 불경한 아버지상을 생각해 보라. 금지는 여기서 위반을 자극하기 위해 발언된 것이다. 이 법의 개념을 유대인의 속성으로 귀속시키는 사도 바울은 위반을 장려하는 것으로 법을 기술한다는 점에서 틀렸다. 유대적 금지에 담긴 기적은 금지가 효과적으로 오로지 금지일 뿐이라는 점이다. 여기

16) Levinas, *Difficult Freedom*, 100쪽.

엔 행간의 불경한 메시지란 없다. 바로 이런 이유로 유대인들은 말 그대로 금지에 복종하면서도 그들이 원하는 것을 얻을 방법을 찾는다. 궤변을 늘어놓거나 법에 대해서 외부적으로 조종하는 관계를 만드는 것과는 달리 이 과정은 법에 대한 직접적이고 문자 그대로의 애착을 증언한다. 이런 의미에서 분석가의 위치는 유대주의에 뿌리를 둔다.

우리가 즐기라는 초자아적 명령의 손아귀에서 벗어날 수 있다면 이 악무한적 순환을 끝장낼 수 있다. 전통적으로 정신분석은 환자가 "정상적인" 성적 향유에 이르는 길을 금지하는 장애물을 극복하도록 허가를 주는 것이라고 여겨져 왔다. 그러나 사방에서 명령의 서로 다른 판본들의 세례를 받게 되는 오늘날—직접적인 성적 수행의 즐거움에서부터 직업적 성취라든가 정신적 각성에서의 즐거움에 이르기까지—우리는 좀더 근본적인 차원으로 옮겨가야 한다. 정신분석은 오늘날 우리가 (즐기도록 허락받지 않은 것과는 반대로) 즐기지 **않아도** 되도록 허락받은 유일한 담론이다. 이 유리한 지점에서 볼 때 즐거움에 대한 전통적 금지가 이미 암묵적으로 정반대의 명령에 의해 지지받고 있다는 점이 소급적으로 분명해진다. 초자아 대체물에 의해 지지되지 못한 법이란 개념은 근본적으로 새로운 사회의 개념과 결부되어 있으며, 이 사회는 더 이상 모두가 공유하는 공통된 뿌리에 토대를 두지 않는다 : "모든 낱말은 뿌리뽑기이다 … 현실사회의 구성은 뿌리뽑기이다. '집에 있기' [*chez soi*]가 절대적이며, 일체의 것이 그 안에서 비롯되는 존재를 의미하는 뿌리뽑기라는 낱말."[17]

17) 같은 글, 137 쪽.

그렇다면 다음 단계는 더 이상 인종적 정체성에 기반을 두지 않고 바로 그 핵심에 갈등하는 보편성의 집합체로서의 집단를 구성하는 것이 아닐까? 레비나스가 개종에 대한 무관심한 태도에서 유대적 보편주의를 찾은 것은 옳다 : 유대인들은 타인들을 모두 유대교로 개종시키려 하지 않는다. 또한 그들의 특별한 종교를 다른 사람들에게 강요하지 않는다. 그들은 완고하리만치 이 형식을 고수한다. 진정한 보편주의란 역설적으로 말해 한쪽의 메시지를 다른 쪽에게 부과하기를 거부하는 것이다. 이런 방식에서 보편성이 깃들어 있는 특별한 내용이 갖는 풍부함을 주장할 수 있으며, 모든 타자들은 그들의 특별한 삶의 방식으로 남아 있게 된다. 그렇지만 이러한 태도는 그 자체의 한계도 갖는다. 즉 스스로 보편에 직접 다가갈 통로를 갖는 고유성의 특권적 지위를 유지한다. 모든 사람들이 이 보편성에 참여하지만 유대인이 "다른 사람들보다 더 보편적이다" : **"유대적 믿음은 관용과 관련된다. 왜냐하면 처음부터 이 믿음은 다른 모든 사람들의 전체 무게를 짊어지기 때문이다."**[18] 유대인의 짐이라 … 여기서 여전히 빠져 있는 것은 적대주의적 보편성, 전체 사회구성체를 가르고 지나가는 갈등으로서의 보편성, 부분적이고 참여적인 위치로서의 보편성의 개념과 실천이다.

18) 같은 글, 173쪽.

유대인, 기독교인 그리고 괴물들

레비나스의 한계는 그가 인간의 본성에 대한 아주 편협한 개념, 즉 비유럽인을 "충분히 인간적이지 못한"[19] 것으로 은밀히 배제하는 정의에 기초한 유럽중심주의자라는 사실에만 있지 않다. 레비나스가 "인간"의 범위에 포함시키지 못한 것은 비인간 그 자체로, 인간과 정면으로 마주하는 관계를 피해가는 차원이다. 버틀러는 초기에 이 점을 좀 민감하게 포착하는 듯하다. 가령 그녀는 "비인간"에 관한 아도르노의 애매함을 미묘하게 묘사하고 있다. 아도르노는 "인간"으로 간주되는 것에 대한 지배적인 개념("비인간"의 전체적 차원을 암묵적으로 배제시킴)에 연루된 폭력을 잘 이해하고 있었지만 그는 "비인간"을 "소외된" 인간성의 저장소로 개념화한다. 궁극적으로 아도르노에게 "비인간"이란 우리가 싸워야 할 야만주의의 힘이다. 그가 여기서 놓치고 있는 것은 "인간"에 관한 모든 규범적 결정이 "비인간"이라는 헤아리기 어려운 토대에 대항해서만 가능하다는 역설이다. 이 "비인간"은 불투명하게 남아 있고 "인간"으로 간주되는 것에 대한 어떤 내러티브적 재구성으로도 포함되기를 거부한다. 다시 말해서 아도르노가 인간됨이 구

19) 하지만 혹자는 이 차원에서 또 비난하려 들면서 정치적으로 공정한 반유럽중심적인 이 시대에 레비나스가 이웃이 되기엔 지나치게 이국적인 아프리카-아시아인 타자 때문에 당황했던 것을 드러내 놓고 인정할 준비가 되어 있는 것에 경탄하고 싶을지 모른다. 우리 시대는 "유대-기독교 세계의 핵심을 구성하는 신성한 역사에 대해 이방인인 저 미개발된 아프리카-아시아 대중들의 역사적 장면에 도착"했다. 같은 글, 160쪽.

성적으로 유한하고 비총체적이라는 점을 인식했음에도 불구하고, 그리고 인간이 "절대적 주체"로 가정하는 바로 그 시도가 인간을 비인간화한다는 것을 알고 있었음에도 불구하고 그는 이 인간의 자기제한성이 어떻게 "인간됨"을 규정하는지 검토하지 않는다. 인간됨은 단순히 인간의 한계인가 아니면 인간됨을 구성하는 이 한계에서 긍정적 개념이 존재하는가?

버틀러는 여기서 근본적 역설을 발견한다. 우리는 의지가 외적 폭력의 압박 때문에 위반 혹은 꺾이는 상황들을 "비인간적"이라고 물론 비난해야 하지만, 인간성의 긍정적 개념이 곧 의지의 자율성이라는 "자명한" 결론을 내려서는 안 된다. 우리는 인간됨의 토대인 위압적인 타자성에 수동적으로 노출된다. 그렇다면 어떻게 우리는 "나쁜" 비인간성, 우리의 의지를 분쇄시키는 폭력과 모든 인간성에 구성적인 수동성을 구별할 것인가? 이 지점에서 버틀러는 자신의 입장을 조정해서 허버트 마르쿠제의 "필연적"인 억압과 "잉여" 억압의 구별을 상기시키는 순진한 구별을 도입한다. "물론 우리는 다른 형태의 압도된 상태들을 결정할 규범들을, 피할 수 없고 극복할 수 없는 이곳과 저곳의 변화 가능한 조건들을 구별하는 선을 그음으로써 만들어낼 수 있고 만들어내야 한다."[20]

버틀러와 아도르노가 주제로 제시하지 못한 것은 칸트의 초월주의적 전회에서 "비인간"이 차지한 변화된 지위이다. 칸트는 부정적인 판단과 불명확한 판단 사이의 핵심적 구별을 제시한다. 긍정적 판

20) Butler, 110쪽.

단인 "영혼은 필멸이다"는 두 방식, 즉 서술부를 주어에 대해 부정할 때("영혼은 필멸이 아니다")와 비서술부를 긍정할 때("영혼은 비필멸이다")로 부정될 수 있다 : 스티븐 킹의 독자라면 다 알겠지만 여기서 차이는 "죽지 않은"과 "비죽음" 사이의 것과 정확히 똑같다. 불명확한 판단은 토대가 되는 구별을 손상시키는 제3의 영역을 열어준다 : "비죽음"은 살아 있는 것도 죽어 있는 것도 아니다. 이들은 괴물처럼 "살아 있는 송장"이다.[21] "비인간"에 대해서도 같은 말을 할 수가 있다. "그는 인간이 아니다"는 "그는 비인간이다"와 같지 않다. "그는 인간이 아니다"는 간단히 그가 인간성 외부에 동물이든 신성으로 존재한다는 뜻이라면 "그는 비인간이다"는 철저히 이와는 다른 것을 의미한다. 즉 그는 인간도 비인간도 아니며, 비록 이로써 우리가 "인간성"으로 이해하는 것을 부정한다고 해도 인간이라는 것에 내재한 공포스러운 과잉의 표지를 갖고 있다.

레비나스 역시 이 점을 놓친다. 타자성에 대한 찬양에도 불구하고 레비나스의 이론에서 빠진 것이 모든 인간들의 이면에 놓인 동일성이 아니라 근본적이고 "비인간적인" 타자성 그 자체라는 사실은 충분히 변증법적 역설이다. 인간존재가 비인간성으로 환원되는 타자성, 집단수용소의 "살아 있는 송장"인 **무슬림교도**(Muselmänner : 제2차 세계대전시 나치의 집단수용소에 감금된 사람들 사이에서 허기와 피로로 죽어가는 사람들을 일컫던 말로, 이 살아 있는 송장들이 비쩍 마르고 허약해서 누워 있거나 앉아 있는 포즈가 무슬림이 기도하는 자세와 유사한 데서 비롯되었다고 전해진다–

21) 이런 구별에 대한 좀더 구체적인 설명은 졸저 *Tarrying With the Negative : Kant, Hegel and the Critique of Ideology*(Durham : Duke University Press, 1993) 3장을 보라.

역주)라는 공포스러운 형상으로 예시되는 타자성.[22] 같은 이유로 레비나스는 키에르케고르가 윤곽을 잡아준 ("윤리성의 목적론적 중지"의) 윤리적 역설들이 취하는 (적절히 기독교적인) 도정을 취할 수 없게 된다. 『이것 아니면 저것』의 첫 권에서 키에르케고르는 현대판 안티고네일 법한 것에 관한 그의 환상을 제시한다.[23] 이제 갈등은 철저히 내면화된다 : 더 이상 크레온은 필요 없다. 그녀의 부친이자 테베의 영웅이며 구원자인 외디푸스를 존경하고 사랑하는 한편, 안티고네는 그의 진실(아버지를 살해하고 어머니와 근친결혼을 함)에 대해 알게 된다. 그녀가 처한 막다른 궁지는 이 저주받은 지식을 그 누구와도 공유할 수 없다는 것이다(아들을 희생물로 바치라는 신의 명령을 다른 사람들에게 얘기할 수 없었던 아브라함처럼). 안티고네는 불평을 하거나 그녀의 고통과 슬픔을 다른 사람들과 나눌 수 없다. 행동을 감행하는(오빠를 매장해 주고 그에 따라 적극적으로 자신의 운명을 받아들이는) 소포클레스의 안티고네와는 달리 키에르케고르의 안티고네는 영원히 감정을 드러낼 수 없는 고통에 처해 있다. 그녀의 비밀, 파괴적인 아갈마(agalma : 『향연』 마지막에 소크라테스와 알키비아드 사이의 스파링 장면에서 라깡은 전이과정에서 일어나는 아갈마의 기능을 착안한다. 이 말은 알키비아드가 소크라테스의 형편없는 몸 속에 들

22) 스탈린주의의 대표적인 내러티브에 따르면 파시즘에 저항하는 투쟁은 집단수용소에서도 일어났다. 이곳에 갇힌 공산주의자들은 영웅적인 저항의 망을 형성했다. 이런 우주에서는 물론 인간적 참여의 능력이 박탈된 살아 있는 송장인 '무슬림들'의 한계경험은 찾아볼 수 없다. 스탈린주의 공산주의자들이 그렇게도 열렬히 수용소를 반파시스트 투쟁의 또 다른 장소로 "정상화"하려고 했던 것은 이상한 일이 아니다. 이들은 '무슬림들'을 너무 나약해서 투쟁을 이겨낼 수 없는 사람들로 단순히 제쳐버렸다.

23) Soren KierKegaard, *Either/Or*. vol. 1 (New York : Anchor Books, 1959), 137-162쪽.

어 있을 것이라 믿었던 숨겨진 아주 매력적인 대상을 의미하는데, 아주 소중한 신비로운 보석과 같은 것으로 소크라테스를 향한 알키비아드의 매혹을 정당화시키는 데 사용한다. 나중에 라깡 이론에서 소대상으로 바뀐다 -역주)의 참을 수 없는 부채감은 마침내 안티고네를 죽음으로 몰아가게 되고, 이로써 자신의 고통과 슬픔을 상징화하거나 공유하는 것을 통해서만 제공될 수 있었을 평화를 얻게 된다. 키에르케고르의 핵심은 이런 상황이 더 이상 제대로 된 비극일 수 없다는 것이다(아브라함의 상황이 비극적이지 않은 것과 마찬가지이다).[24]

더 나아가 키에르케고르의 안티고네가 모더니즘의 패러다임에 속하는 한, 우리는 그의 사유 실험을 계속 진행시키고 당연히 스탈린주의적으로 비틀어진 포스트모던 안티고네를 상상해야 한다. 키에르케고르를 인용한다면 모더니즘적 안티고네와는 대조적으로 포스트모던 안티고네는 윤리성 자체가 유혹이 될 상황에 자신이 놓여 있음을 발견하게 된다. 한 가지 판본에서는 필경 안티고네가 공적으로 아버지(혹은 다른 판본에서는 그녀의 오빠)를 거부하고 그의 엄청난 죄를 바로 **그에 대한 그녀 자신의 무조건적인 사랑** 때문에 비난하게 될 것이다. 키에르케고르식 대가란 이러한 공적인 행위가 안티고네를 더욱 고립되게 만들어서 절대적으로 혼자가 된다는 것이다. 그 어느 누구도—외디푸

24) 탈승화의 현대적 입장이 삶의 비극적 지각을 손상시킨다는 사실을 직관적으로 깨달은 이는 헤겔이었다. 그의 『현상학』에서 헤겔은 유명한 프랑스 속담 "주차 대리인 한 명에 값할 만한 영웅은 없다"에 "영웅이 영웅이 아니라서가 아니라 주차 대리인은 주차 대리인이기 때문이다"라는 부차적 설명을 덧붙인다. 즉 현대성에서 주차 대리인의 시각—영웅의 "인간적인, 너무나 인간적인" 성질에 대한 지각, 영웅적 업적의 역사적 차원에 대한 맹목성—은 보편화되어 모든 위엄적인 고차원의 태도들은 저차원적인 동기들로 환원되었다.

스가 여전히 살아 있다면 그는 예외이다—그녀의 배신행위가 최상의 사랑의 행위임을 이해할 수 없다. 안티고네는 이런 식으로 그녀의 숭고한 아름다움을 완전히 박탈당할 것이다. 그녀가 아버지를 그저 단순히 배신한 것이 아니라 그에 대한 그녀의 사랑 때문에 그런 것이라는 사실을 알려줄 수 있는 것이란 고작 알아채기 어려운 혐오스러운 안면경련일 것이다.

레비나스의 근본적 책임성의 윤리에 대한 좀더 모범적인 대답은 우리가 자신을 사랑할 때에만 진정으로 다른 사람들을 사랑할 수 있다는 것일지 모른다. 하지만 보다 근본적인 차원에서 타자에 대한, 타자를 위한 책임감과 자신이 존재할 권리를 의심하는 것 사이의 이러한 연관성에는 본질적으로 무엇인가 거짓된 것이 있지 않을까? 비록 레비나스가 이 불균형을 보편적이라고 주장해도(우리 한 사람 한 사람 모두가 타자들을 향한 이 원초적인 책임의 위치에 놓여 있다) 이 불균형은 효과적으로 모든 다른 사람들에게 책임을 지는 한 특정한 집단을 특권화하게 되지 않을까? 이 책임성을 특권적 방식으로 구현하고 직접적으로 그것을 대표하는 집단, 이 경우 유대인 말이다. 그 결과 다시 우리는 아이러니하게도 "유대인 남성의 (윤리적) 짐"에 대해 말하려는 유혹을 느끼지 않는가?

레비나스에 대한 스피노자의 대답은 우리는 다른 사람들의 희생을 통해서 존재하는 것이 아니라 현실의 망의 일부라는 것일 터이다. 스피노자에겐 현실에서 추출되고 현실과 대립하는 홉스주의적 "자아"란 없다. 스피노자의 존재론은 완전한 내재성의 존재론으로서 나는 세상과 나의 관계들의 망, 단지 그것으로 "존재한다." 나는 세상 안에서 총체적으로 "외재화되어 있다." 따라서 레비나스는 비밀스럽게 스피노자의 개념을 (나의) 존재에 대해 이기주의적이고 "주관주의적"이라고 치부한다. 내가 존재할 권리에 대한 레비나스의 반스피노자적 회의는 마치 나의 존재가 타인들을 위협할 중심인 듯 전도된 오만이다. 따라서 대답은 다른 사람들과의 조화 속에서 존재할 나의 권리를 주장하는 것이 아니라 좀더 근본적인 주장, 즉 무엇보다 먼저 내가 존재하는가 혹은 나는 **존재의 질서 속 구멍**이 아닐까 하는 것이다. 이 주장은 레비나스의 대답만으로는 충분하지 않은 궁극적인 역설로 우리를 데려간다 : 나는 내가 이 질서의 일부로 실증적으로 존재하지 않는 한, 혹은 그보다는 내가 이 존재의 질서에서 구멍인 한에서만 바로 전체 존재의 질서에 위협이 된다. 이처럼 무(無)로서 나는 전부(All)에 이르고 모든 것을 전유하고 고군분투하는 것 바로 그 자체"이다" (오직 무만이 전부가 되려고 욕망할 수 있다). 이미 셸링이 주체를 전부가 되려는 무의 끝없는 고군분투로 정의했다. 이와 반대로 현실에 뿌리를 두고서 결정적인 공간을 차지하는 실증적인 생명체는 개념상 그 순환과 재생산의 계기이다.

따라서 우리는 레비나스의 입장을 좀더 근본적인 입장과 대립시키는 일을 감수해야 한다 : 다른 사람들은 원초적으로 (윤리적으로) 무관한 다수 대중이며, 사랑은 이 다수 대중으로 진입해서 일자를 이웃으로 특권화하고, 따라서 전체에 근본적인 불균형을 도입하려는 폭력적인 몸짓이다. 사랑과 대조적으로 정의는 내가 일자를 특권화하는 과정에서 수많은 얼굴 없는 다수들이 그림자로 남아 있다는 것을 기억할 때 시작된다 : 정의와 사랑은 따라서 구조적으로 양립 불가능이다. 사랑이 아니라 정의가 맹목적이어야 한다. 정의는 내가 "정말로 이해하는" 특권화된 일자를 무시해야 한다. 이는 제3자는 부차적이지 않다는 것을 의미한다. 제3자는 언제나 이곳에 있고 원초적인 윤리적 의무는 얼굴을 맞댄 관계 속에 없는, 그림자 속에 있는 일자, 부부 사이의 존재하지 않는 아이 같은 이 제3자를 향해 있다. 이는 **타자 전부가 타자 전부**라는 데리다-키에르케고르의 핵심만이 아니다. 무수한 제3자의 대중으로부터 나의 이웃을 골라야 하는 선택을 내려야 하므로 나는 언제나 대타자를 배반한다. 이것이 바로 사랑의 원죄이다.

이로써 우리는 근본적인 반레비나스적 결론에 도달한다 : 진정한 윤리적 단계는 타자의 얼굴 너머가기, 얼굴 중지시키기, 얼굴에 저항하고 제3자를 향하는 선택이다. 이 냉정함은 가장 기본적 차원에서의 정의이다. 대타자를 그 얼굴로 변장시켜 선취해 버릴 때마다 제3항은 얼굴 없는 배경으로 강등된다. 정의의 기초적인 이런 몸짓은 내 앞에 있는 얼굴에 대해 존경심을 보이고 그 깊이로 열려 있는 것이 아니라, 얼굴로부터 빠져나와 배경의 얼굴 없는 제3항들로 초점을 재조정하는 것이다. 이렇게 제3항으로 초점을 바꾸는 것만이 효과적으로 정의를 **뿌리뽑아서** 특정 상황에 붙박아 놓은 우발적인 탯줄과 같은 연결고리로부터 해방시키는 것이다. 다시 말해서 제3항으로의 전환만이 정의를 **보편성** 그 자체의 차원으로 정박시키는 것이다.

레비나스가 "유대인 의식은 반드시 이러한 혹독한 도덕성과의 접촉을 통해 형성되어서 의무와 허가들로 무장한 채 피의 절대적 공포를 갖도록 배웠던 반면, 비폭력의 교리는 지난 2천 년간 전세계가 보여준 폭력으로 돌진하는 자연적인 행로에서 비롯된 것이 아니라는 사실에 담긴 궁극적 역설을 지적한 점은 옳았다. 오직 법의 원칙을 유지하는 신만이 **실천에서** 법의 가혹성을 누그러뜨리고 구두로 된 법이 성서의 피해갈 수 없는 혹독함을 너머 사용되도록 할 수 있다."[25] 하지만 정반대의 역설은 어떤가? 만일 자신의 법을 사랑에 종속시킬 준비가 되어 있는 신만이 우리를 **실천**하도록 부추겨 그 모든 가혹함 속에서 맹목적 정의를 실현시키도록 할 수 있다면? 체 게바라가 혁명적 폭력이 "사랑의 일"이라고 한 점을 떠올려 보라 : "나는 이렇게 말하련다. 우스꽝스럽게 들릴지 모르지만 진정한 혁명가는 사랑의 강력한 감정을 따라간다. 이런 자질이 없는 진정한 혁명가는 생각할 수조차 없다."[26] 바로 여기에 **혁명적 정의**라는, 이 그리도 빈번히 오용된 용어의 핵심이 놓여 있다. 가혹한 방법들을 취하되 사랑으로 지탱하기. 누가복음의 예수 그리스도가 했던, 논란을 불러일으킨 말["누군가 내게 와서 그의 아버지와 어머니, 부인과 아이, 형제자매—아 그리고 물론 그 자신의 목숨까지—를 증오하지 않는다고 말한다면 그는 내 사도가 될 수 없다"(누가복음 14 : 26)]은 정확히 체 게바라의 유명한 또 다른 선언과 동일한 방향을 가리킨다 : "당신은 거칠게 굴어야 할지 모른다. 하지만 부드러움을 잃지 말아라. 당신은 꽃을 꺾어야 할지도 모른다. 하지만 오는 봄을 막지 말아라."[27] 이와 같은 기독교적 자세는 비폭력에 관한 "동양적" 태도와 정반대이다. 우리가 잘 알고 있는 불교의 지도자들과 전사들의 오랜 역사를 보라. 동양적 비폭력은 최악의 폭력을 정당화한다. 그렇다고 혁명적 폭력이 "진짜" 비폭력적 조화를 이루는 것을 목표로 한다는 것은 아니다. 반대로 진정한 혁명적 해방은 좀더 직접적으로 폭력과 동

25) Levinas, *Difficult Freedom*, 138쪽.
26) Jon Lee Anderson, *Che Guevara : A Revolutionary Life*(New York : Grove, 1997), 636쪽.
27) Peter McLaren, *Che Guevara, Paulo Feriere, and the Pedagogy of Revolution*(Oxford : Rowman & Littlefield, 2000), 27쪽.

일시된다. 이러한 폭력(치워버리고, 차이를 만들며, 분리의 선을 긋는 폭력적 제스처)만이 해방시킨다. 자유는 조화와 균형의 지복상태의 중립적 상황이 아니라 바로 이 균형을 흐트러뜨리는 폭력적인 행위이다.

시오니즘 열병

—질 애니자

그 남자, 전쟁[1]

종교 개념을 검토하는 작업이 다시 시작되자 하나의 논쟁이 생겨났다. 아마도 음성삭제되었을 이 논쟁은 자끄 데리다의 저작에서 다루는 종교의 의미에 관한 것이다. 『자끄 데리다와 인문학 : 비판적 읽기』라는 최근 출간된 인상적

1) 자끄 데리다는 "Two Words for Joyce"에서 조이스에 의한, 조이스를 위한 이 두 낱말을 읽는다. *Post-Structuralist Joyce : Essays from the French*, Derek Attridge와 Daniel Ferrer 편집, Geoff Bennington 역(Cambridge : Cambridge University Press, 1984). 데리다는 "첫 번역 : 그 남자 전쟁들—그는 전쟁을 건다, 그는 전쟁을 선언하거나 만든다, 그는 전쟁이다, 그리고 이를 발언할 수 있다. … 그 남자 전쟁 : 그는 이었다—이었던 그 남자['나는 존재하는 그 남자이거나 존재한다' 라고 야훼(YAHWE)가 말한다. 그것이 있던 곳에 그 남자가 있었고 전쟁을 선포했다. 그리고 그것은 진실이다"(145)를 제시한다. 데리다는 "이 글쓰기의 광기"란 "누가 글을 쓰든지 자신을 지우며 오직 폐기하기 위해서 자기 자신의 지우기라는 고문서를 남긴다"라고 덧붙인다. 작가, 여기선 조이스를 의미하는 그가 "우리를 그의 고문서에 붙들어 놓는다"(146). 전쟁, 종교, 고문서, 성적 차이. 우리는 『고문서 열병』에서 뿐만 아니라 분명 여기서도 이미 프로이트를 읽고 있다. *Archive Fever*, Eric Prenowitz 역(Chicago : University of Chicago Press, 1996).

인 논문 수록집은 간학제적 수사학에 기초해서 종교의 부재를 다룬다.[2] 지금껏 학문적으로 조명되지 못했던 이 문제에서 종교는 알려진 어원과는 정확히 반대되는 기능을 하게 된다. 종교는 연결과 결속이기보다는 나누는 역할을 하면서 데리다의 이론을 "세속적" 인문주의와 신학적 경향의 학제들로 쪼갠다. 여기서 문학연구자와 철학자들을 나누었던 초기의 분리는 문학연구자와 종교연구자 간의 분리로 재구성된다. 나아가 종교라는 주제를 통해 초기와 후기 데리다로 나누어 과거에 해체를 "유대교 신비주의"의 "부정적 신학"의 형태로서 비난한 측은 늦었지만 승리를 얻어낸다. 몇몇 글들이 "종교적 회귀"와 그 비판적 잠재력의 근본적 중요성을 포용했다면[헨트 드 브리스(Hent de Vries)와 사무엘 베버(Samuel Weber)의 글을 제일 먼저 꼽을 수 있다], 다른 글들은 지나치게 흥겨워하며 공인된 종교전통의 연속선상에서 데리다를 위치시키는 경향이 있다. 하지만 상당수의 학자들은 종교의 문제에 관해선 일종의 조용한 제약, 신비적 피정(避靜)을 선택하는 듯하다. 데리다의 텍스트에 이런 구별들을 부여하는 몸짓, 혹은 실수들을 쉽게 털어내려는 동작을 잠시 멈추고 생각해 보면 오래 전에 이미 "종교"라는 제목 하에 읽을 수 있을 데리다의 가장 중요한 진술들이 있었는데, 그 중에서도 그 개념적 경계선들과 전체적 의미에서 볼 때 종교라는 용어 자체를 확장시켜 재사유를 시도했다고 볼 수 있는 진술들의 존재마저 쉽게 잊혀짐을 깨닫게 된다. 이 글의 제목에 데리다의 『고문서 열병』을 환기시킴으로써 나는 수정주의적이며 다소 동종요법적 방법을

2) *Jacques Derrida and the Humanities : A Critical Reader*. Tom Cohen 편(Cambridge : Cambridge University Press, 2001).

통해서 종교를 "유대문제"로 다루려 한다. 유대문제는 고문서와 그 바깥 사이에 또 다른 어려운 분리 주위로 스스로를 절합하는 문제이다.

잘 알려진 바대로 『고문서 열병』은 하나의 제도이자 "고문서의 문제지형에서 혁명에 대한 요구가 잠재된" 이론적 노력으로서의 정신분석을 심오하게 탐색한다.[3] 『고문서 열병』은 또한 정신분석에서의 "유대교 문제"를 성찰하며, "유대 과학"의 가능성과 유대주의의 지식 가능성을 사색한다. 이렇게 보면 아주 쉬운 하나의 평행관계가 드러나게 되어 해체가 유대 과학인지를 묻거나 혹은 좀더 적절히 표현해 보면 어떤 형태이든 유대 과학이 가능한가를 묻는 독서가 필요할지도 모른다. 데리다는—간접적이긴 해도—유대민족과 유대 종교의 구성과 지속에 관한 프로이트의 사색들을 다루면서 과학, 역사, 역사서술, 인종, 종교와 **함께**(물론 여기서 함께는—반드시 그렇지는 않지만—**대항해서**를 의미하기도 한다) 전쟁을 벌인다. 여기서 마지막 용어인 종교에 머물기 위해서 최소한 우리는 데리다에서도 프로이트와 마찬가지로 종교의 전쟁, 종교에 대한 종교로서의 전쟁이 있다고 주장할 수 있다. 이 전쟁은 마지막 천년의 종말을 표시하는 재난들의 불타는 증거 아래서 발생한다.[4] 『고문서 열병』의 도입부에서부터 데리다는 이 재난들을 **악의 고문서들**(archives du mal)이라고 언급한다. 이 재난들은 스스로 "감추거

3) Derrida, "Prière d'insérer," *Mal d'archive : une impression freudienne* (Paris : Galilée, 1995), 2쪽. 이 장은 영역본에는 포함되어 있지 않다. [번역은 필자의 것]

4) 종교가 전쟁, 문명을 향한 개인의 적대감, 그리고 자연상태로서의 전쟁상태(모두에 대항한 홉스식의 모두의 전쟁), 그리고 무기력에 대항한 투쟁과 연결되는 것에 대한 프로이트의 주장은 잘 알려진 대로 *The Future of an Illusion*에서 정교하게 제시된다. *The Standard Edition of the Complete Psychological Works of Sigmund Freud*, James Strachey et al. 편역 (London : Hogarth, 1953–1974), 21 : 5–56쪽.

나 파괴되고 금지되고 공중납치되고 '억압되었다'." 이 재난들은 "내전이나 국제전이 진행되는 동안" 전쟁들의 지평에서 다루어진다.[5]

다가올 전쟁의 그림자 아래서 프로이트가 종교에 대해, 구체적으로는 "일신교"에 대해 다시 한 번 글을 쓰고 출간하려고 결정했다는 사실을 떠올리기 위해서 역사적 차이들을 무시할 필요는 없다. 프로이트가 한 민족으로부터 그들이 가장 위대한 아들이라고 자랑스러워마지 않는 한 남성을 빼앗고 "민족적 이해라 가정된 것"을 제쳐놓으려고 노력했다는 것은 유명한 이야기이다.[6] 프로이트는 계속해서 유대민족의 온전성["아주 상이한 요소들이 유대민족의 구성에 영향을 미쳤다는 것은 의심할 수 없다. 그러나 이 부족들 사이를 구별하는 가장 큰 차이는 그들이 이집트에서의 체류와 그 이후를 경험했는가의 여부이다"(*S.E.* 23 : 28쪽)]과 그들의 심리적 · 정치적, 그리고 진실로 종교적 통일성("유대 역사의 이중성은 우리에게 친숙하다. 두 집단의 사람들이 서로 모여 국가를 형성했고, 이 국가는 나중에 두 왕국으로 분열한다. 성경의 자료에는 두 신의 이름이 등장한다. 이들에게 우리는 새로이 두 개를 더한다. 두 종교의 토대로, 하나는 다른 하나에 의해 억압되어 왔지만 그럼에도 불구하고 그 이면에서 의기양양하게 나중에 등장하게 된다. 그리고 두 명의 종교 설립자들이 있다")을 의문시한다.[7] 프로이트가 트라우마

5) 같은 글, 1쪽.
6) Freud, *Moses and Monotheism*. *S.E.* 23 : 7쪽. 추후 인용은 본문에 괄호 표기. 정신분석과 전쟁의 관계에 대한 좀더 폭넓은 논의와 요약은 Jacqueline Rose, *Why War? Psychoanalysis, Politics, and the Return to Melanie Klein*(Oxford : Blackwell, 1993) 참조. 좀더 최근에는 Derrida, "Psychoanalysis Searches the State of its Soul." *Without Alibi*. Peggy Kamuf 편역(Stanford : Stanford University Press, 2002), 238-280쪽.
7) 이 부분은 2003년 3월 6일 뉴욕 대학에서 발표한 「살인의 즐거움」이라는 강연에서 사무엘 베버가 제시한 논의에 빚지고 있다. 내게 미간행 논문을 보여준 베버의 호의에

에 관해서 여전히 남아 있는 악명 높은 어려움들을 설명할 때 우리는 유대민족의 통일성에 관련된 겉으로 보기에 문제 없는 문제를 다루는 그 시대성을 띤—진실로 예언적인—울림을 간과해선 안 된다 : "이 모든 이중성들은 첫 번째 것에 필수적으로 따르는 결과들이다. 즉 한 민족의 일부는 트라우마라고 간주되어야 하는 경험을 했지만 민족의 나머지 구성원들은 그것을 피해갔다는 사실" (*S.E.* 23 : 52쪽) 말이다.

나는 프로이트의 텍스트에서 잘 알려진 이 순간들을 전쟁에 대한 반응을 표현한 것으로 강조하기 위해서 불러내고 있다. 다가올 제2차 세계대전은 "전쟁과 죽음의 시기에 대한 [다른] 생각들"을 하도록 요구하며, 프로이트는 전쟁이 공식적으로 선포되기 전에 이미 자신이 전쟁에 개입해 있음을 잘 인식하고 있었다. 프로이트는 (아직도) 공격받고 있으며, 학자들은 오랜 동안 프로이트의 마지막 주요 저작이 그러한 공격, 그리고 더 중요하게는 민족 사회주의의 공격에 대한 잠재적 대응으로서 갖는 수수께끼 같은 차원에 대해 궁금해했다. 가장 궁금한 것은—설명이 덜 된 부분으로—프로이트가 명백히 그 공격을 "나 자신의 사상에 대해서만이 아니라 나의 '인종'에 대한" 처형으로서 이론화한다는 사실이다(*S.E.* 23 : 57쪽). 나치의 인종적 교리에 대응하는 프로이트는 인종에 인용부호를 사용함으로써 스스로를 "인종"이라는 개념에서 첨예하게 거리를 둔다. 그러나 이상한 것은 프로이트가 (인종과 인종적 개념들에 대해 다른 곳에서도 많이 얘기했고 그것들이 모두 부정적인 것만은 아니지만) 여기서는 인종의 개념에 대해 어떤 직접적인

감사한다. 또 그것을 사용하도록 편의를 봐준 드래간 쿠준직(Dragan Kujundzic)에게도 감사드린다.

방식으로도 개입하지 않는다는 점이다.[8] 대신 그는 그의 책 제목을 통해서(사무엘 베버가 최근 제안했듯 "인간 모세와 일신론적 종교"가 더 나은 번역이다) 자신이 **종교**에 대해 발언할 것임을 확인한다. 유대인들이 유례없는 정도로 인종화되고 있는 상황에서 프로이트는 종교의 영역을 통해 대응한다.

나는 데리다의 수사적 제스처를 강조하기 위해 프로이트의 수사적 제스처를 강조하고 있는 것이다. 나는 데리다가—분명 그의 논의는 여기서 대응으로서 도입된다—매우 다른 종교전쟁, 어떤 특별한 "전쟁선언", 즉 그가 강조해서 대응하지 않는 것, 그의 입장에서는 "종교"로 대응하지 않는 바로 그것에 주의를 기울인다. 이 복합적인 몸짓에서 중요한 것은 내 생각에 유대주의(표면상, 그리고 프로이트주의의 맥락에서는 지배적으로 하나의 "종교")에 관한, 유대주의의 과학이든, 유대주의적 과학 혹은 아마도 특히 유대적 정치과학이든 과학적 · 학문적 담론의 가능성 그 자체이다.[9] 중요한 것은 팔레스타인을 향한 현재의 전

8) 샌더 길만은 프로이트에게 종교적인 것보다는 실은 "유대인의 개념이 더 심오한 차원을 갖는다"고 주장함으로써 이 특별한 순간에 내재한 수수께끼를 확인해 준다 : "유대인이라는 것은 한 인종의 한 구성원이라는 것을 의미했다." *Freud, Race, and Gender* (Princeton : Princeton University Press, 1993), 6쪽. 에드워드 사이드는 프로이트가 유대인은 인종이 아니라고, "그들은 외국인종의 아시아인이 아니"라고 주장한 것을 지적함으로써 전환(프로이트가 아무리 유예된 것이라 해도 그의 "인종"을 불러내는 방식으로는 불확실한 것), 즉 일종의 종교로의 회전 혹은 회귀를 찾아낸다. 사이드의 주장에 의하면 프로이트는 민족적 사회주의를 두 개의 일신교적 종교에 대한 증오심으로 재구성해낸다. *Freud and the Non-European* (London : Verso, 2003), 39쪽 참조.

9) 정신분석에 관한 데리다의 뛰어난 주장들 중 팔레스타인과 이스라엘에 관한(비록 이들을 독점했던 것만은 아니지만) 정치적 주장들이 얼마나 많은지, 또 그 주장들이 얼마나 많이 울려나오는지를 무시하기란 어렵다. 데리다는 이렇게 쓴다. "정신분석은 윤리적 · 법적 · 정치적 공리들을 사유하고 꿰뚫고 변화시키는 일을 아직 착수하지 않

쟁, 정신분석과 시오니즘이 구성한 형태와 독립선언들과 전쟁선언들이다. 데리다가 『고문서 열병』에서 자신이 따르는 길은 어쨌거나 유대 민족주의에 대한 명상 혹은 민족주의와 반유대주의에 대한 명상을 포함할 수밖에 없을 것이라고 제안하는 바로 그 순간 그는 이러한 문제제기들을 고무시킨다. 좀더 정확히 말해서 나는 데리다가 "우리는 오늘 명상해야 한다"고 쓸 때 그것은 프로이트의 민족주의와 반유대주의 두 가지 모두에 대한 비판에 기반해서 그렇다는 것이고, 데리다가 그 자신 명상을 중지하거나 지연하는 것처럼 보여도 『고문서 열병』 전체에서 적절히 모색하는 것이 바로 명상하기라는 점을 보여주려 노력할 것이다.[10] 이를 토대로 데리다의 텍스트에서 **시오니즘의** 악과 같은 어떤 것, 혹은 데리다가 다른 곳에서 표현한 대로 시오니즘 내부의 악, "내면의 악으로서 절대 우연이 아닌 악"[11]을 이론화하는 것을 발견하게 된다는 사실을 고려하는 것은 이중적 연관성을 갖는다.

았고 또 성공하지도 못했다. 주권의 신학적 환영이 흔들리고 가장 트라우마적인, 가령 여전히 혼동스러운 방식으로 우리 시대의 가장 중요한 사건들이 생산되고 있는 이 지진을 일으키는 장소들에서 더 그렇다." "Psychoanalysis Searches," 244쪽.

10) Derrida, *Archive Fever*, 13쪽. 추후 인용은 본문에 괄호 안에 표기함.

11) Derrida, "The Eyes of Language." Gil Anidjar 역, *Acts of Religion*. Gil Anidjar 편집 (New York : Routledge, 2002), 194쪽.

악의 고문서

역사가들은 최근에 역사상 첫 번째 유대 과학이었던 **유대주의의 과학**(Wissenshaft des Judentums : 19세기에 일어난 유대 문학과 문화, 특히 랍비 문학에 대한 비평적 분석에 기초해서 유대 전통의 기원을 과학적 방법으로 분석하는 것을 목적으로 한 운동-역주)의 출현을 정치적 시오니즘과 정신분석의 설립에 연결시켜 줄 여러 가지 적합성을 탐색하기 시작했다.[12] 『고문서 열병』이 출간되기 훨씬 이전에 데리다는 이미 유대주의의 "과학적" 정의에 관한 문제를 고집스럽게 물고 늘어졌고, 자신의 유대주의에 관한 글들을 "종교"라는 항목 하에 포섭하게 될 손쉬운 가정들을 비판적으로 예상했었다. 데리다에게 유대주의는 차라리 그 자신의 지위에 대한 반성을 표시한다. 유대주의가 종교인지, 아니면 뭔가 다른, 종교보다 더 뭔가가 있는 것인지를 데리다는 처음부터 효과적으로 질문했다. 데리다는 또 좀더 일찍이 유대주의가 문학, 철학, 신학인지를 물었고, 마지막으로 우리의 현재 관심사인 유대주의의 정치과학은 무

12) 가령 Daniel Boyarin, *Unheroic Conduct : The Rise of Heterosexuality and the Invention of the Jewish Man*(Berkeley : University of California Press, 1997) ; Susannah Heschel, *Abraham Geiger and the Jewish Jesus*(Chicago : University of Chicago Press, 1998) ; Heschel, "Revolt of the Colonized : Abraham Geiger's *Wissenshaft des Judentums* as a Challenge to Christian Hegemony in the Academy," *New German Critique* 77 (Spring/Summer 1999) : 61-86쪽 ; Mitchell B. Hart, *Social Science and the Politics of Modern Jewish Identity*(Stanford : Stanford University Press, 2000) 참조. 또 사이드의 정신분석과 시오니즘에 관한 폭넓은 논의 참조. 여기서 그는 이 둘의 잠재적 차이들을 강조한다. *Freud and the Non-European*.

엇인지를 묻는다. 또 유대민족 혹은 공동체는 어떤가? 유대주의와 민족주의는? 유대주의와 시오니즘은?

유대주의의 형상을 사용했던 아주 초기의 텍스트에서부터 데리다는 유대주의와 시오니즘, 공동체, 국가와 민족 그리고 영토성 사이의 연결성을 고찰해 왔다. 한 가지 예로 이미 『글쓰기와 차연』에서 데리다는 에드먼드 자베스(Edmond Jabés)가 (공동체로부터, 중심으로서의 공간과 영역의 개념으로부터) 거리두기와 분리, 책의 원주민성과 문자의 유목주의를 고집했던 점을 강조한다. 1년 후 쓴 텍스트에서 데리다는 엠마뉴엘 레비나스가 **장소**(lieu), 현장, 뿌리내리기의 철학을 저항했던 점을 사색하면서 하이데거의 철학에서 "좌상(坐像)의 만족적 컬트"를 읽는 레비나스적 제스처가 정당한지를 묻는다. 데리다는 하이데거의 철학에는 이런 컬트란 없고, "영토 혹은 지역성에 대한 열정적인 애착"이나 "지역주의 혹은 특수주의"도 없다고 한다. 반대로 하이데거의 "현장과 땅에 대한 호소"는 "땅에 대한 경험적 '민족주의'와 아무런 연관이 없으며, 땅에 대한 히부르적 노스탤지어와도 무관하며 **또 무관해야만 한다**. 이런 노스탤지어는 경험적 열정이 아니라 발화나 약속의 분출에 의해 **자극되어** 생겨난다."[13] 데리다는 자신이 『안녕』에서 가장 분명하게 재구성하게 될 유보조항들을 예시하면서 레비나스가 민족적으로 결정된 땅과의 관련성을 문제삼고 민족주의를 비판하려고 했다면 시오니즘 사상을 향해서도, 그리고 땅에 대해 시오니즘 사상이 맺고 있고 또 **맺어야 하는** 관계에 대해서도 마찬가지로 정당하게

13) Derrida, *Writing and Difference*. Alan Bass 역(Chicago : University of Chicago Press, 1976), 145쪽. 강조는 필자의 것.

관심을 두었어야 한다고 말한다.

진정 데리다는 『글쓰기와 차연』의 결론부분에서 이런 비판을 확장시키고 있다. 이 책에서 그는 자베스가 책으로 선회한 점을 재검토하면서 이를 "어떤 것에 대한 소유를 재전취하지 않고 기원을 재전유하지 않는" 회귀라고 설명한다. 대신 "책으로의 회귀는 책에 대한 포기이다."[14] 따라서 "유대문제"에 대한 데리다의 텍스트적 참여라고 부를 만한 작업은 유대주의의 내적·외적 차이들을 탐색한다. 이들 중 눈에 띄는 것은 물론 아브라함과 "함께 살기"에 관한 최근의 저작들뿐 아니라 「전쟁 중인 해석들」, 「고백」, 『고문서 열병』, 『안녕』이다. 이 글들에서 데리다는 언어의 문제와 함께 선거와 "종족" 차이에 관한 문제들을 다루면서 유대주의적·"종교적" 존재에 맞서 유대주의의 민족-종족 재규정 역사의 신호를 올린다. 나아가 데리다는 "유대민족"이라는 너무도 쉽게 받아들여진 개념을 문제삼고 있다. 데리다는 아직 들린 적 없는 호명, 아직 들리지 않은 "들으라! 오 이스라엘" 하고 부르고 그의 형제, 그의 민족이라 스스로 칭하는 사람들을 향해서 "들으라! 오 이슈마엘"이라고 부르는 놀랍고 몽상적이라 할 만한 연출을 통해서 "귀 기울여라!"고 말한다. "귀 기울여 내 말을 믿으라. 그대가 한 민족이라고 너무 쉽게 믿지 말라. 들으라고 말하는 사람들에게 아무 저항 없이 귀 기울이지 말라."[15]

14) 같은 글, 295쪽.

15) Derrida, *Monolingualism of the Other, or The Prosthesis of Origin*. Patrick Mensah 역 (Stanford : Stanford University Press, 1998), 34쪽. 『우정의 정치학』에서 데리다는 서구 정치사상사에 내재해 있는 "동료애"에 대한 호소에 담긴 성차적 차원을 탐색한다. *Politics of Friendship*. George Collins 역 (London : Verso, 1997). 시오니즘과 성차에 관

나는 유대주의와 시오니즘 사이의 연결에 관해서 민족, 국가, 종족(ethnos), 인종의 개념을 축으로 삼는 이 연결이 특이하고 심지어 역설적인 연결임을 미리 밝히려 한다. 적어도 이 연결이 우리를 어리둥절하도록 만드는 이중성, 긍정과 부정의 모순의 현장인 한 그렇다. 유대 정치과학을 위해 좀더 강하게 유대 민족주의와 유대민족의 민족적 열망을 담은, 이제는 헤게모니를 점유한 이름으로서—그 현대적 이해를 구성하고 정당성을 부여하는 일에 기여한 개념인—시오니즘은 유대주의와의 연관성을 인정한다. 이 연관성은 유대인 존재의 본질적인(비록 오랜 기간 실현화되진 않았지만) 성격, 혹은 심지어 결론마저 대체하는 그 논리적 진화 어느 한쪽으로 추인된다.[16] 시오니즘은 유대주의의 종말이기도 해서 "새로운 유대인" 혹은 벤야민 베이트 할라미(Benjamin Beit Hallahmi)가 더 예리하게 "반유대인"이라고 불렀던, 유대인보다 더 유대적이면서 덜 유대적인(귀양살이를 했던 "옛 유대인"과 대조해서 "신유대인"), 혹은 더 이상 유대적이지 않은 사람을 낳는다.[17] 부차성의

한 문제는 많은 책들 중에서 Joseph Massad, "The 'Post-Colonial' Colony : Time, Space, and Bodies in Palestine/Israel." *The Pre-Occupation of Postcolonial Studies*. Fawzia Afzal-Khan and Kalpana Seshadri-Crooks 편집(Durham : Duke University Press, 2000), 311-346쪽과 Boyarin, *Unheroic Conduct* 참조.

16) 유대 (사회)과학의 발전과 유대민족, 나아가 유대인종(19세기의 널리 알려지고 수용되고 확인된 용어를 따른)의 존재에 대한 시오니즘의 영향력 사이의 친화성에 관한 논의는 하트의 *Social Science*를 참조할 것. 하트는 "유대적 통계의 깃발 아래 수만 가지 유대인 집단들을 결합시킬 능력"에 대해 강조한다. 이 능력은 차례로 "시오니즘이 유대 민중(Volk)을 민족적 갱생의 깃발 아래로 통일할 수 있는 능력"을 제시한다. "이 '통일화'는 우선(아마도 오직 단 한번 일어났을 터인데) 개념 혹은 상상계적 수준에서 일어났다. 유대인의 사회과학적 내러티브는 유대성을 민중과 민족을 역사적 유대뿐 아니라 유전적 유대로 묶음으로써 디아스포라의 특징인 지리학적 문화적 분열을 초월해서 재현적 수준에서 결합시킨다"(55쪽).

논리에 따르면 시오니즘은 유대주의에 첨가하는 동시에 유대주의를 대체한다. 시오니즘이 귀양의 종말을 요구한다는 점에서("귀양의 부정"이라는 시오니즘의 개념),[18] 그리고 레비나스가 묘사한 "디아스포라의 사실을 피하거나 부정하는"[19] 방식을 구현한다는 점에서 시오니즘은 유대주의와 매우 부정적으로, 심지어 파괴적으로 만난다. 이 만남은 유대인과 이스라엘 국가를 반복해서 등식화하면서 그들을 대표한다고 주장하면서 동시에 대체하는 논쟁적 수사학을 통해서 가장 강력하게 내세워진다(스스로 유대인 민족의 국가로 부르는 국가). 위협적인 울림이 전혀 없다고는 할 수 없는 방식으로 시오니즘은 스스로 그들을 뒤따른다. 이러한 복합적인 등식들은 통상 시오니즘 담론 내에서(이스라엘과 그 밖의 장소에서) 만들어지지만, 반대로 시오니즘의 이상형태를 드러내 놓고 지지하는 많은 유대인 조직, 공동체, 혹은 개인들에 대항하는 시오니즘의 적들에 의해 사용될 때는 상당한 불안감의 원천이 되기도 한다.

17) Massad, 37쪽 인용. Heschel이 유럽에서 시오니스트적 봉기가 어떻게 "서구를 향한 것이 아니라 유대주의를 향한 것으로 나타났는지"에 대해 설명하는 것을 참조. "Revolt of the Colonized," 69쪽. 나디아 아부 엘-하지(Nadia Abu El-Haj)는 또 "시오니즘이 유대인 디아스포라와 신히브리인을 구별하려고 한" 방식을 기술한다. 신히브리인/이스라엘 사람은 종교적/전통적인 것과 대립해서 세속적/현대적으로 상상되며, 수동성에 대립해서 능동적이고, 노동자로서 땅과 무관한 것에 대립해서 땅에 연결되며, 가장 근본적으로는 디아스포라적 인간이다. *Facts on the Ground : Archaeological Practice and Territorial Self-Fashioning in Israeli Society*(Chicago : University of Chicago PRess, 2001), 16쪽.

18) Amnon Raz-Krakotzkin, "Exile within Sovereignty : Toward a Critique of the 'Negation of Exile' in Israeli Culture" [히브리어로 쓰임]. *Theory and Criticism* 4(1993) : 23-56쪽.

19) Derrida, *Adieu to Emmanuel Levinas*. Pascale Anne-Brault and Michael Naas 역(Stanford : Stanford University Press, 1999), 151쪽, 주 129번.

시오니즘이 모든 유대인을 대표한다는 주장, 모든 유대인들은 시오니스트이고 시오니스트여야 한다는 주장은 시오니즘에 대한 대항과 저항의 담론에서 절합되면 은밀한 반유대주의와 다를 바 없다고 한다.[20] 이 진술에는 논쟁 자체보다 더 진실이 담겨 있을지 모른다. 왜냐하면 유대인과 시오니즘을 혼합하는 것이 반유대주의라고 한다면, 시오니즘의 반유대주의를 지금 문제삼는 것은 아주 시기적절하기 때문이다. 시오니즘은 "유대국가"의 국경을 훨씬 더 넘어서는 것으로 "신반유대주의"를 걱정한다는 명목 하에 검열 메커니즘을 가동시키고 정확히 이 둘 사이의 혼합을 기초로 작동되고 있다. 조셉 마사드(Joseph Massad)가 확신을 갖고 주장하는 것처럼 "유대민족을 유대국가로 혼합/붕괴시키는 것은 시오니즘의 계획에 따라 유대민족을 유대국가라고 불리는 시오니즘의 제한된 시공간의 범위 외에는 존재하지 않는 것으로 만들려는 시도이다."[21] 진정 유대국가 밖에서 존재하는 유대인을 위한 "해결책"을 찾으려는 근본적인 주장을 펼 때 시오니즘은 "귀양 유대주의"를 비정상, 병리적, 혹은 좀더 음울한 전조를 띠며 취약하고 임시적이며 궁극적으로는 위험에 처한 것으로 오랜 동안 고려해 왔다. 강력한 시오니스트이자 시오니즘의 역사서술학 분야에서 최고 인물인 거숌 숄럼(Gershom Scholem)이 "디아스포라의 유대주의는 임상적 죽음의 상태에 있다"[22]고 선언한 것에 대해 반시오니스트인 로

20) "반유대주의자"라는 딱지가 현재 동원되어지고 있는 방식에 대한 논의는 *The Politics of Anti-Semitism*. Alexander Cockburn and Jeffrey St. Clair 편집(Edinburgh : AK Press, 2003) 참조.

21) Massad, 335쪽.

22) Derrida, "The Eyes of Language," 193쪽 인용. 좀더 최근에는 이스라엘의 저명한 작

젠바이그가 제2차 세계대전 이전의 부정적인 견해들과 위협적인 소망들을 영구화한다고 비난했던 것을 다시 이스라엘 학자 스테판 모세(Stéphane Mosès)가 회상할 때 이런 시각이 가장 잘 드러난다. 이런 진술들은 불안정해 보이기는 해도 아주 유사한 맥락에서 데리다가 예리하게 제기한 질문, 즉 "반유대주의는 무엇과 양립불가능한가"로 우리의 주의를 돌린다.[23]

앞서 말했듯이 유대주의와 시오니즘의 연결성에 관한 검토는 데리다의 초기 저작에서 이미 시작된다. 그렇다고 데리다가 특정한 의견이나 정치적이든 아니든 어떤 프로그램을 표명하거나 인증한다는 의미는 아니다. 그보다 데리다는 유대주의를 선택 여부와 무관하게 인정할 만한 종교, 혹은 정치적 공동체, 혹은 한정된 통일성으로 접근하는 조건들을 문제삼는다.[24] 첫째, 앞서 논의한 대로 공동체와 영토 사이의 연결을 꼼꼼하게 검토한다. 자베스의 저서들을 예로 들면서 데리다는 자베스가 자유와 지상에서의 자유의 현장, (실제) 현장과 (이념적)

가이자 대중적 지식인 중 한 사람인 A. B. 예호슈아(Yehoshua)는 디아스포라적 존재에 관한 이런 시각을 "신경증적"이라고 정의한 바 있다. 데리다는 최근 "'일이 잘 풀리지 않는다'라고 말하는 사람은 이미 보수하고, 치료하고, 회복하거나 구원하려는 관심을 표명한 것이다. 구하는 일, 구원을 확신하는 것이 필요하다 … 이 건전하고 위생적이며 면역적인 관심은 동시에 전쟁의 제스처에 대한 기폭제가 되기도 한다. 호적적인 사람은 떠들썩거리며, 정확히 말하면 저항하면서 치료하거나 구하려고 한다." "Psychoanalysis Searches," 243쪽. 시오니즘의 질병에 대한 진단을 재생시키려는 시도를 할 때 이런 태도는 확실히 이 논문에 노정된 위험이기도 하다.

23) Derrida, "Interpretations at War." Moshe Ron 역, *Acts of Religion*, 166쪽.

24) 캐서린 맬라부(Catheline Malabou)는 데리다가 저항한 가장 반복적으로 등장하는 모티브 중 하나가 선거라고 설득력 있게 주장한다. "La compulstion de révélation." *Judéités : Questions pour Jacques Derrida*. Joseph Cohen and Raphael Zagury-Orly 편집(Paris : Galilée, 2003), 208-217쪽.

현장 사이, 마지막으로 유대주의와 민족주의 사이에서 추적한 분리를 검토한다. 데리다는 (이념적) 현장에 대한 "컬트가 반드시 이교도적일 필요는 없다"고 설명한다. 이 현장은 장소도 "정해진 구획"도 아니고 "배제의 장소도, 지역 혹은 게토도" 아니다.

또 다른 위상학적 구별의 신호를 보내면서 데리다는 고문서와 기억 사이의 분리에 대해 이렇게 말한다 : "유대인이든 시인이든 이 현장을 선포할 때 그는 전쟁선포를 하는 것이 아니다. 이 장소, 이 땅은 우리를 기억 너머로 불러내기 때문에 언제나 그 밖의 다른 곳이다. 이 장소는 경험적이고 민족적인 영토로서의 이곳이 아니라 초기억적이며, 따라서 다가올 미래(un avenir)이다. 더 나아가 이 장소는 모험으로서의 전통이다."[25] 이 구절을 꼼꼼히 읽을 필요가 있다. 왜냐하면 이 구절은 전쟁선포를 구성하는 선언들이 있다고 암시하기 때문이다. 유대인들이 전쟁을 선포할 수 있는가의(그들은 할 수 있고 했었다) 여부는 그들이 장소와 현장과의 접촉, 땅과의 접촉에 달려 있을 것이다. 땅에 대한 요구를 내세우는 것(현장의, 현장에 대한 선언)은 전쟁선포로서의 땅의 선험적 부름에 맥락을 제공하며 재의미화할지 모른다. 하지만 땅의 부름을 받아들이는 자로서 유대인(그리고 "우리들")을 구성하는 부름은 분명 민족적인 부름이 아니므로 전쟁선포를 정당화할 수 없고 정당화해서도 안 된다. 부름은 어떤 민족이나 국가에 향하는 것이 아니며, 민족이나 국가를 구성하려고 하지도 않고 다만 우리에게 그러한 민족적 부름들의 역사성을 상기시켜 준다.[26] 데리다와 아비탈 로넬(Avital Ro-

25) Derrida, *Writing and Difference*, 66쪽.
26) 이미 언급했듯이 그의 공동체를 구성할 만한 구성원을 향해 말할 때 데리다는 그들

nell)이 카프카의 아브라함에 대해 이론화한 논리를 따르면 이 부름은 이미 존재하는 것을 확인해 주는 것이 아니라 부름의 바로 그 순간 구성되면서 동시에 탈구성되는, 부름을 받은 이를 심문하게 된다.[27] 데리다는 사르트르의 작품에서 진정성의 수사학을 재검토하고 "유대인성"에 대한 정체성주의의 주장을 탐색하면서 부름의 논리를 구사한다.[28] 그러나 여기에 환타지는 없고, 독립선언을 통해 그 자신의 전존재를 확인하는 "우리 민족"의 수행도 없다. 부름은 신성한 원천들이 그 유효성을 입증해 주는 민족적 실체로부터 등장하지 않으며, 존재의 귀양적 혹은 종교적 양식을 찬양하려고 하지도 않는다.[29] 여기서는 진정 존재가 중요하지 않다. 앞으로 다가올 것에 대해 말하는 것은 프로그램화된 의제의 근거가 되는 물적 존재 혹은 존재론적 기반을 전혀 제공하지 않는다. 반복성이 탈맥락적 표지의 필연적 가능성을 의미하듯이 현장의 선언은 유대인과 땅 사이, 기억과 영토 사이, 땅과 그 땅을 (현재) 점유하는 사람 사이의 필연적인 불연속, 시간적 거리뿐 아니라 환원 불가능한 공간적 거리, "기억 너머"와 "언제나 그 밖의 다른 곳"을 낳게 된다.

을 깨우고 그들을 불러서 그들이 듣도록(듣지 않도록) 말하고, 그들을 민족이라고 부르는 사람들을 믿지 말라고 말하는 그 불가능의 꿈을 꿀 것이다 : "저리로 네 갈 길을 이제 떠나라. 들으라, 날 믿으라, 그대가 민족임을 쉽게 믿지 말고 그들에게 '들으라'고 말하는 사람들에게 아무 저항 없이 듣는 것을 그만두어라." *Monolingualism of the Other*, 34쪽.

27) Avital Ronell, *Stupidity*(Urbana : University of Illinois Press, 2002) ; Derrida, "Abraham, l'autre." *Judéités*, 11–42쪽.

28) Derrida, "Abraham, l'autre" 참조.

29) 전쟁선포로서의 독립선언에 대해서 Derrida, "Declarations of Independence." Thomas Keenan and Thomas Pepper 역, *New Political Science* 15(Summer 1986), 7–15쪽.

우리는 소속되기 이전에 그의 거처(chez soi)에 거주하는 현재적 주인을 자격 박탈시킬 환대의 사유, 주인의 정체가 바로 식민자라고 인식하는 환대의 사유에 결코 근접한 적이 없다. 이것이 데리다가 추후 이론화할 "환대의 준엄한 법칙"이다. 이로부터 배울 것이 많다. 이 법은 "손님을 받는 자(주인), 초대받은 자 혹은 접대를 받는 자(손님), 그 장소의 소유주로 자처하는 환대하는 손님은 진실로 자신의 집에서 환대받는 손님이다. 그는 자신의 집안에서 자신이 제공하는 환대를 받는다. 그는 자신의 집**으로부터** 환영받는 것이다. 하지만 종국에는 그 집은 그에게 속하지 않는다"라고 진술한다.[30] 손님을 받는 자는 따라서 집이 자신의 것이라고 주장하는 일을 고려하고 행하는 사람이며, 환대를 받는 자는 바로 자기 자신이다. 데리다는 계속해서 그는 "자신의 집, 혹은 진정 자신의 땅이라고 그가 간주하는 곳에서 환대를 받고 있다"고 말한다.[31] 우리는 진정 예루살렘에 결코 가까이 간 적이 없었을지 모른다.

실제로 시오니즘에 대한 직접적인 심문의 실타래를 따라가 볼 수도 있다. 이는 담대함이 다소 떨어지는 레비나스에 동참하면서도

30) Derrida, *Adieu*, 41쪽. 영토적 주장으로서의 일체의 토착민주의에 대한 비판이 여기서 분명히 나타나지만 이런 비판이 확실히 오늘날 차지하는 위치만큼 권력의 장을 평정하지 않는다. 데리다가 「함께 살기」라는 제목의 강연에서 설명하기를, 영토에 대한 주장에 담긴 책임성은 무엇보다 그 주장을 할 만한 권력을 가진 국가와 관련된다. 다시 말해 데리다는 이스라엘 국가의 책임성에 대해 명백히 말하고 있는 것이다.

31) 같은 글, 42쪽. 데리다는 이후 "예루살렘의 손님들과 인질들은 누구인가?" 하고 날카롭게 묻는다(105쪽). Derrida and Anne Dufourmantelle. *Of Hospitality*(Stanford : Stanford University Press, 2000)과 데리다의 "Hostipitality." Gil Anidjar 역. *Acts of Religion*, 358-420쪽 참조.

"단순한 정치로서의 단지 '하나 더한 민족주의 혹은 특수주의' 인 시오니즘에 대해 우리에게 경고하는" 반복적인 제스처이다.[32] 데리다의 심문은 유대주의와 시오니즘 사이의 구별 혹은—레비나스와 동의하면서도 대립적으로—다른 "시오니즘들" 사이의 구별들을 탐색하고 나아가 그 사이를 벌어지게 한다. 『고문서 열병』을 그저 훑어만 봐도 "시오니즘 열병"의 문제가 드러난다. 이 구별들을 제쳐놓아도 이 점은 분명히 드러나긴 하지만 데리다는 고문서가 본질적으로 장소와 관계한다고 설명한다. 가령 「전쟁 중인 해석들」에서 국가와 민족의 일반적 형상들 아래에 놓인 유대국가에 관한 지속적이고 거의 포장되지 않은 비판들과 "이스라엘에서 '정치적 개입'"을 참을성 없이 기다리던 것과 관련된 몇몇 사례들, 그리고 1990년대의 소위 "평화의 과정"에 관한 자신의 의심들에 대한 데리다의 다소 노골적인 정치적 진술들을 고려해 보자.[33]

고문서는 기억과 구별되어야 한다. 고문서는 기억이 실패하는 바로 그 현장에서 일어나고 벌어지기 때문이다. 고문서는 "결코 기억이나 자발적이고 생생하며 내적인 경험으로서의 회상이 될 수 없다. 반대로 고문서는 발언된 기억의 본래적이며 구조적인 붕괴의 장소로 일어난다"(11쪽). 고문서의 생산은 언제나 이미 반복이며 재생산으로서 기억의 장소로 불릴 수 있는 것을 정확히 기억이 존재하지 않는, 더 이상 존재하지 않거나 과거에도 이미 존재하지 않았던 바로 그곳에 구성하게 된다 : 이것이 왜 영토를 주장하지 않거나 장소를 강탈하면

32) Derrida, *Adieu*, 113쪽.
33) 같은 책, 81쪽.

서 동시에 외연화된 기념비, 공화국(res publica), 혹은 기억의 실패로서의 국가를 파괴하는 선언이나 포고를 하지 않고는 고문서가 존재하지 않는 이유이다 : "위탁장소 없이, 반복의 기교 없이, 일정한 외연화 없이 고문서란 존재하지 않는다. 외부 없는 고문서란 없다"(같은 글). 이 외부란 또한, 그리고—이 말을 여기서 사용할 수 있다면—구성적으로 선험과 망각, 고문서 덩어리를 기념비의 중심으로 들여오는 "파괴에 노출되어 있는 것이다"(12쪽). 기억의 기념비화 과정에서 유대인들은 자신을 고문서의 "기판"(substrate)으로 제공하며, 이것이 할례이다. 그렇다면 우리는 나아가 유대인, 유대민족과 기억/혹은 고문서화하려는 충동, 시오니즘을 유대인의 기억의 장소로 향하는 자기선언적 "귀환"으로서 진행하고 활기를 불어넣는 반복의 의미 등에 관해 질문함으로써 국가가 구성하는 고문서를 문제삼아야 할지 모른다. 『고문서 열병』에서 이런 질문들이 떠오르는 바로 그 순간에 데리다는 예리하고 적절하게 프로이트의 "반유대주의와 민족주의에 대한 흥미로운 비판"을 떠올린다. 데리다는 이 비판에 대해 "우리는 명상해야 한다." 그러나 "여기서 [그 일을] 시작할 수는 없다"고 말한다(13쪽). 나는 이 불가능성에도 불구하고 데리다가 그 일을 시작했다고 제안하고 싶다.

유대 역사

공적으로 변한 사적인 가정이라는 장소, 유대민족의 고향은 아니라고 해도 어쨌든 유대인의 가정에서 발언된 데리다의 강의는 기입을 읽어내야만 하는 구조를 구축하고 복제하는 기억의 장소—고문서—에 주목한다. 이 기입은 "원본은 히브리어로 시작하지만 여러 언어로 … 접근이 가능한" 것이며(20쪽), 그 자체로 성문서는 아니라고 해도 성문서("어떤 의미에서 기판은 성경 그 자체, '책 중의 책'이다"라고 데리다는 말한다. 21쪽)에 씌어진 것이며, 고문서처럼 고고학적 무의식을 불러내면서 우리를 기억과 파괴의 층위들로 노출시키기 때문에 반드시 읽어야만 하는 것이다.[34] 또한 "이런 경우 독서행위는 기판에 대한, 혹은 표면 밑, 낡거나 새로운 피부, 책 혹은 음경의 초기억적이고 기억적인 피하지방들에 대한 지질학적 · 고고학적 발굴작업을 요구하며—바로 첫 문장이 적어도 형상으로나마 아버지의 포경수술을 회상시키기"기 때문에 읽어야만 한다(22쪽). 나는 여기서 데리다의 해설에 개입하고 싶다. 왜냐하면 포경에 관한 성경 텍스트를 노골적으로 회상하기 훨씬 이전에("네 생애의 첫 해 며칠 중 일곱 번째 날") 여기서 언급된 포경수술한 "아버지"는 독자로 하여금 데리다가 정당하게 주장하듯 "정신분석의 아버지"만이 아니라 아브라함이나 모세를 떠올리게 할 수 있기 때문이다. 포경수술, 그리고 약속(covenant)의 불가능성—정확히 아버지, 아들, 형제들의 공동체의 불가능성—을 절합하는 방식에 대한 데리다의 확장된 명상이 아니더라도 우리는 여기서 독서행위가 어떤 고문서—국가로 귀결되지는 않을 고문서—로 우리를 안내한다는 점을 주목해야 한다.[35] 이 모든 것에도 불구하고 읽어야만 할 고문서는

34) 시오니즘의 고고학적 투자와 이스라엘 국가의 이 "과학적" 담론의 전용에 대한 엄정한 독해로는 Abu El-Haj, *Facts on the Ground*와 Said, *Freud and the Non-European*, 45ff. 참조.

일련의 기억, 기념비, 폐허, 기입들을 환기하면서 증식하며, 이들은 오직 고고학적 작업을 통한 사라짐과 파괴를 통해서만 분명해진다. 반복과 회귀를 통해 구성되는 이런 작업은 매우 파괴적이며 단순히 복구하는 것만은 아니라는 사실에 대해서는 더 길게 설명할 필요는 없다. 여기서도 역시 우리는 사유가 예루살렘에 아주 근접한 수많은 삶들과 함께 바로 지금 오늘 구성되고 재구성되고, 구조화되고 정착되며 형상화되고 형상이 일그러지고 파괴된, 그다지 조용하지 못한 풍경은 말할 것도 없고 "역사적 지식", "역사서술"과 "연구"의 "고요한 풍경을 흐트러뜨리기"에 충분하다는 사실을 보장받게 된다(28쪽). 우리는 성경의 아버지들과 기입들로부터 사적이든 공적이든 유대인(민족적) 집안으로, 부족공동체로부터 민족과 근대적 민족국가로, 신화적 땅으로부터 기억의 장소와 종교적 전통의 구성과 기념비화로 넘어가는 통로를 가능하게(혹은 가능하지 않게) 만드는 일련의 단계들을 너무 쉽게 다루거나 혹은 너무 빨리 지나쳐 버려서는 안 된다.

과학과 고문서, 기억과 유대주의, 고고학과 국가를 이어주는 연결고리와 단절들에 대한 데리다의 독서는 섬세하고 신중할 뿐만 아니라 학문적·과학적 태도를 민족적·정치적인 것으로 노골적으로 번역하는 일을 중지시킨다. 이 연결고리와 단절들은 프로이트와 그의 뒤를 잇는 유대인 역사가 요세프 하임 여루샬미(Yosef Hayim Yerushalmi)가 한 영역에서 다른 영역으로 용어들을 바꾸는 방식을 따라가서 문제삼

35) *Postcard*와 *Glas*에서 시작해서 *Shibboleth : For Paul Celan*을 통과해서 "Circumfession"과 *Archive Fever*에 이르기까지 데리다의 포경에 관한 명상은 공동체의 문제 이상을 다룬다. 따라서 내가 여기서 제공하는 것 이상의 인내심을 요구하는 해설이 필요하다.

도록 해준다. 데리다는 프로이트가 이스라엘의 땅 문제와 관련되어 한 것과 마찬가지로 유대민족에 관해서 "같은 언어로 말하"고 여루살미처럼 심리적인 것에서 민족적인 것으로, 구조에서 정치로, 유대주의와 정신분석에서 시오니즘으로 넘어간다고 제시한다. 이러한 번역과 전치가 문제적이지 않다면 별것 아니지만 이것들은 고문서와 여기서 검토되는 모든 영토들을 괴롭히는 고문서 열병을 알리는 신호를 보낸다. 이 영역들 전체를 통틀어 "학자는 어느 정도 아버지의 몸짓을 반복한다"(38쪽). 그리고 우리가 예상하듯—비록 햄릿과 모세 때문이기는 하지만—정치가도 마찬가지이다. 이러한 반복들에는 뭔가가 있어서 "고문서의 개념에 작용하며 이 개념을 종교, 역사, 과학 그 자체처럼 약속의 가장 고유한 경험으로 결부시킨다"(36쪽).

만일 고문서가 본질적으로 장소와 관련된다면, 그 질문이 예루살렘 안에, 예루살렘을 위해서 공명한다면 그것은 바로 "고문서의 질문— 무엇이 먼저 시작되었나? (혹은 이보다 나은 질문으로는) 누가 맨 처음 왔나? 그리고 그 다음에 온 자는?—이 여전히 남아 있기" 때문이다(37쪽). 노골적으로든 아니든 우리는 예루살렘에 결코 근접해 갔던 적은 없다. 진정 "이 상황에서 고문서에 일어난 일은 무엇인가?" 그날, "그리고 스스로 순수과학으로 제시하는 과학이 바로 그 이름으로 스스로를 고유 이름, 부자지간, 집, 특히 프로이트의 집의 역사뿐 아니라 이름, 민족의 법, 국가와 종교의 법에 내재적으로 구속시키는 그 순간 무슨 일이 일어났는가?"(45쪽). 다시 말해서 정신분석이 시오니즘이 될 때 무슨 일이 일어나는가? 과학이, 정치학이 "포경과 같은 것에 의존"할 수 있을까?(46쪽). 다시 한 번 데리다는 이 맥락에서 시오니즘을 명백히 거론하지는 않지만 반유대주의와 그에 대한 프로이트의 대처, 즉 유대인이 국가들 사이에서 스스로를 발견해 온 사회적·정치적 곤궁에 대해 프로이트 자신이 제공하는 설명에 대한 문제를 다룬다.[36] 여기서 중요한 것은 따라서 "스스로 순수과학으로 제시하는 과학이 바로 그 이름으로 스스로를 고유 이름, 부자지간, 집, … 이름, 민족의 법, 국가와 종교의 법에 내재적으로 구속시키는"(45쪽) 담론뿐이다. 이스라엘—다른 표현으로는 "이스라엘의 기억"(64쪽)—은 언급되었고, 데리다가 『안녕』에서 그랬듯이 우리가 "이스라엘은 근대 국가, 즉 이스라엘이라는 이름을 취하고 있으며 스스로에게 스스로를 위해서 그 이름을 택한 그 국가를 우선적으로 일컫는 것은 아니"라는 사실을 기억하게 된다 하더라도[37] 『고문서 열병』이 시오니즘에 대해서, 그리고 "유대주의는 아니더라도 유대성의 본질"(47쪽)을 결정할 바로 그 가능성을 가진 헤게모니 장소에 대해 말을 걸고 그것에 대해 말을 한다는 것은 분명하다.

여루살미의 말을 다시 바꾸어 표현하는 데리다는 과학적이든 학문적이든 유대주의의 공포스러운 정치를 명확히 드러낸다. 이 유대주의는 스스로 역사의(혹은 신성한) 부름을 유일하게 받는 자로 자처하고, 신성한 기억의 특권적 장소로 스스로 위치지우며, "비범한 귀속 : 기억의 명령이 이스라엘에, 그리고 이스라엘에만 내려졌다"(75쪽)는

36) "반유대주의의 발생을 설명하기 위해서, 즉 프로이트가 말하길 스스로를 신이 가장 아끼는 장남으로 제시한 민족에 대한 질투심을 설명하기 위해서 프로이트는 그의 『모세』에서 유대인들의 포경화된 고립, 자신을 세상으로부터 잘라낸 고립, 포경에 의한 배제가 주는 고독감을 환기시킨다. 프로이트에 의하면 포경은 언제나 공포에 가득한 거세를 상기시킨다." Derrida, *Archive Fever*, 46쪽.

37) Derrida, *Adieu*, 66쪽.

유일무이한 수혜자로 스스로 긍정하는 것이다. 이 모든 것이 낯이 익다면 아마도 낯이 익기 때문이리라. "유대인적인 어떤 것, **고유하고 배타적으로 오직 유대인**적인 어떤 것으로서의 과거"(같은 글)를 판결하는 역사가는 정치가가 아니면서도 신학적-정치적 특권을 추인한다(즉 이 특권을 자신과 자신이 선포하는 공동체에게 부여한다). 이는 마치 "신이 하나의 **단일한 민족**과 하나의 **전체 민족**의 기억에 유일한 하나를, 미래에 미래를 기억하는 것을 기억하라고 기입한 것처럼, 그리고 마치 이 문장에서 '민족'이라는 이 말이 이 고문서적 명령의 유례없는 고유성으로부터 오직 개념화될 수 있는 것과 같다. 여기에 내가 발굴의 귀속성이라고 부르는 것이 있다. 이 주제에 관해서 나는 수많은 중차대한 문제들을 남겨둘 것이다. 이 질문들 중 몇몇은 윤리적이거나 정치적인 차원을 띠겠지만 이런 차원들이 유일한 것은 아니라도 그 자체로 분명 위급한 것이다"(76쪽). 그러나 역사가는 혼자가 아니며, 위급성은 자라난다. 나는 지금껏 데리다가 이 문제에 대해서 마치 따로 남겨두고 있는 척하면서 윤리적이고 정치적인 중차대한 문제들을 제기하지 않은 것은 아니었다고 주장해 왔다. 데리다는 이렇게 쓴다. "우리는 **고문서를 끊임없이 희구한다**. 고문서들이 필요하다 … . 이 열병은 결코 쉴 줄 모른다. 우리는 끊임없이 손가락 사이로 빠져나가는 바로 그곳에서 고문서를 찾고 있다." "고문서에 대한 강박적이고 반복적이며 노스탤지어적인 욕망, 근원으로 회귀하려는 억누를 수 없는 욕망, 절대적 출발점의 가장 의고적 장소로 돌아가려는 향수병, 노스탤지어"가 있다(91쪽). 그리하여 "고문서가 다양한 장소들에 보관해 두면서도 잃어버리는 그것의 생생한 기원으로 돌아가려는 시도들"을 이 열병이 생산해내는 "고고학적 초과입찰"이 생겨난다. "지금까지 주목해 온 바, 고문서와 고고학 사이에는 끊이지 않은 긴장이 있다"(92쪽). 고고학적 초과입찰은 또한 "현실로의 복귀, 여기서 직접적인 지각의 토대가 갖는 근원적 유효성으로의 귀환, 좀더 심오하고 안전한 토대"를 주장한다(94쪽). 이러한 주장은 "충격적이고 환각적인 형태를 띠며" 고문서 자체를 위험에 처하게 한다. "법의 법칙론적 첫 **원칙**(arkhe), 입법, 지불장소, 혈연관계의 법 … 형제들의 평등과 자유"와 관련되며, "민주주의의 일정한, 그러나 활발한 개념"과도 관계한다(95쪽). 이 고문서 열병은 내포적이긴 해도 불확실하지는 않은 "시오니즘 열병"이라 부를 만한 신호들을 담고 있다.

이 시오니즘 열병이 유대주의에 영향을 주었다면(프란츠 로젠바이그가 생각한 대로 시오니즘이 "메시아주의의 세속적 형태", 유대주의의 세속적 형태라면) 그것은 아마도 무엇보다 시오니즘이 유대주의를 그 종교적 선례로 구성하거나 단순히 재구성했기 때문일 것이다.[38] 종교적/세속적 구분에 대해 현대 이스라엘에서 계속되고 있는 다소 무의미한 논쟁들은 주목할 만한 가치가 있다. 이는 시오니즘, 소위 종교적 시오니즘에서조차 작동하는 "세속화"를 희미하게나마 드러내 준다. 레비나스는—이 문제에 관한 한 **유대주의 과학**과 아주 밀접하게도—그것의 본질에 대한 신학론적-정치적 구별을 인정하면서 성서적인 것과 탈무드적인 서약을 벗어나려고 시도한다. 역설적으로 레비나스는 또한 "유대주의는 오직 종교라고 선언함으로써 서약은 유대인들에게 유대

38) Derrida, "The Eyes of Language," 193쪽에 인용. "종교"로서의 유대주의의 발명에 대해서는 Heschel, *Abraham Geiger* ; Raz-Krakotzkin, *The Censor, the Editor and the Text : Catholic Censorship and Hebrew Literature in the Sixteenth Century*(발간예정) 참조.

인 민족주의보다 더한, 그보다 덜하지 않은 것을 요구한다"고 주장하면서 이 구분을 추인하기도 한다.[39] 여기서, 그리고 그 외 다른 지면에서 "종교"라는 용어를 그가 사용할 때 레비나스가 무엇을 의미하는가라는 복잡한 문제는 제쳐두고 하나의 공공연히 주장된 영역에서 다른 영역으로, 즉 종교적이고 전통적인 영역에서 말하자면 정치로 넘어가는 일체의 주장에 대해서 데리다가 확장시키는 뚜렷한 몸짓을 우리는 주목해야 한다. 이러한 전치와 세속화는 숄렘과 같은 열혈 시오니스트가 보기에는 불가능하다. 소위 근대 히브리어의 발명가들이 그 언어 안에 봉인된 심연을 감출 수가 없었듯이 "세속화의 맹목적 마술가들"은 "이 심연이 언어 이상으로 지배당하고, 길들여지거나 도구화되고 세속화되도록 그냥 기다리지 않는다"는 사실을 인식하지 못했다.[40]

시오니즘과 유대주의 사이에 일어나는 일은 아마도 신학적-정치적 구별의 실패로 묘사될 수 있겠지만 또한 세속화의 실패로도 묘사될 수 있다. 데리다는 숄렘이 로젠바이그에게 쓴 편지가 "역설적이면서도 매혹적으로 신성한 언어와 세속적 언어 사이의 구별을 **수사학적 효과**로 다루는 방식을 기술한다"고 설명할 때 이 실패를 진단한다. 왜 그런가? 왜냐하면 "이 세속화란 **존재하지 않기**" 때문이다. 하지만 데리다가 우리에게 상기하듯이 이 경우가 그렇다는 사실은 반대로 "그 현상—혹은 징후—이 덜 중대하거나 더 비일관적이 되는 것은 아니다." 이것은 내재적 악, 하나의 **질병**, 위험을 구성한다. "이 언어의 악은 또한 정치의 악"이라고 데리다는 설명한다. "그러나 그것이 시오

39) Derrida, *Adieu*, 151쪽, 주 129.
40) Derrida, "The Eye of Language," 198쪽.

니즘의 유아적 질병은 아니다. 이 '필연적 결과'는 민족국가에 대한 그 모든 시오니즘 기획이 선천적으로 타고난 것이다." 역사가 암논 라즈-크라카츠킨(Amnon Raz-Krakotzkin)이 지적해 주듯 우리가 숄럼이 이 묵시록적 위험—세속화의 불가능성—이 반복되는 것을 부인할 뿐만 아니라, 그가 "아랍민족"[41]이라고 불렀던 또 다른 좀 덜 "기이한" 위험의 연관성을 무시하고 궁극적으로는 제쳐버렸던 것을 고려해 본다면 아이러니는 커진다. 숄럼은 그 자신 초기에는 팔레스타인을 향한 양쪽 모두의 민족적 비전에 정치적으로 헌신했던 것을 부정했던 것과 마찬가지로, 궁극적으로 정치적 시오니즘에서 작동하는 신학적·묵시론적 에너지와 성향들을 부정한다. 넓게 보아 숄럼은 자신의 편지에서 비판했던 종류의 실천가를 예시하게 된다. 그는 세속화의 수사학을 포용했고, 시오니즘이 세속화되어 왔으며 "유대적"이긴 하지만 더 이상 종교에 대한, 유대교에 대한 것이 아니라고 확인했다.[42]

바로 이 점에서 데리다의 개입이 중요하다. 데리다는 세속화의 수사학이 "종교적"이라고 불리는 에너지, 전적으로 종교적인 것으로서 돌아오도록 진행하는 에너지를 고립화하고 통제하려고 시도하는 방식을 제시한다. 좀더 거칠게 말하면 "정치적" 해방의 구성 혹은 허구 이전에는 어떤 신학적-정치적 구분도 존재하지 않았다고 말할 수 있다. 이러한 해방이 성공적으로 **정치적**일 수 있는지 여부는 마르크스

41) 같은 글, 201쪽.
42) Raz-Krakotzkin, "Between 'Brit Shalom' and the Temple : Redemption and Messianism in Zionist Discourse," [히브리어로 쓰임] *Theory and Criticism* 21(2002) : 259-284쪽.

가 "유대문제"에서 다루었던 것이다. 데리다는 다가올 어떤 것으로 세속화를 부르는 한편, 세속화로서의 해방이 가능할지 물으면서 마르크스의 텍스트를 재생시킨다.

데리다의 개입을 곰곰이 생각해야 할 또 다른 다소 애매한 이유가 있다. 데리다의 개입은 유대 민족주의와의 관련에 대해 데리다가 반복해서 강조했던 숄럼의 텍스트를 논의하고 나서 결론으로서 "그것이 제기한 민족적 성격과 문제들의 사례에 대한 발언"으로 다소 수수께끼 같은 것을 제시할 때 맥이 빠져버린다.[43] 헤르만 코헨(Herman Cohen)의 특이한 민족주의와 반민족주의의 형태에 관한 초기 논의에서 데리다는 반유대주의의 문제로 선회했었다. 이 문제는 더 이상 유대민족에만 따로 선별된 정치적 선택지에 관한 것일 수 없다(마치 민족주의, 혹은 좀더 정확히 말해서 유대 민족주의가 반유대주의와 대립물—해결책—인 듯이. 그리고 이런 맥락에서 데리다는 다음과 같은 질문을 던진다 : "반유대주의와 양립하지 못하는 것이 있는가?").[44] 프로이트는 "유대 과학"의 문제에 대해 유대인들과 (지적인 모색으로서) 과학이 공유하는 것이 무엇인지 묻고, 과학 그 자체가 유대적이라고(즉 이집트적) 답변함으로써 [논쟁에] 참전했었다. 프로이트는 하나의 보이지 않는 신을 공경하려는 첫 충동은 "지성의 승리"일 뿐만 아니라 진실로 "새로운 영역의 지성"을 연 것으로 여기서 "사상, 기억, 추론들이 결정적이 된다"고 주장한다.[45] 데

43) Derrida, "The Eye of Language," 220쪽.
44) Derrida, "Interpretations at War," 166쪽.
45) Freud, *Moses and Monotheism*, *S.E.* 23 : 113쪽. 이 논의의 구조는 프로이트가 거세를 특정한 포경의 곤궁에서부터 보편화한 방식을 상기시킨다.

리다는 다른 전쟁들에 참여한다. 그러나 고문서와 고문서 열병으로 전회하면서 데리다는 유대인 정치과학의 주장들을 향해 신호를 보낸다. 데리다는 『우정의 정치학』을 출간하던 해 『고문서 열병』을 강연했다. 두 텍스트에서 데리다는 정치성, 아버지와 아들의 공동체(포경 여부와 상관없이), 형제들의 공동체(진정 이 공동체는 언제나 남성적 공동체이며 열병 역시 질병과 마찬가지로 성별화되어 있다), 민족, 사랑과 증오, 유대주의, 시오니즘과 반유대주의의 문제를 다루면서 참전하게 된다.

「언어의 눈」에서 데리다는 반유대주의의 다른 사례, 즉 칸트의 사례를 지적하면서 가능한 연상과 양립성에 대해 묻는다. 여기서 숄렘의 수사학을 다루면서 우리는 시오니즘, 세속화, 반유대주의 사이의 가능하거나 불가능한 연결성들에 대해 사색하는 임무를 부여받게 된다. 이들은 모두 정치적 개념의 지배를 받는데, 여기서 정체성은 유대공동체와 "기판"으로서의 유대민족에 대한 이해에 기초한다. 우리는 "모세 멘델손(음악가 멘델손의 할아버지로 계몽주의 독일철학자 – 역주)의 친구이자 숭배자"[46]인 칸트를 읽는다고 데리다는 상기시킨다. 이 칸트는 아직 유대인의 "전세계로의 분산", "종교와 언어에서의 통일" 그리고 "상인의 민족"이 되어가는 과정 사이를 구별할 수가 없다.[47] 다시 말하

46) Derrida, "The Eyes of Language," 221쪽.

47) 칸트의 글에는 유대인과 상인들에 대한 지속적인 인식과 등식들, 종종 상투적 이미지들의 반향이 울린다. 가령, 적어도 포르투갈에서 "오래된 기독교인들"은 유대교 개종자들(*conversos*와 "신기독교인들")의 후손들을 "상업의 남자들"(Men of Commerce [*homens de négocios*])이라 일컫는데, 이 표현은 "히브리 민족의 남자들"[gente de naçao hebrea]과 동의어이다. Miriam Bodian, *Hebrew of the Portuguese Nation : Conversos and Community in Early Modern Amsterdam*(Bloomington : Indiana University Press, 1997), 147쪽 참조. 더 이른 시기에 중세 이탈리아에서 유대인 개종자들은 *Mercanti*라는 딱

면 유대인과 관련된 세속화에 대해 아직 말하기가 어렵고, 종교적 공동체, 종족 혹은 민족적 공동체로서의 그들의 지위와 그들이 이해관계의 공동체를 구성했을 것이라는 사실 사이를 구별하기도 어렵다. 아마도 이 문제는 정치적·세속적 지위를 스스로 주장하는 해방을 최종적으로 결론짓고 마감하기 위해서 해결과 결정이 필요한 또 다른 담론, 또 다른 부름이 필요할지 모른다. 그러나 "종교"로부터의 해방과 함께 (즉 칸트의 모호함에서 비롯된 근대적 기독교의 의미에서 종교를 발명함과 동시에 억압하는 것과 함께) 유대민족은 국가의 시오니즘적 기념비화를 위한 다른 종류의 근거와 다른 고문서로 구성되고 탈구성되어야 할 것이다. 누군가 혹은 무엇인가 유대인들을 불러서 그들이 사실은 한 민족 한 **종족**이며 아마도 한 인종일 것이라는 사실을 확신시켜야 한다. 이것이 시오니즘의 유대적 과학이며 그것의 부름이다. 그리고 여전히 그것은 부르고 있다. 데리다는 아마도 자신이 그러한 부름의, 전쟁선포가 되어버린 간택의 특권적인 수용자라고 느낄 사람들을 곧 불러서 이렇게 말할 것이다 : "들어라, 나를 믿어라. 그대가 한민족이라고 너무 쉽게 믿지 말라. '들으라'고 말하는 사람들에게 아무 저항 없이 듣는 일을 중단하라."[48]

지를 달았다. Yosef Hayim Yerushalmi, *Sefardica* (Paris : Chandeigne, 1998), 262쪽 참조.

48) Derrida, *Monolingualism of the Other*, 34쪽.

종교, 정신분석, 정치 : 질 애니자에게 묻다

엄브라 : 당신은 데리다와 프로이트가 민족과 인종의 개념을 문제삼고 비판하기 위해서 종교로 선회했다고 지적했습니다. 하지만 데리다와 프로이트가 종교를 다룰 때 각기 어떻게 다르게 사용하는지, 이들이 종교를 다루는 조건과 핵심적 사항들을 구별하는 방식이 분명치 않습니다. 두 사람 사이에 중요한 차이가 있습니까? 있다면 뭔가요?

질 애니자 : 데리다와 프로이트는 "종교"를 민족과 인종에 동시적으로 관련시킵니다. 프로이트는 종교를 보편으로 설명하려 했고, 비록 명시적이진 않아도 인종의 대체물 혹은 대안으로 제시하려고 했습니다. 종교라는 말을 그만의 고유한 방식으로 사용하면서 프로이트는 유대민족 혹은 유대국가라고 불리는 이 집단을 이해하고 나아가 설명하는 방법을 제공하려고 합니다. 한편, 데리다는 종교가 요구되는 방식, 이 용어가 겪게 된 전략적 번역들을 민족과 인종과의 관련 속에서 주목합니다. 데리다가 종교만을 따로 논의하는 글을 찾기란 거의 불가능합니다. 그보다는 데리다는 언제나 종교를 설명력 있고 혹은 단순히 지배력 있는 범주로 따로 취급하려는 방식을 분석하는 매우 차별적인 접근법을 제공합니다. 이런 식으로 데리다는 유럽에서의 종교와 정치 사이의 관계를 설명하는 개념적 방식으로 아브라함 전통을 제공함으로써 고유성을 획득합니다. 여기서 나는 프로이트와 데리다의 매우 다른 궤적들이 단순히 동일하다고 말하지 않았음을 밝힙니다. 두 사람은 전혀 다르지요. 프로이트의 제스처를 데리다의 분석에 대한 일종의 배

경으로 불러냄으로써 나는 공격, 그리고 진정 전쟁이 전 "세계", 특정한 소수 그룹 등등을 향해 선포되는 지형을 받아들이기를 거부한 대응방식이 갖는 고유성을 강조하고자 했습니다. 군사적 비유를 용서하십시오. 이런 비유는 당신의 저널과 우리가 다루는 주제에는 적합하긴 해도 단순히 훈육적 · 법적인 제약들을 전치하거나 탈중심화되는 것을 고려하기 위한 것일 뿐입니다. 그렇게 구축된 제약들은 여전히 우리의 이해를 많은 부분 지배합니다. 이에 의하면 인종은 종교가 아니며 종교는 정치가 아닙니다(그러니 오늘날 "정치적 이슬람"이라는 논의는 이슬람이 뭔가 영구적인 비정치적 체제인 듯이 다루고 있습니다. 소위 근본주의의 기이함은 종교에 대해, 혹은 자본주의적 경제에 대해 정치의 자율성을 주장하기보다는 오직 정치성을 역사화함으로써만 조명될 수 있을 뿐입니다). 내 생각에는 프로이트와 데리다가 이 둘을 따로 떨어뜨리는 방식을 문제삼는다는 점에서 정치와 종교 사이의 대화를 시도한 일은(이는 물론 데리다가 시작했지요) 아주 생산적입니다. 종교와 정치 사이의 차이점들에 대해서 더 많은 설명이 필요하지만(아래 세 번째 질문 참조), 여기서는 프로이트와 데리다가 본질적으로 종교와 정치 사이의 구별을 무너뜨리는 데 기여했다는 점만을 지적하기로 하겠습니다. 물론 두 사람 사이의 비교는 여기서 멈추어야겠습니다. 아니면 우리는 이 둘 각자의 책 속에서 "종교"가 사용되는 방식에 대해 개별 검토하고, 그들의 저작 전체가 아니라 하더라도 적어도 책 한 권씩을 뽑아서 비교검토해야 합니다. 현재 이 논문의 범위에서만 보자면, 그리고 현재 가능한 참조점에 관해 완전한 체계를 제공하기 위해서 나는 이 특별한 맥락에서 프로이트가 인종에 대해 더 많이 말한 반면 데리다는 정치에 대해 더 말했으며, 이는 이 두 사람이 서로 다른 위급상황에 대해 대응하고 있기 때문이라고 말할 수 있습니다. 다시 한 번 말하지만 이런 주장의 정확성을 따지기 위해선 좀더 심도 있고 긴 연구가 필요합니다. 마지막으로 내가 불러낸 프로이트는 (다시 한 번 이런 맥락 속에서) 데리다에 의해 매개된 프로이트라고 말하고 싶군요.

엄브라 : 당신은 정신분석과 시오니즘의 "상대적 배치"를 다루었는데요, 하지만 아직도 분명치 않은 점은 이 둘 사이의 연결고리를 어디에 위치시켰나 하는 점입니다. 그 연결고리가 단순히 프로이트의 종교와의 전쟁과 유대인성에 대한 시오니즘의 세속화에서 제시된 세속화를 향한 충동인가요, 아니면 다른 연관지점이 있는 건가요?

질 애니자 : 다니엘 보야린(Daniel Boyarin)의 책을 다루면서 나는 상대적 배치란 무엇보다 역사적이라고 말하려 했습니다. 정신분석과 시오니즘에서 세기말 비엔나는 배경 이상의 역할을 합니다. 보야린의 언어로 말하자면 정치적 시오니즘과 정신분석은 유대적 남성성의 발명, 즉 유대인을 서구적인 의미로 남성이며 남성적으로 발명한 것에 속합니다. 다른 차원에서는 우리는 그저 프로이트 자체를 정신분석과 시오니즘 사이의 공모와 갈등의 현장이라고 지적할 수 있겠지요. 어쨌거나 결국은 초월적인 구조들과 유한성을 향한 서로 다른 태도들에도 불구하고 정신분석과 시오니즘은 유대인 집단정체성의 가능성을 주장하고 있습니다[이 문제에 대해 가장 적절한 예들 중 하나는 라쿠-라바트(Lacoue-Labarthe)와 낭시(Jean Luc Nancy)가 프로이트의 『농담과 무의식의 관계』를 읽으면서 주장했던 것입니다]. 끝으로 예, 일정한 세속화가 시오니즘과 정신분석 모두에 작용하지요. 물론 서로 아주 다른 결과를 갖지만

말입니다. 시오니즘은 그 묵시록적이고 메시아적인 경향들, 신학론적 차원들을 차용하면서도 억압합니다. 정신분석은 종교적 발전에 대한 다소 다른 내러티브를 제공합니다. 프로이트는 억압은 오직 일정한 정도만 작동하며, 언제나 흔적이 남게 되고, 억압과 망각의 메커니즘은 징후적으로 그리고 구조적으로 무너진다고 설명합니다. 이런 관점에서 보자면 우리는 아마도 정신분석 내에 설립된 구원의 수사학을 읽어내야 할지 모릅니다. 역시 상당한 비교접근적 연구가 필요하다고 봅니다.

엄브라 : 정신분석과 시오니즘 사이의 연관성을 주장하는 것은 어떤 함의가 있습니까? 이 둘의 관계가 정신분석과 시오니즘 사이의, 혹은 좀더 일반적으로 정신분석과, 인종과 민족 개념들 사이의 가능한 대립을 배제하는 겁니까?

질 애니자 : 나는 한쪽의 연구가 다른 쪽 연구를 배제하지 않기를 바랍니다. 내가 데리다의 『고문서 열병』을 아주 흥미롭게 읽은 이유들 중 하나는 바로 이 책이 의미심장한 규모로 일어나게 될 대립을 상연하고 있기 때문입니다. 정신분석을 정치과학으로 고려하는 일은 이 대립의 필연적인 선결요건입니다. 이는 개인의 심리화 혹은 집단적 개체의 심리화와는 전혀 무관합니다. 오히려 집단적 정체성을 개념화하는 문제이며, 다른 것들을 희생하고 일부를 부각시키는 방식으로 개체들 사이를 구별해내는 일련의 실천들로써 정치적 공동체를 구성하고 탈구성하는 문제입니다. 정신분석은 권력의 담론입니다. 정신분석은 전치, 압축, 억압 등 정치적 삶의 구조화 과정에 작동하는 것들에 대한 분석을 가능하게 합니다. 중심 이슈로 무엇이 발언되며, 그런 주장

들을 통해 누가 더 이익을 얻는가? 희생자주의의 담론이 갖는 이차적 이익은 무엇인가? 점령에 대한 강조가 어떻게 정치적 목적에 봉사하며(전략적으로 유용하거나 현실적인), 동시에 이스라엘이 팔레스타인인들과 전체 아랍계 유대인(*mizrahim*)과 맺는 관계를 지배하는 구조적 인종차별주의를 어떻게 불명확하게 만드는가? 이런 문제들은 내가 보기에 정신분석을 통해서만 특별히 조명될 수 있습니다. 이때 정신분석은 시오니즘이 되려고 주장하는 다른 유대 과학에 대한 정치적 심문으로 작용하지요.

엄브라 : 데리다는 정신분석에서 적어도 "고문서의 문제지형 내" 혁명을 일으킬 잠재력을 발견했습니다. 이런 잠재성은 프로이트의 죽음충동의 개념에 놓여 있고, 이를 데리다는 고문서 열병이라는 개념으로 번역하지요. 당신의 글에서 당신은 마치 고문서 열병의 강박적 만족으로부터 그 열병으로 인해 위험에 처하고 시오니즘의 악에 내재한 국가 주도의 충동으로 귀결되는 고고학적 초과입찰로 옮겨감으로써 이 혁명적 잠재력을 생략해 버린 듯합니다. 고문서 열병 내 내재적 긴장이 존재한다면(고문서 열병과 죽음충동의 연결성을 구축함으로써 데리다가 암시하는 듯한데) 어떻게 이 긴장이 시오니즘 안에서 작용할까요?

질 애니자 : 나는 특히 이스라엘/팔레스타인에서의 변화에 대해 아주 희망적입니다만 그 변화가 혁명적일지는 잘 모르겠습니다. 점령을 종식시키고, 아파르트헤이트의 정책이나 스캔들을 일으키고 수치심을 주는 벽을 설치하는 일을 중단하는 일에서 그렇게 할 수 있는 권력이 있는 측에는 어떤 혁명적인 것은 있을 수 없습니다. 혁명적이라 해도 나는 또한 프로이트와 데리다의 혁명적 잠재력을 내가 유지시킬

수 있다고 확신할 수 없습니다. 나는 그저 그 잠재력의 뇌관을 뽑는다거나 심지어 생략해 버리지 않기를 희망할 수 있을 뿐입니다. 그러니 당신의 질문은 나를 다소 놀라게 합니다. 다소 문자적인 것을 용서하십시오. 그러나 시오니즘 열병은 토대들과 아무 관련이 없습니다. 적어도 1948년의 문제들(가장 중요한 것으로는 팔레스타인 주민들의 대량축출과 사살, 수백 개의 마을과 소도시들을 파괴하는 한편, 시오니즘을 모두 이스라엘 외부에 사는 유대인의 생존에 원칙적으로 종지부를 찍는 일을 환호하는 그 영구적인 동침상대들과 연결시키는 종류의 반유대주의)로 이스라엘 국가가 존속되기를 고려하지 않는다면 말이지요. 여기서 일어나는 일은 비아랍계 비무슬림으로서의 정치의 공간을 구성(그리고 파괴)하는 것입니다. 이는 현재 일상적 실천의 문제가 되고 있습니다. 데리다는 종종 이스라엘이 "보호적" 혹은 "안전"조치로서 내린 결정들에서 작동하는 것으로 볼 수 있는 자살적 경향들을 지적합니다. 여기서 자동면역의 논리가 또한 환기될 수 있지요. 데리다가 설명하기를, 스스로를 보호함으로써, 자신을 타자로부터 떨어뜨려 놓음으로써 우리는 타자를—그가 거의 살아 있지는 못해도—내부에 품을 수 있습니다. 이스라엘 사회는 그 지배와 헤게모니적 양상에서 거의 삶의 이쪽에 있지 못합니다. 우리가 이 삶이라는 용어를 어떤 식으로 이해한다고 해도 말이지요. 지나치게 단순화시키지 않으려고 합니다만 오늘날 "이스라엘의 창조성"의 주된 영역은 바로 군대입니다.

엄브라 : 최근 저서 『유대인, 아랍인 : 적의 역사』에서 당신은 개념적 차원에서 적과의 어떤 종류의 담론적 대응이 눈에 띄게 부재한 점을 철저히 묻고 있습니다. "기독교적 유럽"은 자신의 안정성을 유지하기 위해서 집요하게 유대인과 아랍

인을 서로 별개의 개체로서 반목 중이며 서로를 효과적으로 타자성으로 위치지우는 것으로 투사해 왔습니다. 프로이트가 정신분석에서 주체의 자연화를 단호히 거절할 때 이는 아무리 불완전한 대응이라 하더라도 적의 존재론적 지위와 그 헛된 형상의 문제와 관련해서 중추적 역할을 하는 듯이 보입니다. 프로이트가 유대인과 무슬림의 복잡미묘한 혼융 혹은 정치의 신화적 중추들에 대한 거부에 맞서 싸우거나 "탈기입화"할 수 있는 개념적 도구를 제시했거나 제시하려는 몸짓을 보여준 게 아닐까요? 프로이트가 주체가 욕망과 맺는 관계의 핵심에 놓인 구성적 대체물을 찾아낸 것이 유대인과 무슬림 민족들을 마주해서 유럽이 수동적인 자세를 취하는 데에 대한 당신의 사유를 어느 정도까지 형태화했는지요?

질 애니자 : 프로이트는 내가 이 책에서 하려 했던 연구의 시초부터 아주 중요했습니다. 『일상생활의 정신병리학』의 놀라운 첫 몇 쪽들을 읽기 시작하는 그 순간 이 점은 내게 아주 분명했지요. 이 책의 첫 부분은 불가능한 망각을 이론화하는 예를 보여주었죠. 이 불가능한 망각을 통해 기독교적 신(*Signorelli/Il Signior*)의 기억이 유럽의 중심에 놓인 무슬림과의 불편한 만남에 우연적으로 좌우되게 됩니다. 프로이트는 "무슬림들" 혹은 아우슈비츠의 **무슬림교도**(151-152쪽 역주 참조)의 극단적 형상이 될 어떤 것을 발표—혹은 추인—할 뿐만 아니라 적의 소멸, 즉 의식으로부터의 적의 후퇴를 예시합니다. 이후 『문명과 그 불만』에서 『모세와 일신교』에 이르는 과정에서 프로이트가 이슬람을 충분히 다루지 않았다는 잘 알려진 사실을 재구성할 수도 있습니다. 그러면 이런 불균형 그 자체는 폐기되고, 따라서 그 신학적-정치적 차원들에서 정확히 조명됩니다. 좀더 일반적으로 말하자면 프로이트는 적대감의 사상가이기도 합니다. 심지어 그가 침묵할 때도 (가령 이웃과

적의 만남에 대해서) 울림이 들려옵니다. 프로이트는 그러나 이와는 다른 일을 합니다. 사이드가 최근에 주장했듯이 프로이트는 비유럽인을 유럽 내에서 또 유럽으로서 읽습니다. 따라서 프로이트의 읽기는 무엇보다도 다른 민족들을 마치 그들이 유럽 밖에 놓인 듯이 사유하기를 위한 자원이 아닙니다(유대인, 무슬림 모두 단순히 유럽 밖에, 유럽을 위해서, 그리고 자신에 반해서, 유럽이 존재하기 전에 존재해 온 것이 아닙니다). 프로이트가 가능하게 만든 일은 따라서 유럽 "자체"에 대한 재사고입니다. 이런 맥락에서(그리고 다른 많은 맥락들에서) 사이드뿐 아니라 데리다는 프로이트를 가장 철저히 읽고 있습니다. 그리고 나는 이 말을 덧붙이렵니다. 그들은 프로이트의 가장 동시대적 독자입니다. 그들은 또 욕망에 대해 당신이 물은 아주 중요한 문제를 다룰 새로운 방법을 제시합니다. 그들이 그리는 궤적 안에서 우리는 프로이트가 우리에게 제시한, 대체가 반복이 아니라면 무엇인가라는 질문을 다시 표현할 수 있습니다. 만일 반복이 욕망을 관리하게 된다면 욕망은 여전히 욕망인가? 바로 여기서 죽음충동의 문제가 떠오릅니다. 그렇지요? 외부적 사건들, 가령 이민, 미국 정책, 내적·외부적 적들 등등에 단순히 반응하는 척할 때조차 유럽은 자신이 원하는 것이 무엇인지를 물어야 합니다. 프로이트 이후의 시대에 이 문제는 진정 다음과 같습니다 : 유럽이 원하는 것은 무엇인가? 아니면 좀더 절박하게 표현해 보면 기독교인이 원하는 것은 대체 무엇인가?

검문소 : 아랍어에 이런 말은 없다

— 아리엘라 아줄레

1967년 이스라엘이 팔레스타인 영토를 침공해서 양쪽의 국경을 가로챘다.[1] 영토를 지배하면서 먹고사는 커다란 괴물처럼 이스라엘은 경계선을 씹어먹었다. 이 괴물은 마치 되새김질하듯 경계선 일부를 집어삼키고 나머지 부분을 뱉어낸다. 이스라엘의 국경을 향한 탐욕은 애초부터 채워질 수 없었다. 음식물 공급이 제한되어 있기 때문에 탐욕은 계속 커져만 간다.

이스라엘 국가는 두 개의 정치적 단위로 구성된—점령자와 피점령자—잡종 생명체이다. 이 두 단위는 떼어낼 수 없이 서로 연결되어 있다. 양쪽이 분단선에 관한 타협을 이루었던 1948년과는 달리 1967년 이래로 오직 지배하는 쪽—지배세력, 주거영토를 조각조각 집어삼키는 정부 괴물—이 금을 그어 나눈 영토에서 살아

1) 이 글의 제목은 내 영화 「나도 당신네들 사이에서 산다 : 아즈미 비샤라(Azmi Bishara)와의 대화」에서 아즈미 비샤라가 해준 두 살 된 딸 이야기에서 따왔다 : "딸아이가 히브리어로 한 첫 마디가 검문소였어요. 아이는 그 말이 히브리어라는 건 몰라도 검문소라는 건 알죠."

갈 의무적 규범들을 결정할 뿐만 아니라, 국경을 긋고 유지하기 위한 온갖 수단을 즐겨 사용하고 있다. 1967년 이래 이 정부 괴물은 쉬지 않고 자충우돌하는 욕망—내부적 경계를 세움과 동시에 지우기—을 만족시키기 위해 애쓴다. 지배세력의 변덕스러움에도 불구하고 국경선—전통적으로 두 개의 확실히 규정된 정치체제를 나누는 것으로 이해되어 온 것—은 동시에 여기저기에 있을 수 없다. 공간과 국경선을 유지하는 근대주의적 게임에서 정치적 단위들은 일반적으로 그것을 둘러싼 단일 국경선으로 분리된다. 상대적으로 한계가 지어진 국경선은 한 장소에서 다른 장소로 이동할 수 있고, 이곳 저곳에서 꼬이거나 늘어날 수 있다. 하지만 아무리 유연한 국경선이라고 해도 대개 한정되고 제한된 자원이다. 수천 가지 변명을 늘어놓으며 정해진 국경인 청색선(Green Line : 영토분리선 – 역주)을 무시할 수 있다 해도 이런 부주의로 말미암아 이스라엘의 국경을 동쪽으로 이전하여 요르단의 하세마이트 왕국과 국경을 함께 하는 결과를 낳았다.

1967년 이후 (오슬로 협정에 따른 잠깐 동안의 기간을 제외하고) 이스라엘은 동쪽으로 요르단 쪽 국경에 이르는 영토 전부를 통제해 왔다. 이스라엘과 팔레스타인 사이의 국경에 대한 어떤 논의도 기만 이상될 수 없다. 땅 위에, 그리고 지도에 매일 그려지는 국경선들 모두가 고작해야 가짜일 뿐이니까. 이스라엘 국가는 계속해서 그 시민과 국민들, 그리고 전세계를 조작극으로 속이고 있고, 이러한 기만의 결과에 따라 국경선이 이스라엘과 팔레스타인 사이에 그어진다. 이 선은 매번 다른 형태를 취하는데, 방어용 울타리, 분리 울타리, 벽, 솔기 구분선(seam sector : 이스라엘이 고안한 특별 경계선 – 역주), 군사방위 구역, 감독지역, 테러 방지 울타리 등 이 모든 고안물들은 갈수록 도착적이 되어간다. 이 국경구분 장치들은 1967년부터 이스라엘이 동쪽으로 요르단 국경과 가자구역의 이집트 국경 쪽으로 국경선을 이전했다는 사실을 감추는 경향이 있다. 이 결과 이스라엘은 관리의 책임을 지고 350만 국민들의 삶을 통제하지만, 사실상 이스라엘 국가는 이 국민들을 포기하고 주권적 권위와 마주해서 시민권이 국민에게 인정해 주는 최소한의 보호도 제공하지 않은 채 버려두었다.

다양한 협정들이 수년간 점령을 종식시키기 위해 제안되었고, 이 협정들—분단, 분리선, 청색 선, 황금색 선, 6월 4일 선 등등—은 모두 국경문제를 둘러싸고 진행되었다. 국경선은 해결이 필요한 중심적인 문제로 묘사된다. 수년이 흐르고 협정의 초안들이 다양한 고문서 보관서에 쌓여가고 있으며, 팔레스타인 주민들은 여전히 통치의 책임을 지려 하지 않는 권력의 지배 하에 놓여 있다. 하지만 시간이 흐를수록 국경의 위치에 관한 문제는 실제상황—350만 국민에 대한 이스라엘의 오래 끌면서 언뜻 영구적일 듯한 지배—과는 점점 무관해 보인다. 모두가 이 상황을 잠정적 상태로 간주하면서 그 자체의 해결책이 필요없다고 보는 듯하다. 이스라엘 국가가 주민을 책임져야 한다는 요구가 점령지역에서 아직 들려오지 않는다. 모두 국경문제는 이제 해결되었고, 따라서 점령이 곧 끝나서 이스라엘의 책임 여부는 중요하지 않은 문제가 될 것이라고 가정한다. 하지만 선으로서의 국경에 관한 논의는 내가 곧 설명하게 될 "점선으로 된 국경선"의 현실을 외면한, 점령이 거의 끝나가고 있다는 허위의 일부분일 뿐이다. 사실 이스라엘은 자신이 지배하는 사람들의 현재와 미래 모두에 대한 책임을 회피하고 있다. 이 국가는 아무런 기여도 하지 않고 주민들에 대한 책임을 제멋대로 하청업자들에게 외주로 떠넘기고 있다. 30개의 인도주의적 조직들이 팔레스타인 주민들에게 정상적인 국가가 시민에게 제공해야 할 것들, 즉 음식, 의료, 교육, 안전, 이동의 자유 등등에 대한 대체물들을 불충분하게 공급하고 있다. 현재 진행 중인 엘악사(El-Aqsa)의 반란 이래 이스라엘 국가는 인도주의적 후원자들의 부대에 참여했다. 하지만 인도주의적 담론으로 스스로를 제시함으로써 자기 만족을 할지는 몰라도 부분적이나마 인도주의의 행사는 여전히 다른 조직들의 몫일 뿐이다.[2] 이스라엘은 이 인도주의적 담론을 조정과 연락단위들을 통해 공급한다. 이들은 인도주의적 요구들을 교통정리해서 명령의 다양한 연쇄고리들을 따라 애매한 도착지, 가령 건강 관련 문제들에 관한 다양한 요구들을 다루는 "인도주의적 센터" 혹은 거주민의 이동성과 이주와 관련된 요구들을 다루는 "인도주의적 단위" 같은 것들에 발송한다.

이스라엘 국가의 시민들과 그 피점령자들 사이의 공식적인 영토분리가 없고(국경이 요르단 안쪽으로 이전했기 때문에), 팔레스타인 주민이 동등한 자격을 가진 시민으로 인정받지 못하고 오직 국가의 적으로 알려진 상황에서 국경은 팔레스타인이 서 있는 곳으로 움직인다. 팔레스타인 주민이 여행을 하려고 할 때마다 이스라엘은 국가적 주권을 재주장할 기회로 이용한다. 그가 살고 싶은 곳마다 임시 국경 표지가 놓인다. 경계선이 아니라 경계지점인 "점"이다. "이 점선 국경"이 그곳을 통과하는 사람들의 경로를 막는다. (잠재적 혹은 실제) 경계점들의 수는 언제나 팔레스타인 주거지역의 피점령자들의 수와 동일하다.

2) 군대가 인도주의적 담론을 채택하는 것에 관해서 졸고 "Hunger in Palestine—the Event that Never Was" [히브리어로 씌여짐]. *Hamidrasha* 6(2003) : 24-35쪽 참조.

이스라엘 방위군(IDF)의 한 "군사요원"에 따르면 "팔레스타인 주민들은 우리가 언제 정보를 받는지 모른다. 어제 경계점 검문이 있었으니 오늘은 괜찮으리라고 운에 맡기고 길을 떠나지만 갑자기 검문소를 마주치게 되어 최대치의 조사를 받게 된다. 결국 이런 식으로 우리는 우리가 찾는 사람을 붙잡게 된다."[3] 팔레스타인 주민이 애초 의도한 도착지는 임시 교통지, 국경 넘기, 검문소, 이동방해물이 된다. 팔레스타인 주민이 검문소를 통과하게 될지 여부는 언제나 협상의 성공, 순간적 자애로움, 긍정적 마음가짐, 궁합, 운, 놀음, 기술, 눈치보기, 꾀, 혹은 개인적 호감 등 임의적인 구문론에 달려 있다. 규칙, 절차, 논리, 처리방침—어느 하나 발견할 가능성이 있다면—어느 것도 검문소 군인의 행위를 설명하거나 예측할 수 없다. 이 임의적인 행위를 좀더 완전히 이해하기 위해서 나는 군인이 어떤 과정을 거쳐서 결정을 내리는지 분석해 보겠다.

검문소의 군인 혹은 요원은 권한을 부여받은 주권의 대표이다. 칼 슈미트는 주권자란 규칙에 대한 예외를 결정할 권력을 가진 자라고 정의한다.[4] 점령체제에 관한 슈미트의 주장을 검토해 보면 팔레스타인 주민은 분명 예외이다. 하지만 그의 주권을 규정하고 그의 결정을 현장에서 내려지는 결정들과 나란히 분석하기란 훨씬 더 어렵다.

3) 검문소 절차를 검토해 보기 위해 시도한 나의 여러 차례 요구를 IDF 대변인은 매번 거절했다. 그후 나는 대변인의 사무실에서 한 장교와 전화 인터뷰를 해도 좋다는 허가를 받았고 그를 "군사요원"이라 부르도록 지시받았다. 추후 이 "군사요원"에 관한 모든 언급은 2004년 2월 5일에 가진 이 인터뷰에서 따온 것이다.

4) Carl Schmitt, *Political Thought : Four Chapters on the Concept of Sovereignty*. George Schwab 역(Cambridge : MIT Press, 1985), 5쪽. 예외에 관한 논의는 Giorgio Agamben, *Homo Sacer : Sovereign Power and Bare Life*(Stanford : Stanford University Press, 1998) 참조.

검문소를 지키는 이 군인은 주권의 대행자이다. 표면상으로 그는 주권을 대표하기로 되어 있지만 현실적으로 주권의 자리에서 결정한다. 군인의 결정권은 주권의 결정에 달려 있고, 주권의 결정은 세 가지 통제, 즉 통제시간, 공간, 그리고 주체라는 차원과의 관계에서 표명된다. 법의 적용을 중지시키는 결정은 효과적으로 통제를 거부하지 않은 채 법의 예외로 개인들을 배정한다. 이와는 달리 개인들에 대한 통제는 예외적이라서 통상적 과정이 교란되는 비상사태의 **시간**이며, **공간**은 성스럽고 신성해서 팔레스타인 주민의 공간 소유는 중지된다. **주체**, 즉 팔레스타인 주민은 주권의 하급 대표의 기분에 좌우된다.

공간과 시간이라는 맥락 안에서 주권의 대행자는 주권의 결정으로부터 내려온 명령의 연쇄고리에서 나오는 결정들을 따른다. 하지만 주권의 결정은 팔레스타인 주체들을 포기하고 그들을 하급 대리인의 손에 맡겨둔다. 이는 주권에까지 이르는 명령의 연쇄고리가 남겨놓은 일체의 흔적들을 감추게 된다. 주체의 폐기란 주권 대행자들의 행위에 대한 직접적인 책임을 회피하는 것일 뿐만 아니라, 팔레스타인 주체들을 이 행위들로부터 보호하기를 거부하는 것에서 비롯된다. 어떤 책임도 지지 않으려는 것은 자신의 지배 하에 놓인 주민들과의 연결을 부정하는 주권의 특성이 아니다.[5] 반대로 거부는 주권이 이 연결을 재구성하려는 어떤 시도도 좌절시킴으로써 더 구체적으로 드러나며, 따라서 주체가 주권의 하급 대리인으로부터 주권 그 자체로 거슬러 올라갈 가능성은 전혀 없다. 매일 검문소를 통과하는 국민을 다루

5) 명령의 연쇄고리가 노출되는 흔치 않은 경우들을 보면 주권은 그 대행자들 뒤에 서 있고 그들의 행위에 대한 사과문을 언론에 보내기도 한다.

는 절차는 공개되지 않는다. 공개된다 해도 절차 그 자체는 무용하다. 왜냐하면 일반적이고 추상적인 원칙적 틀 외에는 알려지지 않으며, 매일 바뀌고 때에 따라선 하루에도 여러 번 바뀌는 국지적 지시사항과 명령들의 여지를 남겨주기 때문이다. "군사요원"은 이렇게 설명한다.

> 절차란 매우 복잡한 주제입니다. … 왜냐하면 가령 허가에 대해 내가 말한 것이 매 검문소에 따라 바뀌고 같은 검문소에서도 하루에 세 번씩 바뀝니다. 어떤 정보가 입수되었다고 가정해 봅시다. 그렇게 되면 해당 검문소에서 전과는 다른 지시사항에 따라 일을 하기 시작하는데, 그 지시사항이 문서로 작성된 건 아닙니다. 지역 여단의 명령 수준에서 검문소 수준의 경로를 통해 전달됩니다. 이런 지시사항은 종이에 쓰인 것과는 종류가 다르지요. 정보에 기초를 둔 작전 지시사항에 따라 내려지는 지시사항입니다.

그렇다면 주권의 하급 대리인은 그 자신만의 결정들을 내릴 수 있는 자유가 주어진다. 팔레스타인 주체는 주권의 보호를 받지 못하며 결정에 대해 호소할 정치력도 없다. 그는 주권의 하급 대리인 혹은 기껏해야 검문소장—그 역시 주권의 하급 대리인에 불과한—에 맞서 홀로 서 있다.[6] 대리인은 그가 원한다면 주체를 통과시켜 줄 수도 있고 반대로 통과시키지 않을 수도 있다. 그가 원한다면 자기 앞에 서 있는 이 사람을 규칙에 대한 다른 예외들로부터 면제시켜 줄 수도 있다 : 그

6) 이 팔레스타인 주민 옆에는 그를 도와줄 인도주의 조직의 대표, 가령 〈검문소감시단〉, 〈인권을 위한 의사단〉 등이 서 있다. 하지만 그들이 있다고 해서 이 관계들의 구조를 바꾸진 못한다.

는 특별한 위급상황, 주체를 저버린 주권자가 선언한 것과는 다른 종류의 심각한 위급상황을 인정하고 즉각적 처리가 필요한 이들을 통과시켜 줄 수 있다. 반대로 그는 자신을 마주한 사람에게 필요한 도움 주기를 거절할 수도 있다. 어떤 경우든 팔레스타인 주체는 예외로 그 운명이 주권의 하급 대리인의 손에 달린 사람이다.

인정받은 대행자들에게 내려지는 지시사항들은 모호하고, 비합리적이며, 모순적이고, 대부분 검문소의 하급 대리인들에게 형식적으로 권리를 부여한 시민들이나 주체들이 접근할 수는 없다. 투명한 절차가 부재하기 때문에 주권의 하급 대리인들은 그들이 맞다고 생각하는 방식대로 결정할 수도 있다. 심지어 주체들이 자신을 대신해서 일하는 조직들을 통해서 절차에 관한 유효한 지식을 선취한 경우라도 그렇다. 가령 국방장관이 〈인권을 위한 의사단〉이 이스라엘 대법원에 제시한 호소문과 관련되어 내린 지시사항은 다음과 같다 : “의료적 응급사항과 관련되었는지 여부를 의심할 때 이는 주민을 위한 것이라 간주될 수 있다.” 하지만 검문소에서 몇 차례에 걸친 목숨을 앗아간 극단적인 사례들 이후 〈인권을 위한 의사단〉은 다시 한 번 군의 여러 요원들에게 호소했다. 그들이 받은 설명이란 해당 사례들에서 의료적 응급상황이라 의심을 할 만한 이유는 없다는 것이다.[7] 주권은 주민의 이익을 위해서 어떤 가능성도 살펴봐야 한다고 결정할 수는 있을지 모르지만 그 의심의 여부 자체는 주권의 하급 대리인이 내릴 결정이 된다. 이 경우 대리인이 맞다고 보는 대로 행동하기 때문에 자신 앞에 서

7) 이 귀중한 정보에 대해 〈인권을 위한 의사단〉의 하다스 지브(Haddas Ziv)에게 감사드린다. 그는 또 병자들을 통과시키는 절차 설명서도 전달해 주었다.

있는 사람이 누구인지, 어떤 면으로 봐야 하는지, 보고 싶은 게 무엇인지, 그의 응시와 그가 내리는 결정 사이에는 어떤 관계가 있는지를 물어야 한다.

샤리프 와케드(Sharif Waked)의 비디오 「검문소」(*Chic–Point*)는 검문소에 등장한 새로운 시각적 장에 대한 일견을 제공한다. 이 시각적 장에서 주권의 하급 대리인은 자신이 보기에 팔레스타인 주체에 어울린다고 생각하는 대로 조사하고 행동한다. 와케드는 관객이 영화 마지막에 자신을 기다리고 있는 만남을 준비하도록 함으로써 이 시점, 검문소의 생생한 응시를 간접적인 방식으로 드러낸다. 영화는 젊고 스타일이 좋은 남자가 관객을 향해 걸어오는 것으로 시작한다. 우아하게 차려입고 눈은 날카롭게 초점이 맞추어진 채 이 남자는 카메라 쪽으로 다가오면서 스크린의 경계를 너머 움직이는 듯하다가 갑자기 멈춘다. 가슴을 젖혀 크게 심호흡을 하고 살짝 손짓을 하면서 그는 관객에게 그의 옷을 보여준다. 그가 입은 맞춤양복의 재킷은 일반 재킷보다 다소 짧다. 갑자기 관객은 자신을 향해 매력적으로 도전적인 몸짓을 하며 모델이 내미는 배를 마주하게 된다. 이 남자는 잠시 멈칫하더니 관객에게 그의 옷뿐 아니라 드러난 살점 일부를 즐길 시간을 충분히 주려는 듯 오른쪽 왼쪽으로 돌면서 마치 패션쇼의 모델처럼 걷는다. 이 모델이 오른쪽 왼쪽으로 움직이면서 스크린에서 사라지기 전 관객을 향해 윙크를 하면 관객은 모델의 옆모습을 볼 기회를 갖게 되어 다양한 조망을 할 수 있다. 이 남자가 사라지자 두 번째 젊은 남자가 등장한다. 마찬가지로 잘 차려입고 완벽히 머리손질을 하고 화장에 면도까지 했다. 그는 결연히 앞사람과 같이 행동한다. 이 남자에 이어 다른 남자들이 차례로 등장하는데, 모두 가슴, 갈비뼈, 위장 근육,

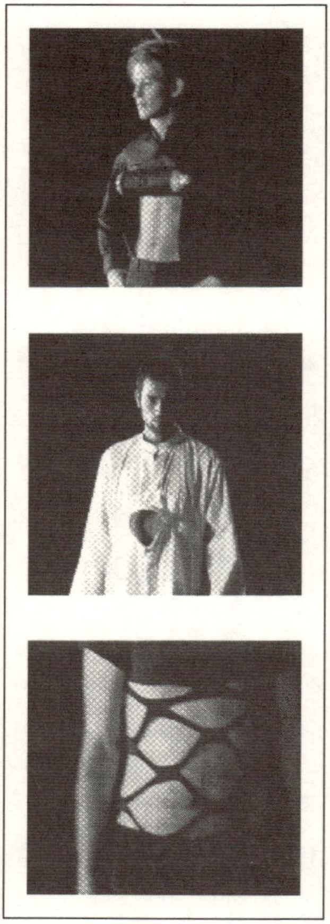

태양신경층, 위쪽이나 아래쪽 등을 드러낸다. 때로 모델은 등장할 때부터 몸을 드러내기도 하고, 때로는 카메라 바로 앞에 와서 드러낸다.

패션계의 관행을 따라서 모델의 몸에 던져지는 관객의 시선은 그들이 입고 있는 옷에 따라 좌우된다. 이들은 비교적 관례적인 옷, 즉 재킷, 셔츠, 티셔츠와 속옷 등을 입고 있다. 하지만 옷마다 구멍이 뚫려 있어서 상체의 중간 부위(가슴에서 허리까지)가 드러나 피부와 옷감 사이의 틈새를 보도록 되어 있다. 행렬의 첫 모델과 뒤이은 두 번째, 세 번째 모델을 보지 않았더라도 관객은 이 패션쇼가 일반적인 쇼와는 다르다는 것을 알 수 있다. 변형된 옷들을 이런 방식으로 축적시킴으로써 영화는 옷의 일부를 삭제하는 것이 스타일의 중요한 부분인 패션을 우리가 보고 있음을 강조한다. 이 영화에 붙은 '이스라엘 검문소를 위한 패션'이라는 부제는 관객의 이해를 도와준다. 이스라엘인들은 검문소를 지키고, 검문당하는 사람들은 팔레스타인 주민이다. 이스라엘 검문소에서 패션이 되는 대상은 검문당하는 팔레스타인 주민들이다. 검문소는 팔레스타인 주민의 이동을 막고 검문할 장소를 확보해서 군인이 그를 볼 수 있게 한다. 이 관점은 폭력적이며, 탐색적이고, 침입적인 응시를 허락한다. 이로써 군인은 이 몸의 숨겨진 진실에 접근할 권리를 주장한다. 이 응시의 결과 팔레스타인 주민이 국경선을 통과하도록 "허가" 혹은 "금지"를 표지하는 신호가 만들어진다. 나는 위에 언급한 "군사 요원"에게 검문소의 군인이 정확히 볼 능력이 있는지, 흘끔 지나쳐 보는 응시를 통해 사람의 운명을 결정할 수 있는지를 물었는데, 놀라운 대답이 돌아왔다 : "무슨 말이오?! 머릿 속에 눈이 달려 있는데!"

와케드의 패션쇼는 처음 보기에는 통상적 런웨이 쇼인 듯이 보이나 실제로는 관객을 검문소에서의 응시를 재연하는 리허설로 불러낸다. 모델의 익숙한 걸음걸이는 팔레스타인 주민이 검문소를 향해 걸어오는 것과 대응한다. 그는 검문지점에 와서 멈추기 전까지는 겉으로 보기에 자유롭게 움직일 수 있다. 카메라는 관객이 관람하는 위치이자 검문지점의 역할을 한다. 이 관점에 위치한 관객은 그 앞에 나타나는 신체를 가장 잘 응시할 수 있다. 검문소는 팔레스타인 육체를 표시한다. 와케드의 패션의 선은 표시를 신체로부터 옷으로 전이시키고, 옷과 옷을 입고 벗는 사람들 사이의 관계에 내재한 유희적 가능성들로 전이시킨다. 와케드의 작품에서 이 옷들을 입는 신체는 천조각이 그저 감추고 있는 진실의 장소로 변하지 않는다. 오히려 신체는 모델이 밖으로부터 자신에게 부여된 기호들의 단위와의 관계 속에서 자신을 스타일화하는 퍼포먼스 게임에 참여한다. 그는 마치 상으로 주어진 보석처럼 그의 몸에 그런 기호들을 부착해서 강화시키거나 거꾸로 돌려놓기도 한다.

첫 번째 모델은 관객을 향해 정확히 잰 듯 의도적인 보조로 마치 관객과 부딪칠 듯이 걸어온다. 모델이 이 상황에 놓인 관객이 느끼는 불편함을 즐기지 않는다고 보기 어렵다. 그가 멈추었다가 돌아서면서 관객에게 윙크를 하는 것이 마치 비밀을 나누는 듯하다. 그러나 관객은 모델이 자기를 향해서 윙크를 하는 게 아니며, 기껏해야 관객 자신은 윙크의 대상이라는 사실을 알고 있다. 모델은 구멍으로 만들어진 조각보라 할 만한 것으로 장식한 채 그를 뒤따라오는 모델과 동맹관계를 맺는다. 검문소에서 검문당하는 사람들이 당번 군인의 분류조사를 받으며 판결을 기다리면서 한 사람씩 지나간다면, 와케드의 비디오에서 검사받는 사람들은 서로를 반기고 각자 자신 다음에 오는 사람에게 등장하라는 신호를 보내준다. 비밀이 되고 아이러니한 응시로 번역된 운명을 공유하면서 이들은 관객이 그들의 등장을 확인해 주어야 할 사람의 역할을 하지 못하게 거부하면서 관객을 내버려두고 떠난다. 런웨이에 등장하는 다음 모델은 앞서의 모델만큼 결연하고, 그의 옷은 완전하고 손상 없이 말끔하다. 관객에게 다가가서 그가 몸을 돌리고 나서야 그가 입은 정장 뒤쪽에 뚫린 구멍이 관객의 시야에 들어온다. 모델은 두세 발자국을 떼더니 갑자기 도전적 자세로 돌아선다 : 이봐, 그는 관객에게 이렇게 말하는 것 같다. **당신 뭘 더 보고 싶었지. 그럼 더 보여주지.** 그는 옷에 지그재그로 달린 지퍼를 낚아채듯 연다. **볼 건 아무것도 없지만 와서 봐. 이번에는 당신에게 아무것도 볼 게 없다는 걸 보여주지! 잘 보라구. 아마 당신 뭔가 놓치게 될 걸. 그러니 이 각도에서 한번 봐.** 그 다음 모델 혹은 그 다음에 나오는 모델은 젠체하거나 엉덩이를 전혀 흔들지 않지만 곧장 관객을 향해 마치 이렇게 말하듯 걸어온다 : **자 여기 내 몸이 있어. 당신 눈앞에 펼쳐진 책 같지. 하지만 당신 자신의 응시를 들여다 봐. 당신의 응시가 모으는 자료들을. 그 응시가 고문하고 옷을 벗긴 수만명의 몸들을. 마치 진실을 벗겨낼 힘이 있다는 듯 그들의 영역을 침입하는 당신의 응시를 아주 잘 들여다 봐. 마치 펼쳐진 책처럼 당신 앞**

에 쫙 펴놓은 당신 자신의 응시를 만날 기회를 가진 거라구 등등. 한 모델에서 다른 모델로 전체 쇼가 이렇게 진행된다. 쇼가 끝날 무렵 팔을 옷의 앞자락 안에 몸통 중간 바로 위쪽으로 집어넣은 채로 한 모델이 등장한다. 그는 관객을 향해서 한 손을 덜렁거리고 다른 손으로는 몸을 만지면서 다가간다. 그는 마치 손아귀로 뭔가를 그러잡은 듯이 보인다. 그러다가 손에 쥔 것을 내보일 것 같다. 그러나 그저 자기 몸을 내밀하게 만지고 있을 뿐이며, 그 내밀함은 자극적이며 뭔가 숨겨진 것이 밖으로 드러나도록 하는 응시로 타자가 꿰뚫어 보려 하는 것을 통제하듯 도전적이다.

주어진 순간 언제든 주권의 하급 대리인은 팔레스타인 주민에게 몸을 노출하도록 요구할 수 있다. 어느 때고 그는 판결을 내리고 운명을 매듭지을 수 있도록 작은 인민재판의 이동식 도구를 차려놓을 수 있다. 그가 마음대로 쓸 수 있는 도구들은 거의 미미한 것이지만 그가 휘두를 수 있는 권력은 거의 절대적이다.[8] 비록 그가 결정을 내리기

8) 상기한 "군사요원"이 내게 반복해서 말해준 것에 따르면, 군인이 마음대로 사용할 수 있는 도구 중 중요한 것은 그의 합리적이고 공정한 마음이다. 그는 다음과 같은 훈련을 받는다 : "그들은 작전행동에 관련된 모든 종류의 준비과정을 거칩니다. 기초 훈련과 전투훈련을 마친—언제나 검문소에는 일반 사병이 아니라 전투병들이 배치됩니다—어린 사병은 몇 시간 동안 검문소에서 할 일에 대한 훈련을 받습니다. 상관들은 검문소와 그 외 모든 동종 명령들에 관한 브리핑을 의무적으로 해야 합니다. 검문소에서 일하는 사병은 상관에게 브리핑을 받아야만 합니다. … 우리가 받는 사병들은 박사급들은 아니"라고 한 IDF 대령이 말한다 : "그렇지만 최고의 사병들이지요. 갑자기 그들은 통행허가의 장소에서 상급능력을 보여주어야만 합니다. 기간 만료일이 허가증 어디에 찍혀 있는지, 허가증이 진짜인지 위조인지를 알아야 합니다. 안타깝게도 상당수의 허위 증명서들이 돌아다니는 형편입니다. 이런 경우 경찰이 와서 위조증명서가 어떻게 보이며 어떻게 구별하는지를 가르쳐 줍니다. 이런 것들이 갈등의 상황에서 우리가 사병들에게 가르쳐야 할 지식들입니다. 이는 기초 혹은 비전투적 훈련에서 다룰

위해 사용하는 도구가 접촉을 배제한다 해도 응시는 때로 그 앞에서 주춤한다. 만일 찾는 게 무엇인지 누군가 묻는다면 아마도 폭탄물 벨트라고 대답할 수도 있다. 그러나 그의 응시가 어떻게 작동하는지를 이해하려 노력하면서 응시를 검토한다면 우리는 그 밖의 다른 것을 찾게 된다. 팔레스타인 주민의 몸은 어디에 있건 그것을 관찰하는 시선이 경계선을 그을 수 있는 구실을 제공한다. 팔레스타인 주민의 몸은 그가 부정하거나 감추는 진실의 운반자이다. 진실은 그의 몸 안에 있다. 그러나 팔레스타인 주민은 진실이 드러나는 것을 좌절시킨다. 주권의 하급 대리인은 자기 앞에 선 사람이 자신이 주장하는 그 사람이 실제 아님을 입증하려 한다. 대리인은 진실, 즉 정체성의 진실과 진실로서의 정체성을 찾고 있다. 따라서 그는 팔레스타인 주민이 그 위에 덮어씌운 모든 변장술을 제거하고 그의 몸을 직접 응시해야 한다. 그가 팔레스타인 주민의 진정한 정체성을 아는 것만으로는 충분치 않다. 그는 팔레스타인 주민도 그 진정한 정체성을 알기를 바란다. "군사요원"이 내게 알려준 바에 따르면 "검문소에서 우리는 어쨌거나 우리가 정보의 목적으로 필요한 수십 명의 사람들을 잡아들이는 데 성공합니다. 그들은 자기 자신이 누구인지 언제나 알고 있는 것은 아닙니다." 따라서 대리인은 주권적 응시의 의식을 제조해내는 검문소를 차려놓고 그 앞에 선 사람이 그 자신이 꾸며대고 있는 사람이 아니라고

기초분야는 아니지요. 하지만 이 지식을 내면화함으로써 사병들이 검문소에서 근무할 때 적절한 방식으로 행동할 수 있을 것이고, [우리는] 인간의 존엄성과 관련된 연대교육 수업을 갖습니다. 그러나 궁극적으로는 이 모든 절차들에도 불구하고 해당 장소에서 상관들이 제공하는 훈련을 대체할 만한 것은 없습니다."

결정한다. 대리인은 응시하는 일에 지쳤을 때 팔레스타인 주민의 몸이 진실을 알도록 요구하지 않는다. 그의 응시는 대상인 몸이 부재할 때라도 그 몸 앞에서 열려 있기 때문이다. 그는 검문소를 아무도 통과하지 못하도록 단단히 잠그고 막아설 수도 있다. 혹은 검문소를 부수고 누구든 통과시킬 수 도 있다. 그래도 이 사람들 개개인은 다음 검문소에서 결국 잡히게 된다. 그들이 모두 정체성을 훔치거나 빌리거나 위조했다는 것은 아주 명백한 사실이다. 그들은 모두 그들이 주장하는 그 누군가가 아니라고 이미 선험적으로 의심받는다.

주권의 대리인은 검문소에서 팔레스타인 주민과의 만남을 통해 의미를 제조해낸다. 팔레스타인 주민의 몸이 보여주는 스펙터클은 이 의미를 전시한다. 와케드는 이 의미의 내용을 발가벗겨서 이스라엘인의 몸과 팔레스타인 주민의 몸을 혼동시키고 이스라엘의 팔레스타인 주민과 점령지의 팔레스타인 주민을 혼동시킨다. 그의 남자들은 다 잘 생기고 결의에 차 있고 건장하며 위협적이고 도발적이면서 부드럽지만 수염을 깍지 않은 피곤한 얼굴을 하고 있다. 그들의 이름은 근원을 표시해 주지만 스크린에 등장하는 순간과 일치하지 않는다. "이스라엘인"은 "팔레스타인 주민"과 구별되지 않고 그 반대도 마찬가지이다. 정치적 개체를 검문당하는 몸으로 바꾸는 일에 전문가가 되기 위해서 우리는 보호갑옷, 유리판, 와이드 스크린 카운터, 장전된 무기나 설명서 등 뒤에서 잠복해 있어야 한다. 검문소의 요원이 취하는 전술—무시, 학대, 이동 방해, 무감각—은 정당성과 목적을 갖는다. 마치 그 전술들이 그의 진실을 밝히려는 응시를 도와주는 듯이. 진실이 저절로 밝혀지지 않을 것이라는 점을 알면서도 그는 주체를 피곤하게 만들면 진실을 서둘러 밝힐 수 있다고 가정한다. 이런 이유로 지치게 하거나 혐오감을 주는 것이다. 그래, 선택의 여지가 없어라고 그는 말하면서 철저하게 진지한 태도로, 그리고 책임감을 갖고 일을 할 것이다.[9] 매일 그와 명령체계의 연쇄 안의 다른 고리들은 갈수록 영토를 점점 더 나누고 더 많은 고안물들을 심어두어 팔레스타인 주민들을 놀라게 하고 그들의 계략을 폭로하려 한다. 350만 주체들이 임의적인 수백 개의 검문소로 구성된 미로 안에 갇혀 있다. 이 검문소들은 그곳에 도착하는 팔레스타인 주민들의 길을 방해한다. 하지만 검문소는 공간을 통과하는 진행을 막는 것이 아니라 공간을 미로로 만들어서 사람들이 우회로를 찾도록 하는데, 통상 이 미로는 더 피곤하고 길고 지나치게 요구한다. 천천히 증식하는 과정 속에서 다양하고 특이한 고안물들—담장 검문서, 깜짝 검문서, 유인 검문소, 이동 검문소—에 의해서 팔레스타인 주민의 이동은 제한될 뿐만 아니라 예측 불가능해졌다. 월요일에 검문소를 통과하도록 허가받았다면 그 검문소는 화요일엔 더 이상 존재하지 않고, 그가 받은 허가는 다른 길에 갑자기 세워진 검문소에서는 무효가 된다. 한편, 몇 시간 동안 검문소에서 기다린 후 포기하고 집으로 터덜터덜 돌아가던 중 몇 발자국도 안 가서 소란스러운 소리가 뒤에서 들려와 돌아보면 검문소는 사라져 버리고 없다.

팔레스타인은 파편화된 공간에 거주한다. 이 공간은 무작위적으로 더 많아진 국경 통과지역 혹은 국경점들로 끊임없이 나뉘어지고 있는 중이다.[10] 이 공간은 국경으로 한계지워진 공간이 아니라 다수의

9) 검문소 정책의 무용성과 여기에 깃들어 있는 악의에 대해서 Gideon Levy, "The Great Prison Warden," *Ha'aretz*, 18 January 2004 참조.

10) 공간의 파괴에 관해서 Sari Hanafi, "Bio-Humanitarianism and Bio-Colonialism :

국경 통과지역 때문에 공간이 텅 비게 된 국경의 사례이다. 이 국경점들로 그려진 영토는 더 이상 재구성될 수 없다. 먼지구름과 폭력이 아무런 흔적도 남기지 않고 빠르게 분산된다. 그러나 남아 있는 것은 검문당하고 공간에 갇혀 있는 동안 포기하지 않는 사람들의 몸들에 깊게 새겨진 표지들이다.[11] 팔레스타인 주민의 몸은 사전에 그려지거나 협정을 맺지 않은, 그러나 어떤 것도 허락되는 위반된 국경이다. 주권의 대리인에게 팔레스타인 주민의 이동은 그의 통과를 검문하는 동안 더 많은 국경점을 표시할 수 있는 기회를 제공한다. 팔레스타인 주민 자신은 국경의 장소를 점유하고, 그의 몸은 정부라는 괴물의 난봉을 증언하고 있다.

와케드의 비디오 제목은 분명 "검문소"라는 용어를 가지고 말장난한다. 히브리어에서 검문소를 뜻하는 machsom이 비디오에선 언급되지 않지만, 이 낱말이 히브리어와 아랍어 사용자들 양쪽에 사용 가능한 유일한 용어라는 점을 주목해야 한다. 사실상 아랍어에는 검문소에 해당하는 말이 없다. 전세계적으로 국경 통과지역의 검문시설들을 나타내는 "검문소"라는 용어의 사용은 히브리어의 폭력적인 맥락을 강조한다 : 그 의미는 이동의 체포와 통과의 방해이다. 와케드의 비디오에서 검문소는 "스타일-점"(chic-point)으로 바뀐다. 조사는 이제 고상한 스타일이 되었다. 즉 이성적이고, 우아하며, 세련되고 매력적

Coupling the Land Issue with the Refugee Issue" ("The Politics of Humanitarianism in the Occupied Territories" 학회발표논문. Van Leer Jerusalem Institute 21 April 2004) 참조.

11) 아비 모그라비(Avi Mograbi)의 영화 *Detail*이나 기돈 레비(Gideon Levy)와 미키 커즈만(Micky Kertzman)의 주간 시리즈 "Twilight Zone." *Ha'aretz* 참조.

이다. 그 지점은 팔레스타인 주민이 제공해야 하는 몸을 들여다 보는 구멍이 되었다. 와케드가 비디오 마지막에 모아놓은 보도사진들을 보면 팔레스타인 주민이 "검문장소"를 끊임없이 찾는 이스라엘의 응시에 장애가 되는 것은 분명하다. 하나씩 하나씩 팔레스타인 주민들은 셔츠를 들어올리라는 명령을 받는다. 긴 행렬에 선 피곤에 지친 사람들이 한 사람씩 옷의 가장자리를 들어올린다. 마치 퍼레이드에 나선 듯이. 그리고 감시하는 군인의 눈앞에 가슴을 드러낸다. "폭탄 벨트를 몸에 차는 경우가 있기 때문에 군인은 팔레스타인 주민에게 멀리 떨어져 일정한 거리를 둔 채 선에 발끝을 대고 명령에 따라 셔츠를 들어올리라고 지시합니다. 그러면 몸에 폭발용 벨트를 찾는지 여부를 알 수 있게 됩니다. 이런 일은 경계상황에 해당되는 것이지 매일 일어나는 일은 아닙니다." 예의 "군사요원"은 이렇게 보고한다. 그러나 팔레스타인 주민이 처한 **매일**의 현실은 영원한 **경계**상황이다. 그가 길을 떠날 때는 언제나 유인 검문소에서 멈추게 될 가능성이 있다. 다른 길을 택해 가야 할 때는 길가에 쌓인 모래둔덕에 길이 막힐 가능성이 있다. 들판을 가로질러 간다면 옆길을 따라 파헤쳐진 도랑이나 콘크리트 장벽과 마주칠 것이다. 600개 이상의 물리적 장애물과 50개에서 150개에 이르는 유인 검문소들(정확한 숫자는 시기별로 다르다)이 웨스트뱅크 전역에 산재해 있어서 팔레스타인 주민의 일상적 이동을 지시한다. 때로 그는 미리 경고를 받고 어디서 저지를 당할지 알고 있다. 혹은 길을 찾았다고 생각하는 바로 그때 뜬금없는 곳에서 명령이 내려온다. 검문받지 않은 팔레스타인 주민의 몸이 공간을 이동한다는 것을 인식한 뒤 검문소를 세울 핑계로 삼는 그런 명령이다. 팔레스타인 주민의 존재 자체가 검문소가 세워지고 경계점을 만들기 시작할 충분한 이유가 된다. 이는 매일 일상적으로 일어나는 일이며, 경계상황은 더 이상 필요치 않다.

군대에게 검문소란 이스라엘에 테러 공격을 자행할 팔레스타인 주민의 침투를 제한하는 것이다. "침투의 제한"은 주체를 오직 군이 다룰 수 있는 인구로 바꿀 때만 가능하다. 이 인구의 비밀들은 어디에서도 들추어낼 수 있고 매 순간 통제될 수 있다(영화 「알제리의 전투」는 이런 상황에 대해 시사해 주는 바가 많다). 군대는 팔레스타인이 갑자기 공격할 가능성이 있다고 가정한다. 그러니 언제나 먼저 그들을 놀라게 하는 것만이 최선이다. 이것이 군대가 가정에 침입하고, 하부구조를 파괴하며, 지붕 위에 군대를 배치하고, 조망대를 설치해두고, 사업체와 공공기관들을 공격하며 한밤중에 사람들을 깨우고 문을 부수고 사람들의 옷을 벗기며 서랍을 뒤지는 이유이다. 이것이 군대가 고문하고 능멸하며 총을 쏘고 모욕하고 죽이는 이유이다. 이것이 웨스트뱅크와 가자지구 전역에서 군대가 하는 일이다. 검문소는 동일한 논리의 일부로서 군대가 이런 업무를 수행하는 것을 도와준다.

역설적인 형태로 검문소는 군대가 다른 곳에서 자행하는 난폭함과 짐승 같은 폭력성을 중화시켜 준다. 팔레스타인 주민에게 자행된 부상을 기록하는 데이터 표에 이따금 등장하는 매일의 사망자 수는 검문소에서 일어난 것이 아니다. 아마도 혹자는 검문소가 팔레스타인 주민에게 장애물이라기보다는 식욕이 왕성한 괴물의 주둥이 역할을 한다고 추측할 수도 있다(검문소를 뜻하는 의미로 현재 사용되는 낱말인 machsom의 본래 의미는 바로 동물의 주둥이이다). 그럼으로써 이 괴물이 가까이 지나가는 누구든 광포하게 공격하고 물어뜯고 게걸스럽게 먹어치우는 것을 막아준다. 매일 검문소에서 일어나는 주둥이 폭력은 다양한 검문소들 사이에서 내버려진 협상할 수 없는 생활공간에서 자행되는 직접적인 폭력을 지연시키고 억제하는 기능을 한다. 억압된 폭력은 이스라엘 군대를 제약한다. 그 대량의 배치는 **직접적이고, 완전한 규모의 군사적 폭력**이 폭발하는 것을 억눌러 준다. 이로써 이스라엘의 통제장치가 생겨나게 되고 점령지역에서 정의나 법이 없이, 이데올로기 국가장치나 훈육이 없이 작동한다. **하지만 또 전쟁이 없게 하기도 한다.**[12] 만일 이런 전쟁이 현재의 조건에서 발생한다면 응집력 있는 팔레스타인의 군대력이 부재한 상태에서 "최종적 해결책"의 형태, 다시 말해 팔레스타인 주민들의 추방이나 전멸을 낳게 될 것이다.[13] 그들의 영토들은 이미 점령된 상태이고, 따라서 파괴할 어떤 적으로서의 주권은 없다.

국경선 문제를 해결하고 협정된 국경선에 이르려는 시도에서 점령에 대항하는 지속적인 투쟁은 따로 진행되어야 할 시민권을 위한 긴급한 투쟁을 주변화시킨다.[14] 팔레스타인 주민이 시민이 될 때에만—주권이 그 앞에 나타나게 할 권리가 주어진 사람, 정부라는 괴물의 파괴에 한계를 부여할 능력이 주어진 사람—점령의 종식이 시작될 조건이 마련될 것이다.

12) 통제기구에 대해서는 이디 오피르(Adi Ophir)와 함께 쓴 졸고 "How to Get Free of the 'Occupation'"(간행예정) 참조.
13) 예외들의 "최종적 해결책"에 대해서는 Hannah Arendt, "The Decline of the Nation-State and the End of the Rights of Man," *The Origins of Totalitarianism*(New York : Harcourt, 1973), 267-302 참조.
14) 이 주제에 관해서 졸고 "Citizenship On-Line"(Be'er Seva University, 26 February 2004)와 이디 오피르(Adi Ophir)와 공저한 졸저 *Terrible Days : Between Disaster and Utopia*(YamimRaim : Resling, 2002)를 보라.

베일의 형제들 : 군사주의적 가족 로맨스

— 시기 야트캔트

프로이트와 왕래한 편지들을 묶은 『왜 전쟁인가?』라는 제목을 단 유명한 서간집에서 아인슈타인은 전쟁에 대한 정신분석적 진단과 관련되어 통상 따라다니는 오해가 무엇이었고 현재는 무엇인지를 다룬다. 전쟁을 "집단적 정신병"으로 부른 아인슈타인은 프로이트에게 인류가 그 자연적 침략성, 전쟁의 "정신병"적 토대를 형성하는 "증오와 파괴"를 극복할 가능성이 있는지 묻는다 : "[인간은] 그의 내부에 증오와 파괴를 향한 욕정을 품고 있다. 정상적 시기에 이 열정은 잠재적 상태로 존재하고 범상치 않은 상황에서만 드러난다. 하지만 이 욕정을 불러내어 집단적 정신병의 힘으로 키워내는 일은 비교적 쉽다."[1] 아인슈타인의 "진단"이 전시에 일어나는 일에 관한 유일한 것은 아니다. 한 명 이상의 철학자들이 전쟁이란 "일시적 광증"의 형태라고 결

1) Sigmund Freud, "Why War?" *The Standard Edition of the Complete Psychological Works of Sigmund Freud*. James Strachey et al. 편역 (London : Hogarth, 1953–1974), 22 : 301쪽.

론지었고, 그 이유를 이해하는 일은 어렵지 않다.

하지만 프로이트는 그의 답변에서 아인슈타인의 질문을 수정해서 "정신병"을 좀더 관대한 표현인 "전쟁 열병"으로 바꾼다. 정신분석적 용어는 여기서 전혀 등장하지 않는다. 프로이트가 지적하듯 전쟁은 우리 문명사회의 모든 도덕과 양립 불가능하다. "왜냐하면 모두가 자신의 생명에 대한 권리가 있고 전쟁은 희망으로 가득한 인간의 삶에 종지부를 찍는 것이며 개개 남성들을 모멸적 상황으로 이끌고 인간의 노동이 생산해 온 소중한 물질적 대상들을 파괴하는 것이므로."[2] 사회적으로 인정된 선을 뒤집는 전쟁이 그저 일시적 광증의 형태이기만 한 걸까? 이 글에서 내가 독자 여러분에게 확실히 밝히려는 것은 이 질문에 대한 대답은 전쟁은 집단적 정신병적 발병과는 거리가 멀다는 것이다. 나는 전쟁을 경험하는 개인들이 트라우마로 인한 정신병에 걸리기가 쉽다는 사실을 부정하려는 것이 아니다. 그런 현상에 대해선 이미 많은 연구가 되어 있다. 하지만 사회적 혹은 집단적 발병으로서의 전쟁은 국가가 주관하는 군사적 명령(게릴라나 저항운동과는 대조적으로) 하에서 그 관례적이고 형식적인 능력을 갖추고 있으므로 정신병과는 완전히 다른 구조를 갖는다.

전쟁이 어떤 구조인지 탐색하기 위해서 이라크에서 현재 벌어지는 전쟁의 한 사건에서 시작해 보자. 2003년 4월 8일 팍스 회사에서 파견한 해병대 2대대 23소대가 바그다드에서 강한 폭격을 받게 되었다. 이 와중에서 로켓 프로펠을 단 수류탄이 떨어졌다. 포대 하사관 거

2) 같은 글, 213쪽.

스 코바루비아스는 날이 어두어지기를 기다려 대대에서 빠져나와 수류탄이 날아온 궤도를 추적해서 따라가 어떤 집으로 들어가서 수류탄 발사대 옆에 있던 이라크 남성—어떤 정보에 따르면 이 남자는 잠을 자고 있었다고 한다—을 발견했다. 하사관 거스는 나중에 그가 "전시 규정 위반"을 범했는지를 결정하기 위한 심문을 받게 된다. 『라스베가스 리뷰-저널』의 보고서에 따르면, "거니" 코바루비아스는 이라크 남성에게 일어나라고 명령하고 억지로 뒤로 돌아서게 한 후 그의 검정 베레모를 벗긴다. 코바루비아스는 "그의 뒤로 가서 머리 뒤통수에 대고 총을 두 번 쐈다"고 주장한다. 이라크 남성의 군 증명서를 기념품으로 가지고 나오다가 도망치려고 한 또 다른 이라크 남성을 본다. 코바루비아스는 이 남자도 뒤쫓아 가서 총으로 쏘고 나서 그의 군 증명서와 AK-47 돌격용 자동소총을 가지고 왔다고 주장했다. 『저널』은 어떻게 그가 이 두 신원증명서를 손에 쥔 채 기자에게 "이것이 정의다"라고 말했는지를 묘사하고 있다. "나는 복수를 하려 한 것이 아니다." 그는 계속해서 말한다. "이렇게 말하면 내 입장이 곤란해질지도 모른다. 하지만 나는 이 일을 내 가족에게 일어난 아주 개인적인 문제로 받아들인다. 해병대는 나의 가족이다."[3]

코바루비아스가 늘어놓은 자신의 행동에 대한 허세적인 설명은 매스컴의 쏟아지는 뉴스들로 이어지고, 라스베가스의 작은 고향 마을을 소란스럽게 만들었다. 하사관 마이클 던은 사건이 있기 바로

3) J. M. Kalil, "Interview Fallout : Inquiry to focus on Marine." *Las Vegas Review-Journal*. 26 April 2003. <http://www.reviewjournal.com/lvrj_home/2003/Apr-26-Sat-2003/news/21192287.html>(1 June 2004).

전에 소개된 동일한 대대의 예비군으로서 코바루비아스를 "100%" 지지한다고 말했다 : "만일 그가 아니었다면 그놈들이 쫓아와서 다른 해병대들을 죽이거나 적어도 심하게 중상을 입혔을 것이오. 그는 옳은 일을 한 것입니다."[4] 훈장을 받은 베트남 참전용사인 탐 윌리스 역시 동일한 결론을 내린다 : "전쟁터에 있어본 사람이면 누구나 이 사람을 지지할 것이오. 전쟁의 규칙이라고? 도대체 무슨 말을 하는 거요? … 그놈들이 당신을 죽이기 전에 먼저 그 나쁜 놈들을 쏴버려야 하는 거라고 … 그렇게 해야 하는 거요." 윌리스가 볼 때 코바루비아스가 저지른 나쁜 짓이란 자신의 행동을 공공연히 떠벌렸다는 것이다 : "그는 그 사건에 대해 입 다물고 있어야 했소."[5]

그러나 군체제의 입장에서 보면 코바루비아스는 잠재적인 전쟁범이다. 왜냐하면 그는 이라크인의 항복을 받아들이지 않았기 때문이다. 군 관계자들은 〈공화주의 수호대〉의 회원이라고 알려진 이 이라크인이 일단 해병대에 항복한다면 그가 원칙적으로 전쟁포로가 되는지, 만일 그렇다면 코바루비아스가 제네바 협정의 조건에 따라 죄수를 다루는 정해진 작전절차를 따르지 못했는지 여부를 두고 논쟁을 벌이게 될 것이다. 만일 그가 현장처형의 죄를 범했다면 코바루비아스가 자기 손으로 직접 법집행을 한 것으로 결정될 것이고, 그는 처벌받게 될 것이다.

4) 같은 글.
5) Frank Curreri, "Investigators inverview Marine about shootings." *Las Vegas Review-Journal*. 26 April 2003. 〈http://www.reviewjournal.com/lvrj_home/2003/Apr-29-Tues-2003/news/21209274.html〉(1 June 2004).

이 사례는 분명 특이한 예는 아니다. 어떤 전쟁에서든 군인들이 코바루비아스처럼 잔인하게 "자신을 잃는" 경우는 허다하다. 폭격이 시작되기 바로 직전 쿠웨이트 사막의 한 캠프에서 무슬림 개종자 하사관 아산 아크바가 대대를 향해 몸을 돌려 101대 공수부대의 지도자들이 있던 텐트에 수류탄을 던졌다. 한 명이 죽고 15명이 부상을 당했다. 이 "살상"사건이 코바루비아스 사례만큼이나 매스컴의 관심을 받는 동안 이 사건을 일으킨 명백한 이유들에 관해서 코바루비아스 사례와 동일한 정도의 법적 (그리고 도덕적) 문제들은 제기되지 못했다. 그의 동기와 상관없이(아크바는 나중에 종교에 대한 끊이지 않은 괴롭힘 때문에 지쳤었다고 주장했다) 그는 군사재판에 회부되어 의심의 여지없이 살인죄를 선고받을 것이다.

코바루비아스의 사례를 정신분석적 관점에서 볼 때 아크바의 경우와는 대조되는 매우 교훈적인 사실 한 가지는 이 사례가 반드시 전쟁에서는 분리되어야만 하는 두 개의 양립 불가능한 도덕적 체계들 사이에 내재하는 갈등에 우리가 집중하지 않을 수 없게 만드는 방식이다. 물론 군사구조는 자신의 권력을 이 두 가지 체계들의 혼선에 기초해서 유지하고 있다. 다른 말로 표현하면 코바루비아스는 그의 군사적 도덕성과 시민적 도덕성 사이의 차이를 유지할 수가 없었다. 그의 설명은 바로 이 점을 극명히 보여준다 : "나는 복수를 하려 한 것이 아니다. 이렇게 말하면 내 입장이 곤란해질지도 모른다. 하지만 나는 이 일을 내 가족에게 일어난 아주 개인적인 문제로 받아들인다. 해병대는 나의 가족이다."

여기서 우리는 개인과 국가의 도덕성들 사이의 차이를 인정하지 못했던 유명한 또 한 사람을 떠올리게 된다. 당연히 외디푸스의 딸 안티고네이다. 그녀는 크레온의 법령에 도전해서 오빠를 매장하고 가족의 법을 자신을 정당화하기 위해 인용한다. 흥미롭게도 코바루비아스는 자신의 행위를 안티고네와 똑같은 용어로 옹호한다. 그는 친족을 기반으로 한 복수의 권리에 대해 주장을 한다. 그의 해명, "나는 복수를 하려 한 것이 아니다. … 아주 개인적인 일로 받아들인다"는 매우 시사적이다. 전체 군대의 심리가 바로 "개인적인 일로" 받아들이지 않는 것에 따르는 것이 아닌가? 결국 바로 이 탈개성화 때문에 군대의 인사들이 누군가를 적군으로 한순간에 죽이려고 시도하고, 그 다음 순간에는 그들을 자기 대대의 구성원들과 동일한 권리와 대우를 받게 될 전쟁포로로 대우하는 것이 가능하다. 이 암묵적이고 필수적인 가정은 사병들이 대리인으로서의 적과 개인으로서의 적 사이의 차이를 안다는 것이고, 바로 이 구별 때문에 그들은 자신이 전쟁포로가 된다면 동일한 처우를 받게 되리라 기대하는 것이다. 하지만 코바루비아스의 문제는 안티고네의 것처럼 이 구별을 유지하지 못한다는 데 있었다. 그는 동시에 전쟁의 상반된 도덕적 체계—"저놈들 전부 죽여"/"살인을 저지르지 말라"—를 안티고네와 정확히 동일한 이유로 동시에 유지할 수 없었다 : 폴리니서스는 내 형제/해병대는 나의 형제이다.

여기서 우리는 윤리적 사상사에서 가장 오래 지속된 수사들 중 하나, 즉 친족의 지위를 사회적 연결고리로 귀속시키는 방식을 만나게 된다. 코바루비아스의 해명이 시사하듯 이 수사는 군공동체에서 막대한 효과를 발휘해서 구성원들 사이에 사랑과 상호 책임의 관계가 형성되도록 이용된다. 이 점은 군생활을 재현하는 헐리우드 영화들에서 나타나는 지배적 이데올로기적 수사를 형성한다는 사실에서 설득력 있게 확인된다. 자신의 "형제"에 대한 책임감은 전형적으로 사병이 마주할 수 있는 가장 고귀한 윤리적 의무로 그려진다. 헐리우드 영화들은 지속적으로 부상입고 죽어가는 "형제"를 영웅적으로 구조하거나 혹은 비극적으로 실패하는 것을 그린다. 『펄프 픽션』에서 쿤 대장(크리스토퍼 왈킨)이 친구의 항문에서 어떻게 금시계를 찾아냈는지를 우스꽝스럽고 무표정한 얼굴로 묘사하는 장면은 희망과 구원의 헐리우드 감상주의 내러티브들의 수사에 완전히 침윤된 상태로부터 그 풍자적 파급력을 얻는다. 이 감상주의 내러티브에서 중요한 것은 권위의 위기이다. 영웅적 구조작전—혹은 코바루비아스의 경우 복수살해—은 전형적으로 상관의 명령에 대한 반항이다. 이 위기에서 우리는 프로이트의 "가족 로맨스"의 기본적 윤곽을 쉽게 알아챌 수 있다. 어린 아이가 그의 "실제" 아버지가 왕이라고 믿는 상상적 환상 말이다.

공동체를 이끄는 이데올로기적 수사로 가족을 차용할 때 군대는 자기 자신과 위험한 게임을 시작하게 된다. 그래서 쉽게 역화(逆火)될 수 있다. "가족" 모델이 성공하기 위해서는 공동체는 효과적으로 구성원들을 탈외디푸스화해야 한다. 즉 군대 "가족"은 반드시 전(前)외디푸스적 가족구성을 유지해야 한다. 코바루비아스 사례가 적절히 보여주듯 적어도 군의 고도로 유능하고 복합적인 구조가 해체되는 것을 막으려면 이는 필수적이다. 군대는 매우 기묘하면서도 영리한 속임수를 통해서 이 역전을 달성한다. 주체의 초기단계, 원초적 주체 구성에 기반해서 군대는 구성원들을 (일시적) 도착자로 바꾸어 놓는다.

도착자란 무엇인가? 우리가 알고 있듯이 도착자는 부인(否認)을 통해서 어머니의 결여에 반응한다. 이 부인—"나는 여자들이 팔루스를 갖고 있지 않다는 것을 잘 알고 있다. 하지만 그래도 … "—을 통해 주체는 모순되고 동시에 취할 경우 상호 양립 불가능한 두 영역에 두 발을 벌리고 걸쳐 설 수 있게 된다. 하나는 상상계적 전(前)외디푸스의 영역으로서 주체는 남근적인, 거세되지 않은 어머니를 계속 믿는다. 다른 하나는 외디푸스 영역으로 거세를 통해 상상계적 팔루스를 결여된 대상으로 상징화하며 주체는 욕망의 환유적 길을 나서게 된다. "여성이 팔루스를 가졌다/갖지 않았다"의 모순은 도착자에게는 부재를 의미화하는 페티시 대상으로 해결된다.[6] 라깡이 『세미나 4』에서 말하듯 페티시 대상은 효과적으로 "베일"의 기능을 담당한다. 이 이중적 움직임에서 베일은 (페티시 대상으로서) 대상(팔루스)을 감추는데, 이는 부재(존재하지 않는 팔루스)에 대한 가면이다.

라깡이 우리에게 은유가 아니라 환유라고 상기시켜 준 이 대체물들을 통해서 주체는 심리관계적 모순을 현상적 대상에게 투사시킬 수 있다. 이 대상의 독특한 성질은 존재하지 않는 대상을 감출 수 있다는 데 있다. 페티시적 대상은 이렇게 아주 흥미로운 방식으로 주체적 분리의 무게를 감당한다. 거세당한 주체는 내적인 분리를 억압을 통해 수직적으로 관리하고, 욕망을 위해 쥬이상스를 포기함으로써 결여의 기표인 팔루스 중심으로 응집한다. 한편, 페티시즘에서는 주체의 분리는 잃어버린 팔루스를 대신하는 현상적 대상으로의 투사를 통해서 수평적으로 조직된다. 도착의 경우 부재한 팔루스는 상징화되지 않고 현상화된다.

확실히 군사체제는 영리하게도 이 "가족"을 구성한 대부분의 건강한 신경증환자들이 이미 상징화한 것을 대체하는 페티시적 대상

6) Jacques Lacan, *Le Séminaire, Livre IV : La relation d'object (1956-1957)*. Jacques-Alain Miller 편집(Paris : Seuil, 1994), 152쪽.

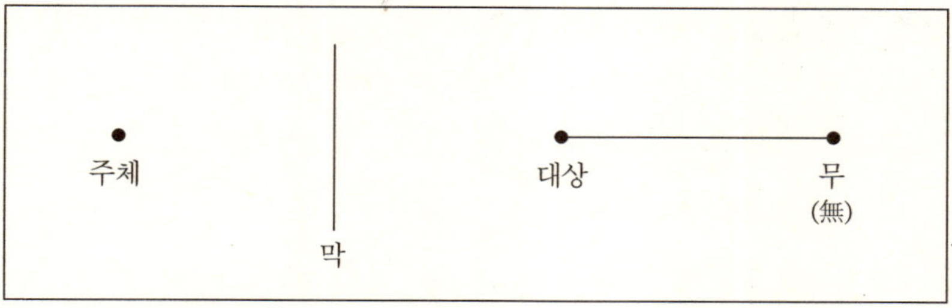

표 1 : 라깡의 "베일"도식[7]

을 받아들이도록 그들을 "퇴행"시킨다. 해결책은 사실상 훨씬 통렬하다. 군사공동체의 특수한 "도착성"의 성격은 상징계 자체를 페티시로 만드는 방식이다. 군대는 대상을 강요하려고 시도하기보다는 이미 손에 쥐고 있는 것, 신경증적 구조의 이미 상징화된, 결여에 대한 기표로서의 남근적 기표를 사용한다. 군사적 심리의 (일시적) 도착을 만들어내는 정교한 수(手)는 바로 남근적 기표가 결여에 대한 기표가 아니라, 페티시 대상처럼 **현존과 부재 모두**에 대한 기표로 되기 위해 재가공되는 방식에서 그 천재성을 드러낸다.

이 페티시화의 효과들은 복잡하고 복합적인 사회적 위계에서부터 옷, 행동, 장식, 휘장 등 상징적 형식들에 대한 강박에 이르기까지 군사적 담론의 성격을 규정하는 정교한 상징화에서 직관적으로 인식 가능하다. 다시 말해 순수하게 직관적인 차원에서 상징계의 이 페티시적 현상화가 그 구성원들에게는 의미 있는 보호적 기능을 제공한다. 전쟁이 실재와 실재의 공포스러운 쥬이상스를 불경하게 마주치게 되

7) 같은 글, 156쪽.

는 상황에서 상징계의 이와 같은 페티시화는 전쟁의 트라우마에 맞닥뜨리는 주체가 겪을 철저한 심리적 붕괴에 대해 효과적인 완충작용을 제공해 준다.

질문은 이제 이 도착이 일어나는 메커니즘은 무엇인가이다. 살펴본 대로 이는 수직적 대체를 수평적 차원으로 방향을 다시 틀기, 즉 비유적인 것을 환유화하는 문제이다. 신경증적 혹은 외디푸스적 구조는 심리를 억압의 막대로서 중심 기표 주변으로 조직하고, 주체에게 내적인 부재에 기반한 의미화 작용의 영역으로 접근할 통로를 제공한다. 반면, 도착적 주체는 이러한 분리를 그 뒤에 결여가 숨겨져 있는 장애물로 인식한다. 하지만 우리가 지금 도착적 구조가 아니라 신경증적 주체 구조를 다루고 있기 때문에 군사적 도착의 대상은 다르다. 페티시 대상이 베일로 가리고 있는 것은 없어진 모성적 팔루스가 아니라 그것의 상징적 상대, 즉 (상상계의) 부성적 팔루스이다.[8]

이 도착적 · 수평적 재구조화의 가장 확실한 예는 헐리우드 전쟁 영화에서 볼 수 있는 두 가지 부성적 형상인데, 거세당하는 상징적 아버지와 그의 뒤에 존재하는 전형적으로 남자들이 헌신하는 대상인

8) 이런 이유 때문에 여성들은 대부분의 전쟁영화의 내러티브적 관심에서 근본적으로 부재하다. 한 가지 예외는 「라이언 일병 구하기」(*Saving Private Ryan*)로, 이 영화는 전체 내러티브 구조가 트라우마적 모성적 실재(네 명의 아들 중 세 명을 이미 잃고 군사체제가 더 이상 그녀의 막내 아들을 잃도록 둘 수 없는 어머니)에 기초하고 있기 때문에 처음 볼 때보다 훨씬 더 예외적이며 흥미로운 전쟁영화이다. 어머니/대타자(mOther)의 팔루스를 회복시키는 것으로서의 라이언의 상상계적 위치는 이 영화를 도착적 재현이 아니라 나르시시즘적 여성적 환타지로 만든다. 그렇기 때문에 도리없이 기독교적 메시아주의로 해소되어야 한다. 예수로 재현되는 존 밀러 대장(톰 행크스 역)은 라이언이라는 보통 인간이 구원되기 위해서 반드시 죽어야만 한다. 그리고 행크스의 온화한 외디푸스적 아버지는 초자아적 신으로 변형된다.

거세당하지 않은 아버지이다. 첫째 아버지는 보통 명령을 하는 인물로서 전형적으로 외디푸스적이고, 권위의 실패로 고통당한다. 또 다른 아버지는 자주, 그러나 반드시 그런 것은 아니지만 법과 명령의 사슬 밖에 있는 것으로 묘사되고, 타자가 결여한 모든 정당한 권위를 부여받는다. 내러티브는 변함없이 정당화와 남자들의 충성심에 대한 권리를 향한 이들의 투쟁을 낳게 된다.

특히 이를 선명히 드러내는 사례는 최근 영화 「최후의 성」(*The Last Castle*)이다. 유진 어윈 장군(로버트 레드포드 역)은 많은 훈장을 받았으나 군사법정에 회부되어 감옥살이를 하고 있다. 그가 수감된 이유는 영화 후반부에 가서야 알려지는데—위기의 순간 그는 명령을 따르지 않았고, 그 결과 부하 8명을 잃게 된다—, 이때는 이미 합법적 아버지로의 그의 정체성이 구축되고 난 뒤이다. 참기 어려운 죄의식과 후회 때문에 그는 모든 책임을 허무적으로 포기하게 되는데, 이는 의미심장하게도 시민으로서의 남은 여생을 집 앞에서 손자와 놀면서 지낼 욕망으로 표현된다. 영화의 플롯은 감금된 남자들에 대한 책임감의 부활을 중심으로 전개되고, 거친 독재자 "외디푸스적 아버지" 윈터 대령(제임스 갠돌피니 역)을 하야시키고 어윈을 정당한 지도자로 그 자리에 앉히기 위해 감옥수들은 항거한다. 이 과정에서 감옥수들은 죄수로서가 아닌 "군인"으로서 "진정한" 정체성을 회복하게 된다. 즉 그들은 개인적 죄의식을 털어내고 집단적 정체성을 부활시킨다. 항거의 마지막 두 번째 장면에서 죄수들은 소박한 군사적 형태를 취하게 되고, 어윈이 내리는 명령 이외에 다른 어떤 명령에도 따르지 않는다. 한편, 윈터는 그의 하급장교에 의해 수치스럽게도 의무해제된다. 영화의 클라이맥스는 회전하는 카메라가 자신의 권위가 사라지는 것을 망연자실하게 바라보는 윈터의 시선에 내리꽂히면서 초점을 맞출 때 외디푸스 아버지의 무능력의 최고점이 강조된다.

여기서 자연적이고 진정한 지도자의 선을 따라서 군대 "가족"의 전형적인 이데올로기적 개혁을 보게 된다. 앞 장면에서 봤듯이 어윈은 실제 아버지로서는 실패했다(손자와 놀겠다는 그의 환타지는 일단 우리가 그가 한번도 손자를 만난 적이 없다는 사실을 알고 나면 용두사미꼴이 된다). 그는 이 실패를 회복할 수 없다. 왜냐하면 그는 성조기를 감아올리려는 (내러티브의 기대와는 달리 똑바로 걸린 채) 최종적인, 용감한 시도를 하는 중 감옥 마당에서 죽기 때문이다. 영화가 암시하듯 그에게 적합한 영역은 그의 군대 "가족"이며, 부하들만이 그가 진실로 속한 곳이다. 영화가 군사법의 "밖"에서 진행된다는 사실, 그리고 이중적으로 시민적 도덕성 밖에 놓여 있다는 것은 오직 어윈이 합법적인(따라서 거세되지 않은) 아버지로서 구현해야만 하는 "자연적 지도력"을 강조하는 역할을 할 뿐이다. 그의 부하들에 대한 헌신은 어떤 다른 것보다 우선하며, 따라서 그는 사병들의 희생이 바쳐질 만한 그런 아버지이다.

이러한 내러티브에 대한 흥미로운 수정은 영화 「K-19 : 위험천만한 일」(*K-19 : The Widowmaker*)에서 찾아볼 수 있다. 미하일 폴레닌(리암 니슨 역)과 알렉세이 보스트리코프(해리슨 포드 역)는 권위를 위해 경쟁하기보다는 두 부성적 인물들이 서로에게 상호 의존하는 구조를 드러낸다. 냉전시기의 절정기에 일어난 실제 사건에 기초했다고 알려진 이 영화에서 선원들로부터 사랑받는 온화한 러시아 핵잠수함의 선장 폴레닌은 아직 항해할 준비가 되어 있지 않은 상태에서 테스트 미사일을 쏘라는 명령을 받는다. 그는 아무 설명 없이 마지막 순간에 독재적인 보스트리코프에 의해서 작전에서 제외된다. 보스트리코프는

잠수함과 선원들을 강렬하고 무작위적이며 매우 위험한 위기상황 테스트 절차를 통과하도록 강요한다. 그의 행위는 결국 폭동을 낳게 되며, 그 와중에서 선원들은 폴레닌을 선장으로 재입성시키려고 한다. 애초 폴레닌은 폭동을 수용할 뿐만 아니라 기뻐하는 듯 보인다. 하지만 음모자들이 무장해제를 당하고 난 후 그는 보스트리코프의 수갑을 풀어주고 그의 명령을 재가동시킨다. 영화는 이 두 사람이 권력을 공유하기로 동의하면서 끝난다. 이것이 함축하는 바는 분명하다. 상대방을 향한 격렬한 적대감에도 불구하고 각 "아버지"들은 서로를 기본적으로 지지한다.

두 아버지들을 구별하는 거리가 제거되고 나서 결여 혹은 무의 본질적으로 다른 두 가지 양태 사이에서 융합이 일어날 때 문제가 시작된다. 라깡의 기준으로 볼 때 폴레닌이 상징적 팔루스를 소유했다고 생각되는 아버지의 위치를 차지한다면, 보스트리코프는 "실제" 아버지의 역할을 하면서 상상계적 팔루스를 소유한다고 가정된다. 따라서 이들은 존재론적으로 서로 다른 방식으로 팔루스를 결여하고 있다. 하지만 이 두 결여가 서로 결탁할 때, 즉 페티시적 집단 자기동일화의 보호막이 없이 동일한 차원에서 일어날 때 도착적 구조는 붕괴된다. 베일의 군사적 형제애는 두 가지 무의 정경을 자아이상의 주인 없는 응시로부터 막아주고, 이를 위해 전체적인 도착적 시나리오가 상연되는 것이다. 그러나 좀더 중요한 것은 이 형제애가 두 아버지들을 따로 떨어뜨려 놓는다는 점이다. 다시 말해 이 형재애는 외디푸스적 아버지와 실제 아버지들 사이의 차이를 **투사**한다. 라깡의 도식에서 베일이 대상과 그것이 숨기는 무 사이의 차이의 "원인"인 것과 마찬가지이다.

코바루비아스에게 문제가 된 것은 상징계와 상상계적 차원들에

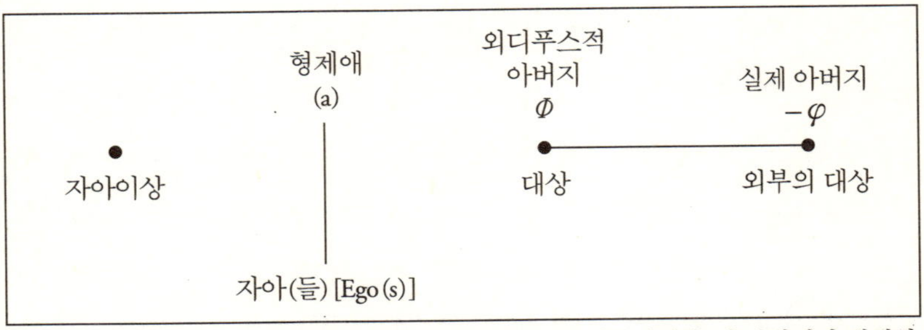

표 2 : 군사적 도착의 도식 : 베일의 도식이 프로이트의 『집단심리학』의 관점에서 재해석된 것. 두 아버지와 집단 에고의 "베일"을 (a)로 표시한다.

서 대상의 결여 사이의 이런 차이가 더 이상 유지될 수 없었다는 것이다. 이에 대응한 신경증적 재연을 통해 그는 효과적으로 (도착적이고 방어적인) 군사적 시나리오로부터 "뛰어나올 수" 있었다. 문제는 내가 코바루비아스의 갑작스러운 신경증적 "(재)전환"으로 가정하는 것에 기폭제가 된 특정한 사건이 있었는가의 여부이다. 다양한 신문보도를 점검하면 이 사례에 관한 온갖 설명들에서 빠진 한 가지 세부사항을 발견할 수 있다. 『라스베가스 리뷰-저널』과의 인터뷰에서 코바루비아스는 수류탄 공격 이후 정신차렸을 때 그와 그의 동료들이 "지옥에서 온 포격전"에 참여했다고 말한다. 전주가 끝날 무렵 어스름할 때 두 남자(운전수와 앞 자석의 승객 한 사람)와 나이 든 여자, 어린 아이, 십대 소녀가 탄 차 한 대가 그들을 향해 돌진해 왔다. 보도된 바로는 운전수가 해병대 벙커를 향해 총을 쏘아대고 있었고 조수석의 남자는 아이를 창문 밖으로 빼내들고 있었다. 언뜻 보기에 이들은 해병대가 아이를 보고 총을 쏘지 않으리라 생각했던 것 같다. 코바루비아스는 그와 그의 동료들이 이런 상황에도 불구하고 운전수와 앞좌석 승객을 향해 총을 쏜 것에 대해 묘사했다. "머리가 아니라 몸을 맞추기 위해서 뒷자석에 앉은 승객들을 맞추지 않으려고 하면서" 조준을 낮게 잡고 쏘았다. 나이 든 노인이 작은 부상을 입었고, 그 와중에 안전하게 차 안의 뒷자석으로 옮겨진 아이는 다친 데가 없었으며, 소녀는 이마 정중앙에 총을 맞고 죽었다. 『리뷰-저널』에 따르면 코바루비아스는 "확실히 말할 수는 없지만 이라크 사람들이 의도적으로 소녀를 쐈을 거라고 믿는다."[9]

간단히 말하자면 나는 코바루비아스의 갑작스러운 신경증으로의 전환은 트라우마적으로 여성과 아이들이 도착적 시나리오로 침입해 들어옴으로써 촉발되었다고 이해한다. 아이가 16살짜리 여자 아이의 아이가 아니라고 가정한다면 집단으로 차에 타 있던 사람들에게서 놀라운 한 가지 사실은 어머니상의 부재이다. 히치콕에게나 어울릴 법한 장면에서 일군의 여성들이—코바루비아스와 같은 남자가 어떻게 여성이라는 성과 오직 한 사람만 예외로 하고 관계를 가질 것인가와 결부된 모든 가능한 형식들을 재현하면서—부정적인 형식으로 제시하려고 위협하는 것은 바로 정교한 도착적 시나리오가 회피하려고 고안된 바로 그것, 즉 **어머니의 결여**이다. 이것은 물론 말장난이다. 하지만 그 무의식적인 언어적 상연 때문에 더 강력해진다. 그에게 돌진하는 자동차는 코바루비아스에게 완전히 문자 그대로의, 그렇기 때문에 본능적으로 생생하게 어머니의 실재적 결여의 상연 이외에 아무 것도 아니므로 즉각적으로 전환되어야 할 어떤 것이다. 도착적 시나리오가

9) Richard Lake, "Out of the Fire, Back Home." *Las Vegas Review-Journal*. 25 April 2003. <http://www.reviewjournal.com/lvrj_home/2003/Apr-25-Fri-2003/news/21188509.html>(1 June 2004).

이미 그렇게 실패했기 때문에 코바루비아스가 택할 유일하게 가능한 방법은 그것을 히스테리아화하는 것이다. 즉 어머니의 실재적 결여를 거세의 상상계적 결여로 다시 덮는(re-cover) 것이다. 이런 식이 아니라면 그가 널리 보고된 대로 현장 처형을 실행하고 난 후 두 사람의 신원증명서를 훔친 것을 어떻게 설명할 수 있을까? 신원증명서는 상징적 정체성의 기표로 거세의 증거이며, 남근적 결여가 상상계적이지 실재가 아님을 보여준다.[10]

코바루비아스는 "해병대는 나의 가족"이라고 주장했지만 이 가족에는 어머니가 실재의 결여를 가지고 여전히 부재한 채 남아 있어야 하고, 이로써 전쟁이 정신병적 발병(결여가 전혀 없는)이라는 아인슈타인의 진단이 잘못되었음을 드러내 준다. 헐리우드에겐 미안한 일이지만 실제 아버지를 외디푸스적 아버지로 대체하는 대신 군집단의 진정한 가족 로맨스는 어머니에 대한 두 가지 모순적 측면을 동시에 유지한다. 결여되지 않은 어머니와 그 결여가 성공적으로 억압된 어머니. 다시 말해서 도착적 부인이 성공하지 못하면 언제나 억압으로 후퇴할 수 있다(이는 신경증이 도착에 의존하고 있음을 보여준다. 왜냐면 신경증은 그 자체로 도착적 부인의 반쪽, 라깡이 주장하는 "이면"이기 때문이다). 이 둘을 지속적인 중지의 상태로 유지하는 것이 군집단 형태의 목표이지만 이러한 심리적 균형의 행위에 내재된 나약함은 아마도 어떻게 어머니

10) 1년 이후 코바루비아스는 전범으로서가 아니라 공격과 관련해서 거짓 진술을 했다는 죄목으로 기소되었고, 32조항 청문회를 기다리고 있다. 군당국은 코바루비아스가 거짓말을 했다고 기소된 진술이 구체적으로 무엇인지를 밝히지 않고 있다. 사건 전체가 전혀 일어나지 않았던 것은 아닐까? 이것이 젊은 남성의 신경증적 환타지로의 통과의례를 좀더 확실히 보여주는 것은 아닐까?

들이 군 계획자들에게 상당히 잠재적인 위협을 계속해서 제시하는지를 설명하는 한 이유일 것이다. 이는 또한 어머니의 실재적 결여를 상연하기 위한 창의적 방식들을 찾거나 발명함으로써 군사 명령구조의 기능에 요구되는 도착을 해체하기 위해서 정치적 불일치를 위한 효과적인 전략이 취하는 방향을 제시한다.[11]

11) 나의 가설에 따르면, 군사적 도착이 일어나는 재료가 이미 신경증적일 때에만 이것이 효과적일 것이다. 그리고 바로 이 점에 주목하자. 이러한 상연은 물론 진짜 도착자들에겐 효과가 거의 없다. 진정 이들은 그저 도착적인 시나리오를 양육할 뿐이다.

아버지, 제가 폭탄을 떨어뜨리는 걸 보고 계시나요?*

—다이앤 루벤스타인

하지만 내가 이 심리학적 연구에
전념하기 시작할 때 … 유럽인의 지평
저 너머로 떠오르는 미국 대통령의 모습에
애초부터 나는 공감하지 않았고,
내가 그를 알게 되면 될수록
우리의 운명에 끼어든 그의 침입 때문에 비롯된
결과로 우리가 더 고통을 받게 된 수년의 시간 동안
이런 나의 거부감이 점점 더 커져갔다는 점을
고백해야 하겠다.

지그문트 프로이트[1]

한 저명한 정신분석가는 퉁명스럽게 반감

* 나는 이 논문을 나의 벗이자 동료인 마이클 로긴(Michael Rogin)을 기리는 마음으로 헌사하고 싶다. 또 꼼꼼하면서도 긍정적으로 읽어준 줄리 웨버(Julie Webber)와 라몽 소토-크레스포(Ramon Soto-Crespo)에게 감사한다. 이 글의 제목은 마이클 파월(Michael Powell)의 *Peeping Tom*에 나타난 도착의 문제를 훌륭히 읽어낸 파빈 아담스(Parveen Adams)의 논문 "Father, can't you see I'm filming?"에서 따왔다. *The Emptiness of the Image*(London : Routledge, 1996), 91-107쪽.

1) Sigmund Freud, "Introduction." Sigmund Freud and William C. Bullitt, *Thomas Woodrow Wilson : A Psychological Study* (Boston : Houghton Mifflin, 1967), xi. 추후 인용문은 본문에 괄호로 표기함.

을 표명하며 자신의 심리학 연구를 시작한다. 그는 종교를 액면 그대로 받아들이고 신앙심과 결합된 리더십을 신성하게 정당화시키는 한 대통령에 대해 묘사한다 : "신은 내가 미합중국의 차기 대통령이 되라고 명하셨다"(xi쪽). 이 미국 대통령의 사실 무시, "현실세계로부터의 소외"는 그의 강렬한 종교적 확실성과 짝을 이룬다. 진정 대통령의 사실에 대한 거부감(그는 "반복해서 단순한 사실들은 자기에겐 아무 의미가 없다고 주장하며, 인간의 동기와 의견을 제외하고는 어느 것도 높이 사지 않는다고 선언했다")은 "그의 희망 또는 소원과 충돌하는" 어떤 사실도 거부하려는 자연스러운 성향을 낳게 되었다. "따라서 그는 사실을 배움으로써 자신의 무지를 줄일 수 있는 동기를 결여했다." 이 대통령은 세계 지리에 대한 이해가 전무해서 영국을 제외한 모든 유럽인들을 경멸하며 프랑스에 대해서는 공포심에 가까운 반응을 보인다. 그러나 이런 결함들이 대통령의 지구적 안전과 평화를 위한 "새로운 세계질서"의 모색에 방해가 되진 않는다. 이 정신분석가는 대통령의 기념비적인 오만함(hubris)을 다음과 같이 가차없이 묘사한다 : "그는 환자의 시력을 복구시켜 주고 싶지만 눈이 어떻게 생겼는지에 대해 모르고 수술에 필요한 과정을 배우려고 하지도 않는 자선가의 딱한 처지에 있다." 대통령의 이러한 성격적 특징은 다음과 같은 표현으로 간결하게 진술된다 : "신실함과 신뢰성 결여, 사실을 거부하는 경향"(xii쪽).

지그문트 프로이트는 현대 미국에 대한 섬뜩한(uncanny) 혜안을 가지고 미국의 28대 대통령 토마스 우드로우 윌슨을 묘사한다. 프로이트는 우선 자신과 윌슨 대통령이 1926년에 태어난 동년생이라는 사실을 알았을 때 윌슨에 대해 관심을 갖게 된다. 프로이트는 『토마스 우드로우 윌슨 : 심리학적 연구』를 [윌리암 불릿(William Bullitt)과 함께]

1931년과 1932년 사이에 썼지만 이 책은 1961년 이디쓰 윌슨(Edith Wilson)의 사망 후 사후 간행물로 출간되었다.[2] 불릿과 프로이트는 이 책을 레오나르도와 미켈란젤로의 모세에 대한 짧은 전기적 연구에 상응하는 것으로 생각했다. 그러나 나는 [제라르 밀러(Gérard Miller), 폴 로랭 아쑨(Paul-Laurent Assoun), 미셸 스나이더(Michel Schneider)[3] 등과 마찬가지로] 결과물 자체는 프로이트의 어떤 다른 연구서보다도, 가령 『집단심리학과 자아분석』보다도 현대 정치를 심층적으로 다루고 있다고 주장하려 한다.

나는 이 글에서 리더십, 특히 전시 대통령직을 정신분석의 대표적인 대상으로서 다룰 것이다. 윌슨(프린스턴 대학의 관념주의적 역사교수이며 총장이었던)을 반지성적이자 반학문적인 조지 W. 부시와 비교하는 것은 무엇보다 직관적이지 못할 뿐만 아니라 도착적으로 보일지 모른다. 나는 이 두 대통령의 피상적인 수많은 유사성에는 그다지 관심을 두지 않는다. 앞으로 살펴볼 바대로 윌슨은 부시처럼 자신의 종교적 신앙에 이끌렸으며, 사실에는 무관심했다. 유럽에 관한 지리학적 무지는 물론이고 인종지학적 무지는 치명적인 결과를 낳았다. 윌슨은 브레너 패스 남쪽에는 독어를 할 줄 아는 사람이 없다고 믿었기 때문에 티롤을 이탈리아로 넘겨주었다. 이와 유사한 인종지학적 무지는 윌

2) Bullitt, "Forword" 참조. Freud and Bullitt, v-viii. 제라르 밀러(Gérard Miller)는 프랑스판 서문에 불리트의 생애에 대한 자세한 기록을 담고 있다. Freud and Bullitt, *Le Président Thomas Woodrow Wilson : Portrait Psychologique*. Marie Tadié 역(Paris : Payot, 1990), i-xx.

3) Paul-Laurent Assoun, "De Freud à Lacan : le sujet du politique." *Cités* 16(2003) : 15-24쪽. Michel Schneider, "Critique de la théorie politique de Lacan." *Cités* 16(2003) : 43-54쪽.

슨으로 하여금 보헤미아를 체코슬로바키아에게 이양하도록 만든다. 윌슨의 프랑스 공포증은 극심한 나머지 위대한 미국인 달력에서 제퍼슨을 빼버리는 등의 쫀쫀한 결정을 하게 된다. 제퍼슨의 철학이 너무 프랑스적이어서 장로교도로는 적합하지 않았던 것이다.

하지만 프로이트와 불릿의 윌슨 연구에 대한 나의 관심은 이보다는 아버지-아들의 드라마라는 영역(이는 『토템과 터부』라는 텍스트로 생산된다)과 신앙과 무지 사이의 릴레이(『환영의 미래』)를 조지 W. 부시의 전쟁이라는 맥락에서 재검토하려는 목적을 갖는다. 내가 부시를 윌슨으로 재상연한다면 그것은 (리더십에 관한) 다음의 질문들을 던지기 위한 것이다. 미국 국민들이 진정 원하는 것은 무엇인가? 어떤 종류의 아버지-기능이 특정한 대통령직을 보증하는가? 어떤 조건 하에서 통제된 향유의 이상적 아버지가 불경한 쥬이상스의 원초적 아버지로 대치되는가? 대타자의 잉여 향유에 대한 호소가 갖는 정치적 가능성과 위험은 무엇인가? 또한 나의 글은 민족적 기획들(평화를 위한 전쟁, 방어막, 국가안전)의 지위와 이 기획들이 거의 망상에 가까워지는 것에 대한 일련의 좀더 불편하고 대답하기 어려운 질문들을 던질 것이다.

소년에 관한 특별한 어떤 것

『토마스 우드로우 윌슨 : 심리학적 연구』는 "어린 타미 윌슨"과 그가 숭배하는 아버지 조셉 러글스 윌슨 목사 사이의 외디푸스적 드라마를 보여준다. 이 이야기는 강렬한 아버지 애착에 관한 실례를 보여주는데, 이는 또 다른 대통령인 슈레버 판사의 이야기에서 모범적으로 나타난 바 있다. 그러나 윌슨은 "정상적인" 신경증환자이거나 아마도 경계선장애자일 것이다.[4] 아들인 "어린 타미"는 자신을 그가 감탄해마지 않는 아버지와 동일화하고, 아버지를 신과 동일화해서 (성스러운) 아버지를 초자아로 높이 세운다. 신성한 아버지는 양면성을 간직한 채 내재화된다. 한편으로 성스러운 아버지는 확신을 주고 (아버지 신이 허하시니 모든 것이 잘 될 것이니라), 다른 한편 공포스럽다(이 아버지 신은 만족할 줄 모른다). 이 양면성이 정신병환자, 신경증환자, 그리고 "몇몇 위인들"(41쪽)을 창조해내는 초자아를 생산하는 것은 분명하다.

강한 아버지 애착에 대한 프로이트적인 개요는 리비도 이론에 기초한다. 프로이트는 이러한 강한 부성애를 표현할 출구를 찾기란 어렵다고 한다. "어린 타미"(그는 28세까지 동정을 지켰다)는 극도로 수동적이며 그의 여성성을 상징화하지 못한다. 윌슨의 경우 리비도의 양이 아주 많아서 현실세계에 사실들이 존재한다는 것을 인식할 능력을 잃는다. 심지어 두 번의 결혼(엘렌 액슨 윌슨과 이디쓰 볼링 골트 윌슨)도 도움이 되지 못한다 : "여성에게로 향한 그의 리비도는 그 줄기가 미약해서 그것을 만족시켜도 아버지로 향해 가는 강한 리비도 줄기에 대한 만족의 결여를 상쇄할 수는 없었다"(183쪽). 그의 실망감은 세계사적 차원을 갖는다 : "1916년 겨울과 이른 봄, 그는 너무도 기쁜 나머지 자신이 미합중국을 전쟁으로 이끌려고 하고 **평화의 독재자**가 될 것임을 믿었다. 우리는 이 기획이 아버지로 향한 리비도에 물꼬를 터주었

4) Miller, xx 참조.

음을 목격했다"(같은 쪽, 필자 강조). 불행히도 미국 국민은 그들의 지도자가 그들을 전쟁에서 벗어나도록 이끌어 주길 바랐기 때문에 평화를 지배하려는 그의 계획을 무산시켰고, 그 결과 그가 행복할 수 있는 기회를 망쳤다 : "그는 자신이 세계의 구원자가 될 것임을 믿지 못한다면 더 이상 행복할 수 없었다. 그가 자신의 지배를 통해 평화를 이끌 십자군으로서 미합중국이 전쟁을 하도록 이끌지 못한다면 더 이상 그가 대통령인지 여부는 문제가 되지 않았다"(같은 쪽).

프로이트와 불릿은 윌슨의 외교정책들에 담긴 종교적 어조를 그가 자신을 예수와 동일화한(아버지와 아들 모두로서) 데서 비롯되었다고 해석한다. 프로이트의 일반적 모델은 윌슨의 경우 자신의 "누구도 필적할 수 없는 아버지"가 장로회 목사였다는 점을 떠올려 보면 특히 더 예리하게 드러난다. 불릿과 프로이트는 윌슨 목사가 가족을 매일 신의 말을 육화한 자신의 목소리에 따르게 했다는 점을 강조한다 : "하루에 다섯 번씩 아버지는 신에게 기도를 올리고 가족들은 귀를 귀울였다. 하루에 두 번씩 아버지는 가족에게 성경을 읽었고 저녁마다 가족과 함께 찬송을 했다"(7). 타미의 어린 시절을 가득 채운 종교적 헌신의 습관들은 그의 성인 시절과 대통령직의 대부분 동안 유지된다. 윌슨은 매일 무릎 꿇고 기도했고, 매 식사 전 기도를 올렸으며, 기도의 효과를 신봉했다.

윌슨 목사는 슈레버 판사의 아버지(다니엘 고트롭 모리츠 슈레버 박사)처럼 위압적인 인물로서 신체적으로 강하고 잘생겼다. "어린 타미"는 아버지의 성 윌슨을 따르긴 했어도 허약한 체구에 시력도 좋지 않고 소심한, 말하자면 여성화된 우드로우였다. 수차례의 신체적 발병 탓에 그는 17세부터 27세까지 10년 중 3년 동안 아버지의 집에서 보살

핌을 받으며 지냈다. 프로이트와 불릿은 이 시기는 남자에게 있어서 "젊은 남성성이 완전히 만개하는 시기인데 … 그는 어린 시절의 습속에 여전히 매달려 있고 소화불량, 신경쇠약, 두통, 그리고 관념으로 가득한 동정남으로 남아 있었다"(81쪽)고 지적한다. 윌슨은 전 생애에 걸쳐 14차례 병치레를 하는데, 이는 윌슨의 여성성과 자식으로서의 수동성, 그리고 초남성적이어야 한다는 초자아의 요구들 사이에서 벌어진 갈등과 관련된 것으로 해석된다. 베르사이유 협정을 위한 파리 정상회담 중에도 윌슨은 재정적 위협이나 회의 중도 포기 등 남성적 힘의 무기를 사용하기를 거부하는 대신 설득이라는 여성적 수단—"호소, 청원, 양도와 굴복"—을 이용한다(231쪽). 프로이트와 불릿은 윌슨이 "결코 그의 생애에서 주먹다짐을 하려 한 적이 없었다. 그의 싸움은 모두 입으로 벌인 것뿐이다"(209쪽)라고 반복한다.

베르사이유 협정에서 14개 조항(윌슨이 제안한 제1차 세계대전 후 평화유지 원칙-역주)을 폐지한 것을 윌슨이 부인(否認)했던 이야기는 프로이트와 불릿의 잘 용해되고 반복적인 내러티브 속에서 해소되지 않은 외디푸스 콤플렉스에 관한 슬픈 사례연구로 이중화된다. 이 이야기는 강렬한 개인적인 차원에서부터 사회 · 정치적인 차원으로 움직여 가면서 나르시시스트적 대상선택(이 경우 아버지에 대한 초과 이상화)이 야심적으로 관념적인 외교정책을 가속화한 과정으로 서술된다. 이 내러티브는 두 가지 매우 만족스럽지 않은 결과를 낳게 된다. 윌슨은 "세계의 신뢰라는 원칙을 배신했다"(264쪽). "인류의 상당수는 조셉 러글즈 윌슨이 아들에게 고무시킨 과도한 사랑으로 인해 고통받아야 했다"(102쪽). 전략적 실수를 읽어내는 방식은 여기서 실패한 외디푸스라는 신화적 프레임에 의해 제약받는다. 한 개인의 운명이 가져온 부차적 피해로 타인들이 세계사적 고통을 당하게 된다. 윌슨의 사례는 아주 직접적으로 쉽게 사용할 수 있는 프로이트식 유사물로 번역되기 때문에 우리는 이 손쉬운 전환을 다르게 읽기로의 초대라고 간주하는 편이 낫다.

프로이트와 불릿은 그의 조언자 하우스 대령과 점점 소원해진 것을 윌슨의 자기태만적 행위(협정회의에 비서를 동행하지 않고 갔던 것)와 족벌주의 문제로 오독한다. 족벌주의는 그의 적대감을 의식적으로 가려주는 막처럼 보인다. 무의식적인 "진짜" 출처는 신/아버지 고착이다. 여기서 우리는 프로이트의 본질주의적인 대상관계적 접근법에 내포된 결함을 목격한다. 왜냐하면 족벌주의를 상징질서 내의 과잉의미화된 기표로 읽는 것이 더 정확하기 때문이다. 족벌주의는 형제들 간의 질서 잡힌 모임을 위협하는 공격이다(어원적으로 조카라고 위장하는, 합법성이 의심가는 아들들을 일컬음).[5] 데리다가 『알리바이 없이』에서 윌슨을 언급한 것은("우리는 이제 … 프로이트가 국제연맹의 합법적 아버지 우드로우 윌슨에 대해 생각한 것이 무엇인지 분석할 수 있게 되었다") 부성의 문제를 사회/상징적이기보다는 생물학적인 것으로 희석화시킨다.[6] 데리다의 첨언은 윌슨의 전시 대통령으로서의 업무가 외디푸스 신화보다는 시종일관 부성 메타포나 주인기표에 관한 것임을 암시한다. 『집단심

5) 족벌주의(이태리어 *nepote* : 조카에서 온 말)는 역사적으로 교회행정일에 조카와 친척들을 교황이 임명했던 과도한 편애를 일컬었다. 때로 이 "조카들"은 교황의 서자들이었다.

6) Jacques Derrida, "Psychoanalysis Searches the States of Its Soul : The Impossible Beyond of a Sovereign Cruelty (Address to the States General of a Psychoanalysis)." *Without Alibi*. Peggy Kamuf 편역 (Stanford : Stanford University Press, 2002), 250쪽.

리학과 자아분석』과 같은 책에서 프로이트는 윌슨을 직접 거명하지는 않지만 대신 기표의 대상으로 언급한다("미국 대통령의 14개 조항").[7] 대통령으로서 윌슨은 모호하지 않은 아버지는 아니었다. 그보다는 일종의 (합법적 동성결혼의) 아버지, 정확히 아버지는 아닌 아버지이다. 14개 조항은 덩치가 커진 그의 아버지 목사의 설교문이다. 국제동맹은 14개 조항의 만능기표(master siginifier)가 된다. 존 모튼 블럼(John Morton Blum)의 말을 빌리면 조항이라는 "왕관의 꼭지점"이다.[8]

프로이트와 불릿은 상징적 프레임을 요구하는 텍스트의 징후들을 지나칠 정도로 경시한다. 윌슨이 자신이 선택한 법조계 일과 전시 대통령직에서 가장 관심을 둔 것은 헌법 초안 작성이었고, 그가 재직한 대학들(데이빗슨 칼리지, 웨즐리안, 존스 홉킨스, 버지니아 대학, 프린스턴)과 정부요직에 있을 때(주지사로 있던 뉴저지주법) 했던 (혹은 하려고 시도했던) 일이었다. 윌슨에게 헌법은 말 그대로 "생명의 수단"[9]이었다. 만능기표를 통해서 윌슨이 『의회정부』(견제와 균형을 옹호함)[10]의 저자로서 외교관계와 국내의 불화를 억누르는 데 있어 절대주의적 대통령 역할을 지지하며 몸소 실천했었다는 명백한 역설을 설명할 수 있다.[11]

7) Freud, *Group Psychology and the Analysis of the Ego. The Standard Edition of the Complete Psychological Works of Sigmund Freud*. James Strachey et al. 편역(London : Hogarth Press, 1953-1974), 18 : 95쪽.
8) John Morton Blum, *Woodrow Wilson and the Politics of Morality*. Oscar Handlin 편집 (Boston : Little, Brown & Co., 1956), 148쪽.
9) Michael Paul Rogin, *Ronald Reagan, the Movie and Other Episodes in Political Demonology*(Berkeley : University of California Press, 1987), 92쪽.
10) Blum, 19쪽 참조.
11) 시민적 자유의 억압에 대해서는 같은 책, 141-144쪽 참조.

신경증환자는 만능기표들을 만들어내는 능력이 있다고 라깡식으로 강조하면 상징질서가 리더십과 외교권을 향한 열망을 유지할 수 있던 시기가 두드러진다. 앞으로 살펴보겠지만 이 시기는 부성적 메타포가 예외의 상태에 더 가까운 현 단계 우리의 도착적 정치와는 대조적이다.

아버지…

> 미국인들은 조지 부시가 애완견과 함께 샤워를 했다는 말을 흘렸을 때 그들이 뭔가 다른 종류의 대통령을 뽑아놓았다는 사실을 알아차렸다.
>
> 마이클 더피와 댄 굿게임(Michael Duffy and Dan Goodgame)[12]

과도하게 이상화된 엄한 아버지와 자기동일화한 신경증적 아들인 윌슨은 전형적인 프로이트식 외디푸스 콤플렉스를 보인다. 하지만 조지 허버트 워커 부시는 권위적인 목사 조셉 러글즈 윌슨과는 사뭇 대조적이다. 타미 윌슨이 이 아버지상을 내사하는 데 아무런 문제가 없었음은 이미 살펴본 바다. 조지 W. 부시의 실패한 아버지상의 내사는 위험스러운 프렛즐의 형태든(2002년 조지 부시 전대통령이 프렛즐을

12) Michael Duffy and Dan Goodgame, *Marching in Place : The Status Quo Presidency of George Bush* (New YOrk : Simon & Schuster, 1992), 36쪽.

먹다 목에 걸려 정신을 잃고 소파에서 떨어져 다친 일화 – 역주) 선거연설에서의 실수든 상당한 웃음거리를 만들어냈다 : "나는 여러분들이 가족들 위에 음식을 놓는 일이 얼마나 어려운 일인지 압니다"(I know how hard it is for you to put food on your families).[13] 조지 W. 부시가 부성 메타포와 맺는 관계는 신경증적이 아니라 도착적이다.

아들 조지의 대통령직을 외디푸스 드라마로 그리는 저널리즘과 미디어의 묘사들은 일견 통일되어 있으며, 클린턴의 역기능적 가족 리얼리티 쇼를 관람한 이래 우리가 기대해 온 유사 프로이트적 장식물로 다시 꾸며진 아테네의 비극이었다. 하지만 미디어의 현란한 수사 이면의 무의식은 규범적 외디푸스 시나리오와는 다른 두 가지 의미심장한 점을 담고 있으며, 도착의 구조적 특수성을 구성한다. 필립 줄리앙(Philippe Julien)과 부르스 핑크와 같은 분석가들에 따르면 도착의 가장 현저한 특성은 어머니/대타자의 욕망이나 결여를 명명할 능력이 없다는 것이다.[14] 2000년 선거가 시작되면서 대통령의 어머니 바바라(속칭 "바") 부시에 대한 뉴스가 그녀가 대통령의 부인이었을 때 가지고 있던 확신에 찬 할머니 이미지(벳지 로스와 베티 크로커를 섞은 가정의 여신 이미지)에서부터 첫 아들이 대통령 선거에 나가도록 부추긴("아들이 선거에 출마하지 않는다면 죽여버리겠다"[15]) 거세를 위협하는 남근적 훈

13) Molly Ivins and Lou Dubose, *Bushwhacked : Life in George W. Bush's America*(New York : Random House, 2003), 50쪽.

14) Philippe Julien, *Psychoses, Perversion, Névrose : La Lecture de Jacques Lacan*(Ramonville Saint-Agne : Eidtions Érès, 2000), 51-62쪽 ; Bruce Fink, *A Clinical Introduction to Lacanian Psychoanalysis : Theory and Technique*(Cambridge : Harvard University Press, 1997), 177-179쪽.

15) Bill Minutaglio, "George W.'s Secret Weapon." *Talk Magazine*(March 2000), 151쪽.

육자로 바뀌어 간 과정은 놀라운 일은 아니다. 조지 부시의 이름의 실제 소유자가 누구인가의 문제를 해결한 것도 바였다 : "세상에는 오직 하나의 조지 부시만 있고 바로 W이다." 아버지 조지는 그를 작게 줄인 닉네임인 "아빠"일 뿐이다. 어머니 바는 매우 남성적이며 반모성적으로 그려진다. 그녀는 "격렬히 뉴포트를 피워대거나 석유 산출지에서 마초적 불경함과 거친 남부 백인 노동자식의 삶을 받아들이는"[16] 진정한 텍사스 카우보이이다. 바는 조지 W. 부시의 대통령직의 상상계적 팔루스의 역할을 부여받았다.

이제 우리는 부시 가족 로맨스에 대한 미디어의 두 번째 전치를 살펴볼 것이다. 도착에 특징적인 부인은 동시에 두 어머니와 두 아버지를 생산해내는 분리를 만들어낸다. 팔루스를 가졌거나 갖지 못한 아버지들과 어머니들은 (각기 다른 차원으로 모순이 적용되는 신경증과는 정반대로) 동일한 행위주체성으로 나란히 유지된다. 조지 W. 부시는 두 명의 엄마를 가지고 있을 뿐만 아니라(카렌 휴즈와 바)[17] 두 명의 아버지를 가지고 있는데, "부드럽고 온화한" 아빠와 "음울하고 복수에 불타는" 딕(체니)이다.[18] 로라는 바의 성난 쥬이상스에 대한 어머니 해독제이다.

규범적인 외디푸스 드라마에 관한 한 조지 W. 부시의 이야기는 표면상 모든 대중적인 설명들에서 꽤 직설적으로 묘사된다. 첫 아들인

16) 같은 글, 152쪽.

17) David Frum, *The Right Man : The Surprise Presidency of George W. Bush*(New York : Random House, 2003), 40쪽.

18) Maureen Dowd, "A Tale of Two Fathers." *New York Times*. 12 October 2003. late ed., sec. 4.

부시는 아버지 이름을 물려받았고, 아버지의 조언자들과 "탱크를 탄 듀카키스"라는 광고를 만든 시그 로기치(Sig Rogich) 등과 같은 홍보관계자들을 모아 팀을 꾸렸다.[19] 아들은 체계적으로 아버지의 유산을 새단장했고, 빌 클린턴에게서 받은 패배에 복수를 했다. "여기 조지 W. 부시가 있다. 더 젊고 더 정치적으로 민첩한, 그의 아버지의 축소판으로 앨 고어에 맞선 선거전을 위해 유전공학적으로 맞추어진 것 같다. 이는 BC(빌 클린턴) 전체 시대에 대해 맞서는 것이다. 2000년 선거는 시간여행에 관한 것이었다." 조지 W. 부시는 "선택되었다"(혹은 부시 가족의 조언자인 제임스 베이커의 도움을 통해 뽑혔다). "이는 마치 전체 BC 시대를 이상하게도 지워버리는 것과 같다."[20]

니콜라스 레만은 조지 W. 부시의 대통령직을 가족의 이름에서 더러운 흔적을 없애기 위해 청산해야 할 것들 중 하나로 본다. 특히 이 흔적은 사담 후세인을 권자에 오르게 한 일과 연결된다.[21] 옛 부시 행정부 출신인 파월과 라이스(비록 이 두 사람은 소련연방국의 해체에 관한 문제에서는 잘못된 역사 편에 속해 있었지만)는 체니와 럼스펠트를 아주 초기부터 정치적 행정에서 도왔다. 기자단은 뒤로 감으로써 앞으로 나아가는 이 격세유전을 "미래로 돌아가기" 내각이라고 불렀다.[22] 부시가 아버지의 대통령직을 재연하는 일은 그의 아버지가 저지른 실수들을 반복

19) Richard L. Berke, "Younger Bush Looks to Father's Image Burnisher." *New York Times*. 26 March 2000. late ed., sec. 1.
20) Philip Baruth, *The X President : A Novel*(New York : Bantam, 2003), 218쪽.
21) Nicholas Lemann, "The Iraq Factor." *The New Yorker*. 22 January 2001, 34–38쪽.
22) David Ignatius, "A Familiar Crew Will Face Unfamiliar Problems." *International Herald Tribune*. 2 January 2001, 6쪽.

하지 않으면서(대부분 "생명이라는 기표"의 헤게모니에 묶여 있는 급진 우파를 소외시키지 않기) 과거의 실수들을 정정하고(사담을 권력에서 몰아내고) 달과 화성탐사라는 미완의 우주적·군사적 야심들을 완성하는 것이 될 것이다.[23]

더 이상 아버지 기능과 신경증적 관계를 맺지 않고 도착적 관계로 향해 가는 이 수정을 어떻게 설명할까? 우선 언뜻 보기에 조지 W. 부시는 뭔가 부족한 채 만개한 남성적 부성 메타포를 보충하려는 시도를 드러낸다. 아마도 부시의 과도한 치장에서 "남성적 강함"의 구현을 읽을 수 있을 것이다 : 카우보이 부츠, 오벌 오피스라고 쓰여진 벨트장식, 비행복, 픽업 트럭과 크로포드에 위치한 농장(하지만 꼬마 한스처럼 부시는 말과 소원한 듯하다). 조지 W. 부시는 팔루스가 되려고(갖지 못한다면) 한다. 빌 클린턴은 쥬이상스의 일부를(즉 그의 어머니의 욕망의 대상으로서) 조절하기 위해서 **아버지의 이름**을 바꾸려는 개혁주의적 시도를 대표한다. 아마도 우리는 탄핵을 둘러싼 갈등을 클린턴이 리더십이라는 사회상징적 계약을 파기한 것에 대한 대응으로 볼 수 있을지 모른다. 즉 그가 아버지의 이름을 위해 향유의 일부를 교환하기를 거부한 것에 대한 대응이다.

어떤 방식으로 아버지 부시는 [아들의] 보충이 필요했나? 아버지 부시는 관습적인 의미에서의 남성적인 아버지는 아니었다. 그는 일은 하지 않고 어머니 도로시에게 매일 백악관에서 전화를 걸었던 영원한 아들로 반복해서 묘사된다.[24] 아들 부시는 그의 아버지 선거 매니

23) Maureen Dowd, "Liberties : His Magnificient Obsessions." *New York Times*. 5 September 2001. late ed., A19.

저로서(아버지의 욕망들의 신탁으로 역전되어 묘사된다) 아버지가 대통령 후보감으로서보다는 아버지로서 더 낫다고 말한다(부시-아버지의 결여가 명명될 수 있다는 사실은 그의 아들을 정신병으로부터 구해준다).

슬라보예 지젝의 포스트모던 재약호화에서 나타나듯 우리는 조지 H. W. 부시의 대통령직을 상징적 기능으로 실체 변환되지 않은 부분대상으로 보는 게 더 정확하다.[25] 아버지는 더 이상 그의 이름으로 지양되거나 죽지 않고 "살아 있으며", 아버지는 그의 "불경한" 차원에서 지나치게 가까이 있다. 다른 지면에서 나는 부시의 두 차례 선거운동은 여성적 병리성과 연관된 상상계적 이미지를 사용한다고 주장한 바 있다. 성공적이었던 1988년 선거유세는 남성적 히스테리로 비유된다. 1992년 선거유세에서 부시는 매저키즘적 환상을 보여주며, 이때는 항문적 쥬이상스로 비유된다.[26]

이 매저키즘적 환상의 현시는 아버지 부시의 서간집 『안녕, 행운이 있기를. 조지 부시』에서 표현된다. 이 서간집에서 그는 자신의 인생과 대통령직에서 겪은 트라우마의 장소들을 다시 방문한다.[27] 그가 낙하산 점프의 흥분된 향유를 서술할 때, "뚱보" 엘비스로 변장했을

24) Duffy and Goodgame, 54쪽 참조.

25) Slavoj Žižek, *Enjoy Your Symptom! Jacques Lacan in Hollywood and Out*(New York : Routledge, 1992), 124쪽.

26) Diane Rubenstein, "Bush, the Man Who Sununu Too Much : Male Trouble and Presidential Subjectivity." *This is Not a President : Baudrillard, Lacan, and the American Political Imaginary*(출간예정). "This is Not a president : Baudrillard, Bush and Enchanted Simulation." *The Hysterical Male : new feminist theory*. Arthur Kroker and Marilouise Kroker 편집(New York : St. Martin's Press, 1991), 259쪽.

27) George Bush, *All the Best, George Bush : My Life in Letters and Other Writings*(New York : Scribners, 1999).

때, 레이건 대통령에게 고무반지를 보여줄 때, 일본에서 펑계가 뭐였든 구토증을 일으켰을 때, 아이들 앞에서 바지 섶이 열린 이야기와 엉덩이 틈새 사이로 차가운 물이 흐르는 것을 좋아하는 오랜 가족 친구들의 이야기를 말할 때 등등 어떤 경우이든 부시는 법의 집행자로서 죽은 상징적 아버지가 아니라 지젝이 이름붙인 "향유의 새싹[들]"을 물질화하는 항문적 아버지로 출현한다.[28] 이 항문적 아버지는 자신의 불경한 본성을 전(前)상징계적 부분대상이라고 가리킨다.[29] 그러나 이 전상징계 아버지는 무엇보다도 근대적 현상으로서, 부성적 비유의 쇠퇴 혹은 상징계적 기능의 담지자로 환원될 수 없는 아버지의 초과적 현전의 결과이다.[30]

지젝은 최근 영화 「지옥의 묵시록 : 귀환」을 해석할 때 이 형상을 다시 사용한다. 여기서 **쥬이상스의 아버지**(커츠)는 과잉된 국가권력에 대한 기호로, 오직 비밀작전을 통해서만 중화될 수 있을 뿐이다.[31] 정말 조지 W. 부시의 "이 시대의 나쁜 놈들"(탈레반과 빈 라덴, 파나마의 노리에가, 사담과 바티스트 정권)의 대상선택뿐 아니라 비밀스러움에 대한 집착을 읽는 한 방법은 명백히 CIA의 비밀작전 수행에서 나타나는 국가권력의 부인된 과잉을 통해서이다. CIA의 전책임자였던 아버지 부시가 커츠처럼 국가권력의 비상징화된 대상 *a*로 과도하게 동일시된다. 현대 국가의 대상 *a*를 통해 진행되는 외교정책뿐만 아니라 비밀을

28) Žižek, *Enjoy Your Symptom!*, 125쪽.
29) 같은 글, 144쪽, 주 22번.
30) Žižek, *For they know not what they do : enjoyment as a political factor*(London ; Verso, 1991), 139쪽, 주 25번 ; 140쪽, 주 26번.
31) Žižek, "L'*homo sacer* comme objet du discours de l'université." *Cités* 16(2003), 35쪽.

유지하기 위해 들이는 극도의 노력은 도착적 대통령 정책의 두 가지 기호일 뿐이다.

혹은 비참한 …*

나는 내 사무실을 여론을 반영하는 거울로 사용하진 않을 것이다.

조지 W. 부시[32]

조지 W. 부시는 그의 행정부가 상상계에 위치하지는 않을 것임을 천명한다. 우리는 종종 클린턴 시대의 특징으로 일컬어지는 상징계의 비천한 테스트를 목격하지도 않을 것이다. 이미 9·11 훨씬 이전에 조지 W는 상징계와 실재계에 대해 사뭇 다른 관계를 맺는다. 그는 대법원이 대상 *a* 혹은 구멍에 매달린 천공 부스러기를 거부하는 한편, 유권자들이 정상화된 향유의 이상적 아버지(고어)에게 거절에 가까운 푸대접을 하는 덕에 대통령직에 오르게 된다. 두 후보자 어느 쪽도 당선된 리더십에 따르는 상상계적 동일화를 유지할 수 없었다. 조지 W. 부시의 재임기간 첫 몇 달은 수렴청정으로 볼 수 있으며, 이 시기는 부

* 역주 : 불어의 père와 pire가 각기 '아버지' 와 '비참한' 의 뜻을 갖는 것에서 착안한 제목으로 앞절과 관련해서 '아버지' 의 비참성, 즉 영어로 abject에 해당하는 개념을 가리킨다.

32) George W. Bush, Greater North Dakora Association. October 1999.〈http://news.minnesota.publicradio.org/features/19910/28_gundersond_bushm/〉(1 July 2004).

분적으로는 우리가 공포증적 대상들이나 기표들(USSR, "공산주의" 혹은 악당 주권민족국가들)을 상실한 냉전 후 세계의 불확실성을 보여주는 것으로 설명할 수 있다. 이런 대상들은 대타자의 결여에 맞서 우리가 대응하거나 혹은 그 결여를 가릴 수 있도록 해주었다. 좀더 의미심장하게 조지 W. 부시가(그리고 그가 선택한 법집행자 애쉬크로프트가) 실재계와의 관계에서 상징계의 한계를 인정하는 데 있어 보여준 비타협적인 태도는 특히 생명의 기표들을 생산(과 정상화)하는 일에 대한 행정부의 애착에서 드러난다.

존 케리 등이 부시 정권을 가장 극단적인 행정부로 간주했던 이유는 부시 정부가 극우세력의 비위를 맞추었기 때문이 아니라(물론 비위를 맞춘 것은 사실이지만), 사회정책에 관한 어떤 자유주의화도 허용하지 않았기 때문이다(심지어 오린 해치 상원의원도 부시가 줄기세포 문제를 세분화해서 "먼저 죽은" 태아로 그 사용범위를 제한하려는 것에 대해 이견을 표명한다). 쟁점이 "부분적 낙태", 즉 강간이나 근친상간으로 인한 경우의 낙태든 줄기세포든(대통령이 브리핑 자료를 자세히 검토했다고 알려진 몇 안 되는 정책들 중 하나) 조지 W. 부시 시대에서 "자유주의화"는 "생명"이라는 기표를 침화시키는 것과 꼭 같으며, 따라서 우리를 전적으로 보호하는 상징계의 불완전성을 폭로하는 것이다. 혹은 더 나쁜 것이(애쉬크로프트가 9·11 직후 사후 충격으로 국가안전 쟁점으로 삼아 시간을 들여 투쟁을 했던) 의사의 도움을 받은 자살이나 의료적 마리화나 사용에 관한 국민투표의 성공사례들에서 상징계는 사실상 우리의 죽음(장기거래) 혹은 쥬이상스를 욕망하고 있는지 모른다.

우리는 이 "생명 이슈들"을 좀더 고차원적인 명분에 대한(주체가 만능기표와 자기동일화에 실패하는 능력과 동시발생하는) 거부의 징후로 읽을 수 있을까? 지젝의 표현을 빌리면 "우리 생명의 궁극적 목적은 생명 그 자체이다."[33] 사형선고에 대한 찬반을 둘러싼 양쪽의 과열된 반응은 마찬가지로 행정화된 생명정치의 궁극적인 외상성 정신장애이며 "죽음"을 가리킨다. 좀더 반향을 일으키는 상징계(즉 뭔가 죽을 만한 가치가 있는 것)가 박탈된 채 생명은 그 자체로 군산복합체(생명을 파괴하는)와 의학산업복합체(생명을 연장시키는), 그리고 지젝이 다룬 이 두 예들 외에 내가 하나 덧붙이자면 감옥산업복합체(생명을 창고에 보관하는)를 서명날인해 주는 궁극적인 정치적 지평의 비유가 된다.

조지 W. 부시는 대타자의 결여에 대해 도착적 대응을 보인다. 상징계의 한계를 마주한 윌슨은 신경증적 징후들을 확실히 드러냈다. 억압된 것이 몸으로, 혹은 자기거부적인 반복강박, 혹은 공포증적 대상(국가연맹)을 만들어냄으로써 돌아왔다. 윌슨의 패턴은 반유명론적으로 이것 아니면 저것, 욕망 아니면 법의 형식을 갖는다.[34] 협정과정에서 윌슨이 보인 주저와 갑작스런 번복 등(프로이트와 불릿이 이 점을 자세히 설명하고 있다)은 해소되지 않은 아버지 콤플렉스의 수많은 신경증적 합병증들이다. 반면, 도착자인 조지 W는 신경증환자가 인식하는 사실을 부인한다.[35] 그는 아버지 기능에 대한 자신의 부인을 무대화하고 환상의 영역을 의학/군사/감옥산업복합체로 제한시킨다. 이런 의미에서 그의 "탑건" 비행조종사 복장은 매체에 보여주기 위한 선거용

33) Žižek, "L'*homo sacer*," 39쪽.

34) Joan Copjec, "What Zapruder Saw." *Imagine There's No Woman : Ethics and Sublimation*(Cambridge, MA : MIT Press, 2003), 198–231쪽 참조. 도착에 관해서는 콥젝의 명징한 논의로부터 도움을 받았다.

35) 같은 글, 227쪽.

사진이라기보다는 부성적인 “선교사적 업무[정상체위](영어의 missionary position이라는 표현이 담고 있는 이중적 의미－역주)수행 완료”이다. 이러한 보여주기는 무엇보다 군사적 개입의 이유(단순히 전시사망자가 계속 늘어난다는 것만이 아니라)를 상당 부분 노출시키겠다는 위협이다 (그리고 도대체 언제부터 탐 크루즈가 애매하지 않은 규범적 남성성을 대표했단 말인가?).

장 클라브륄(Jean Clavreul)과 조운 콥젝은 도착자를 규정하는 것은 대상선택의 문제도(적합한 대상이든 아니든) 아니고 특별한 타자와의 관계(얼마나 규범적인가도 별개로)도 아니며, 법과 사회적 관계를 지배하는 제도들에 대한 도착자의 리비도적 투자라는 점, 바로 이 때문에 신경증적 주체와 구별된다는 점을 강조한다. 진정 법과 맺는 이 “도착적” 관계는 부시의 행정부 초기부터 명백히 나타난다. 교토협정, 핵탄두감축협정, 세계법정, 그리고 북한과 클린턴 정부가 맺은 조약에서 탈퇴하고 (유엔과 같은) 국제적 조직들을 무시하는 태도 등을 보라. 이런 입장들을 선취 혹은 일방주의 정책을 알리는 서곡으로 읽을 수 있을지 모르지만 나는 차라리 도착적인 외교정책의 일례를 좀더 설득력 있게 보여주는 것이라 생각한다. 도착적인 외교정책의 대표적인 수사는 선취(preemption)이다. 다시 한 번 윌슨과 비교해 봄직하다. 윌슨이 헌법을 정교하게 만드는 것을 즐겼다면(따라서 억압적이고 해소되지 않은 기독교도－정치가 기능을 가진 아버지를 수차례 강박적으로 재연하기) 조지 W. 부시의 자극적인 탈퇴행위는 법을 무효시키기보다는 대타자가 존재하기 위해 법을 탄생시키려는 투쟁과 관련된다.[36] 엘리자베스 콜버트는 조지 W가 “법의 조력 없이 이라크 전쟁을 일으킨 이유는 그렇게 하는 것만이 유일하게 법을 재구축하는 방법이라고 그가 믿었기 때문"이라고 지적한다.[37] 그녀는 이를 부시의 "카우보이" 이미지와 밀접한 것으로 읽는다. 선취 혹은 일방주의는 일정한 대타자로 하여금 법을 발언하도록 강요하는 정책이 될 수 있다(유엔에서의 조지 W). 혹은 법을 지지함으로써 쥬이상스에 한계를 부여할 수도 있다(리지와 애쉬크로프트의 해결책).

다시 말해서 우리는 정해진 법(협정, 국제조직의 헌장, 외교적 협정)에 대한 부시의 도발을 신경증적 위반으로 읽어선 안 된다. 신경증환자와는 달리 도착자는 법의 기능을 욕망하지 않는다. 즉 금지된 것을 욕망하지 않는다. "왜냐하면 대타자의 욕망에 대해 확신이 없으므로 이 특별한 대표자가 실은 가짜가 아닌지 의구심에 찬 신경증환자는 특정한 법들에 대한 충성심에서 흔들리게 되기 마련이다. 신경증환자가 법에 복종하지 않으려고 해서가 아니다. 단지 신경증환자는 법이 무엇인지에 대해서 그저 조금 애매한 입장을 갖는다."[38] 도착자와 법의 관계에서는 신경증환자의 주저함은 나타나지 않는다. 도착자는 신경증적 주저를 선명함과 확실성으로 대체한다. 밥 우드워드는 부시에 관한 성인전 형식의 『전쟁 중인 부시』에서 부시의 다음과 같은 말을 인용한다 : "나는 의심하지 않았다. 내 마음 속엔 우리가 옳은 일을 하고 있다는 데 일말의 의심도 없다."[39] 폴 오닐은 "대통령이 확신을 갖는 근거는 무엇인가? … 그의 경험 수준을 고려하면 나는 그의 확신을

36) Fink, 179–181쪽.
37) Elizabeth Kolbert, "Solo Act." *The New Yorker*. 6 October 2003, 44쪽.
38) Copjec, 224쪽.
39) Bob Woodward, *Bush at War*(New York : Simon & Schuster, 2002), 256쪽.

지지할 수가 없다"고 말한다.[40] 부시는 "그의 본능에 대한 세속적인 믿음에 이끌렸다." 본능은 그의 두 번째 종교로 묘사된다.

조지 W. 부시의 최후통첩—"아군 아니면 적"—과 그의 적나라한 조롱—"그래 어디 한번 해보자"—은 그의 아버지의 "모래 위에 선긋기"에 담긴 다층적인 수사들과 다르다[아비탈 로넬이 뛰어나게 지적하듯이 "모래 위에 선긋기"에 내포된 지우기는 오용된 비유(catachrestical metalepsis)이다[41]]. 콥젝은 이 도착적 우주의 결정적인 성격을 이렇게 규정한다 : "우리는 더 이상 '일정한' (미결정적인) 타자의 의식들, 우리가 '불편한 결정'의 관계를 유지하는 공중(公衆)과 함께 존재하지 않는다. 그보다는 우리가 어떤 의심의 여지도 남기지 않는 관계를 유지하는 틀림없는 법의 존재 속에 있다."[42]

여기서 완고하고 상징적이기보다는 계약적인 관계들이 획득된다. 콘디 라이스를 증언석에 앉힌 "완화된" 조지 W. 부시의 경우에도 반드시 조정되어야 할 계약적 조건들이 있다. 클라브뢸은 지식에 대한 관계에서 보여지는 이 완고함의 효과를 주목한다 : 도착자의 "고착성"은 어떤 시간적 한계를 허용하지 않는다. "이전"이나 "이후"란 없으므로 사실과의 관계에서 지식을 조정하는 일은 불가능하다.[43] 조지 W.

40) Ron Suskind, *The Price of Loyalty : George W. Bush, the White House, and the Education of Paul O'Neil*(New York : Simon & Schuster, 2004), 325쪽 인용.

41) Avital Ronell, "Support Our Tropes : Reading Desert Storm." *Rhetorical Republic : Governing Representations in American Policits*. Frederick M. Dolan and Thomas L. Dumm, 편집(Amherst : University of Massachusetts Press, 1993), 26쪽.

42) Copjec, 20쪽.

43) Jean Clavreul, "The Perverse Couple." *How Lacan's Ideas are Used in Clinical Practice*, Stuart Schneiderman, 편역(Northvale, NJ : Jason Aronson, 1993)., 225쪽.

부시의 대통령 재임기간 동안 이 반사실적 기질은 징후를 주시하고 지식과 맺는 이 (도착적) 관계를 "거짓말"이라고 이름붙이는 베스트셀러 대중서적들의 소규모 산업을 양산했다. 하지만 클라브뢸이 주장하는 대로 이 "진실이라 주어진 지식"은 (신경증환자처럼) 억압되지는 않아도 적절하게 **주체화되지** 못한 도착자의 분리된 부분과 관련된다. 조지 W에게서 부족한 것(내부자의 증언들을 통해 심사숙고의 대상이 되었으며, 대중비평가들로부터는 명백한 배신행위로 간주된 수수께끼)은 클라르뵐이 "'알지못하는' 주체적 뿌리, 알려는 욕망의 부재"라고 부른 것이다.[44] 이것이 (민주당 토론회의 가장 재미난 순간들 중 하나에서) 알 샤프톤이 자기가 거짓말하고 있다는 걸 부시가 모른다면 그건 더 **나쁜** 것(혹은 비참한…)이라고 되받아친 것의 핵심이다.

지젝과 효과들에 관해서

> 아버지의 이름은 이제 더 이상 사회적 연결을 함께 묶어주는 징후/매듭(Synthome)*이 아니다. 이 통찰력이 갖는 정치적 효과들은 막대하다.
>
> 슬라보예 지젝[45]

44) 같은 글.
* 역주 : synthome은 라깡의 용어 sinthome을 표기한 것으로 실재계, 상징계, 상상계를 함께 묶어주는 매듭을 의미한다. 화학에서는 작은 원소들을 종합하는 데 사용할 수 있는 모든 화학적 반응들의 세트를 의미한다.
45) Žižek, *Organs without Bodies : On Deleuze and Consequences*(New York : Routledge,

지젝은 라깡에게 있어 외디푸스 콤플렉스는 해석을 기다리는 또 하나의 징후일 뿐이었음을 상기시킨다. "아버지"는 막다른 궁지(즉 어머니/대타자의 욕망이라는 수수께끼)의 상징화이며, 따라서 타협을 이끌어내고 "대타자의 욕망의 텅 빈 공간에 맞설 불안"을 덜어준다. 슈나이더와 에릭 로렁(Eric Laurent)은 2002년 프랑스 선거라는 트라우마 이후 쓴 글에서 정치적 주체의 탈상징화의 결과들에 동의한다. 그 결과들이란 사회적 유대의 탈제도화, 부성기능의 쇠퇴, 시민의 유아화, 갈등에서 벗어난 정치라는 환상 등이다.[46] 이들의 진단과 라깡이 노골적으로 제시한 정치적 발언들을 비교해 보는 것도 흥미있을지 모른다.

그의 초기 글 『가족 콤플렉스들』에서부터 이미 라깡은 부성적 권위의 쇠퇴와 불길한 결과들, 즉 경제적 자본의 집중과 정치적 재난을 연결시킨다.[47] 오늘날 벌어지는 경제적 논쟁은 잉여가치의 재분배보다는 일과 일하지 않음의 폭력적 분할, "다른 사람의 노동을 통해 이득을 보는 일하지 않는 층"과 사회적 편입으로 가는 길의 생정치적(biopolitical) 문턱으로서의 일 사이의 분할에 관한 것이 대부분이다.[48] 그러나 도착이 법과 맺는 관계일 뿐만 아니라 대타자의 쥬이상스를 향한 태도라는 점을 상기하면서 읽어야 할 것은 인종차별주의와 그의 천재적 신조어 "인간 히스테리주의"에 대한 라깡의 생략적 언급이다.

2003), 101쪽.
46) Schneider, 43–54쪽 ; Éric Laurent, "Le Nom du Père : Psychanalyse et démocratie." *Cités* 16(2003) : 55–62쪽.
47) Jacques Lacan, *Les complexes familiaux dans la Formation de L'individu*(Paris : Navarin Éditeur, 1984), 72쪽.
48) Schneider, 54쪽. 또 Rubenstein, "Did you pack your bags yourself? Governmentality after 9 · 11." *New Centennial Review* 3(2003) : 326쪽 참조.

라깡은 『텔레비전』에서 이렇게 경고한다 : "우리의 쥬이상스가 정해진 길을 벗어날 때 오직 대타자만이 그 위치를 표시할 수 있다. 하지만 그것은 오직 우리가 이 대타자로부터 분리되었을 때에 한에서이다." 그러나 도착증환자는 "이 대타자를 그 자신의 쥬이상스에 맡겨둘" 능력이 없다. "이는 오직 우리 자신을 대타자에게 강요하지 않음으로써만 가능하기 때문이다."[49] 도착자는 대타자의 쥬이상스에 대해 "무관용" 정책을 따른다. 따라서 인종차별주의는 대타자에 대한 거부가 아니라 그가 상상했던 향유에 가까워지는 것에 대한 불안에 떠는 방어이다.

도착적 정치는 인본주의의 알리바이가 없이는 아무것도 할 수 없다. 라깡은 이를 잉여 향유와의 관계에 위치지운다. "기실 이제는 더 이상 다른 방식으로는 표현할 수는 없게 된 초과-흥분[*plus-de-jouir*]의 이상에서 그 틀을 취하는 우리 자신의 방식에 내재된 위험성을 … 전제한다면 도대체 어떻게 우리의 강요를 가려주는 인간 히스테리주의의 텅 빈 형식들이 지속될 수 있으리라 기대하는가?"[50] 지젝이 보기에도 인본주의는 페티시이다 : "자선행위는 오늘날 인본주의적 가면이 그 뒤에 도사리고 있는 경제적 착취를 감추는 일종의 게임의 일부이다." 이는 부자 나라들과 국제기구들(IMF, 세계은행)이 가난한 나라들을 원조, 신용, 채무탕감을 통해 "도와주고", 따라서 제1세계의 "이윤"과 마르크스가 제3세계의 "궁핍화"라고 부른 것 사이의 역설적 관

49) Lacan, *Television/A Challenge to the Psychoanalytic Establishment*. Joan Copjec 편집, Denis Hollier, Rosalind Krauss, and Annette Michelson 번역(New York ; Norton, 1990), 32쪽.
50) 같은 글, 32–33쪽.

계들을 "묵과하"도록 해주는 "초자아적 협박편지"[51]이다. 그러나 지젝이 인본주의적 제스처를 비판할 때 이는 마르크스 이데올로기 비판의 변용이 아니라, 인본주의가 생정치적 이해관계로 선회했음을 알리며 계급정책이라는 안티몬(antimony : 은색 화학물질)을 테러리스트와 "적군"을 한쪽에 두고 난민과 비밀로 가득한(신분증명서 없는) 이민자들을 다른 한편에 둔, 두 개의 (한 쌍의) 배제된 **신성한 자**(homo sacer)*의 분리로 대체시킨다.[52] 나아가 오늘날의 인본주의는 지젝이 정확히 지적한 바 전쟁과 불가분하다. (미합중국과 영국 등의) 호전적인 민족국가들이 적십자와 유엔 같은 국제기구의 분쟁억제 역할을 넘겨받았기 때문이다.

인본주의적 제스처는 이제 더 이상 군사적 전략과 쉽게 구별될 수 없다. 1967년 라깡은 대니 콘-벤딧(Panny Cohn-Bendit : 1968년 파리 학생운동의 주동자-역주)을 언급하면서 "자갈과 최루탄병이 대상 *a*의 역할을 수행했다"고 주장했다.[53] 이러한 대상 *a*의 배분은 학생들의 것(자갈)과 진압경찰의 것(최루탄)을 한 쌍으로 만든다. 오늘날의 대상 *a* [대량살상무기(WMD) 혹은 탄저병(anthrax)]는 이와 같은 말끔한 구별을 절대 허용하지 않는다. 도착적 논리는 아프가니스탄 전쟁에서의 폭탄

51) Žižek, *Organs Without Bodies*, 178-179쪽. 또 17-18쪽도 참조.

* 역주 : 조르쥬 아감벤의 신조어로 국가라는 울타리 밖으로 밀려난 존재들을 가리키며, 라틴어로는 성스러운 인간을 의미하는 이 말은 로마법에서 금지된 자, 미천한 자를 지칭한다. 이들은 사회에서 부여하는 일체의 권리로부터 배제되어 있으며, 라틴어의 '신성함'이란 일종의 불가촉천민과 관련된 부정적 의미로 사용된다.

52) Žižek, "*L'Homo Sacer*," 37-38쪽.

53) Elisabeth Roudinesco, *Jacques Lacan*. Barbara Bray 번역(New York : Columbia University Press, 1997), 336쪽.

과 간식/음식 보따리의 대상 *a*들로 가장 잘 예증될 수 있다.

대학 담론으로서의 신성한 자는 상징적 명령을 가정할 수 없는 무능함과 연결된다.[54] 만능기표의 이러한 전치는 현대 정치와 이에 따라오는 이론화의 다양한 예들에서 나타난다. 아버지 이름에 대한 노스탤지어로서의 공산사회주의, 하트와 네그리에 의해서 들뢰즈주의로 오인된, "다양성"의 "전부가 아닌"에 대한 찬양, 딱하게도 어디 다른 곳에서, 가령 세계금융시장, 알랜 그린스펀에 대한 세속적인 신앙, 혹은 회계결산의 의무 등에서 보증을 구하려는 태도. 우리의 새로운 환상들은 더 이상 작용하지 못하는 상징적/부성적 메타포의 징후들이다. 우리는 정치의 영구적 현재 시제를 살아간다. 이는 상징적 거세의 시간성과는 엄격히 반대이다. 우리는 바라보는 큰형님으로부터 귀 기울여 들어주는 어머니로 전이될 권위의 모성화를 갈망한다.[55] 조지 W. 부시의 초남성적 패러디와 뉴딜 정책의 복지국가 조항들의 가차없는 되물리기라는 견지에서 볼 때 권위의 모성화란 반직관적일지 모른다. 그러나 모성은 안전이나 보호에 대한 호소가 쟁점이 될 때 언제나 효과가 있다.

로렁은 현대 주체성 내부에서 일어나는 이 탈상징화의 심오한 효과를 주목하면서 위기의 오락거리들(섹스와 전쟁관광, 위험한 스포츠, 아마추어 우주인들)과 자살 테러범들에게서 명백히 드러나는, 우리 안에 대타자의 존재를 향한 추적을 기술한다. 신전체주의적 억압에 대한 환상과 자살적 향연(로렁의 용어로 "과량투약의 일반화")은 동일한 쥬이상

54) Žižek, "*L'Homo Sacer*," 27쪽.
55) Laurent, 59-61쪽.

스를 공유하고 민주주의적 도전에 응하는 데 동일하게 실패한다 : "초자아의 즐기라는 명령에 굴복하지 않으면서 대타자의 비일관성을 어떻게 용인할 것인가."[56]

2004년 선거

올해의 대통령 선거는 도착적 정치를 중심으로 진행되는 듯하다. 한쪽에는 재임자 조지 W. 부시가 있다. 하지만 민주당의 전략 역시 이에 못지않게 도착적이다. 대타자의 쥬이상스가 어디에 놓여 있는지 확신을 갖지 못한 채 자신을 기꺼이 대타자의 "잉여 향유"의 대상 *a*로 두려고 하지 않는다면 무엇이 "당선 가능성"을 보장할 것인가? 우리는 1958년 드골이 6월 18일에 대해 "아니다"라고 말한 사람으로 갖는 호소력에 대한 라깡의 분석을 떠올려 볼 수 있다 : "정치에서 기표의 공유—모든 사람이 입 밖에 낼 수 없는 동의로 슬며시 향해 갈 때 '아니다' 라는 기표—는 아직 더 연구되어야 할 과제이다."[57]

56) Schneider, 50쪽.
57) Laurent, 61쪽 인용.

안티고네의 친족 : 정신분석에서의 혈통

—페타 라마다노빅

이 문화들은 아버지의 진정한 역할이란
상징적임을 이미 드러내 주었다고 프로이트는 말한다.
아이는 법적으로 그녀 혹은 그의 어머니와 결혼했던
그 누군가를, 정당한 부족의 이름을 가졌고
정당한 토템에 속하는 누군가를 "아버지"의
이름으로 부르며, 그녀 혹은 그를 합법적으로 낳았을
누군가를 "어머니"라고 부를 것이다.
이는 생물학적 기원과 상징적 정체성 사이의
아주 분명한 구별을 표시한다. 혹자는 이 "원시적"
제도들이 문화의 진정한 구조를 좀더 선명히
드러낸다고 말할지도 모른다. 이에 비해
우리의 "근대적" 가족은 "생물학적 단위"와
혼동되기 쉽고 오인 가능한 상동성을 유지하고 있어서
가족의 문화적 제도로서의 진정한 기능을 감추는
"자연"의 환상을 지속시킨다.

찰스 쉐퍼드슨[1]

1) Charles Shepherdson, *Vital Signs : Nature, Culture, Psychoanalysis* (New York : Routledge, 2000), 140쪽.

서론

프로이트는 전쟁에 관해서 기본적으로 두 가지 전혀 다른 반응을 보인다. 첫 번째는 1915년에 쓴 「전쟁과 죽음의 시간을 위한 단상들」이라는 전쟁을 직접 다루는 시기적절한 글과 1935년 알버트 아인슈타인과 교환한 서신들로 구성된 「왜 전쟁인가?」이다. 두 번째 반응은 다소 위험스런 전략과 관련된 것이며, 『모세와 일신교』의 유대인 정체성에 대한 비판에서 가장 잘 나타난다. 이 글은 1939년에 쓴 것인데, 당시는 오스트리아와 독일에서 자행된 유대인 처형이 최고조에 달하던 때였다. 프로이트의 의도는 유대인 정체성을 표면화해서 유대족의 아버지 모세가 사실은 이집트인이었음을 보여주는 것이다. 인종적 순수성에 대한 유대적 환상을 겨냥한 프로이트의 비판은 부정확한 사실들에도 불구하고 여전히 그 글이 진행되어 가는 비상한 방향으로 말미암아 누구도 필적하지 못할 이론적인 시도로 간주된다. 분명한 것은 이 글은 실패한 오스트리아 화가에 동조해서 이제 막 자신들을 시대적 사명을 띤 선택된 새로운 종의 민족으로 보기 시작한 독일인들에게 딱 맞아떨어진다는 사실이다.[2]

어떤 특정한 무장투쟁을 다루는 대신에 나는 이 글에서 이 두

2) 프로이트의 「전쟁과 죽음의 시간을 위한 단상들」을 다룬 최근 에세이에서 사무엘 베버는 동일화를 전쟁을 일으키는 가장 우선적인 동원수단으로 꼽는다. "적, 외국인, 대중에 맞서서 … 영웅, 스타, 개인과의 자기 동일화." "War Time." *Violence, Identity, and Self-Determination*. Hent de Vries and Samuel Weber 편집 (Stanford : Stanford University Press, 1997), 102쪽.

번째 프로이트의 자기반영적 전략을 따르려고 한다. 자끄 라깡의 아버지 기능을 간략히 살펴본 후 소포클레스의 『독재자 외디푸스』와 『안티고네』에 초점을 맞추어 논의를 진행할 것인데, 나의 목적은 가장 기초적인 정신분석적 인물—외디푸스라는 형상—이 진정한 아버지다움이라는 규정적 기능을 담당하는 기묘한 개념에 근거하고 있음을 지적하려는 것이다.[3] 따라서 이 글은 외디푸스라는 친숙한 영역을 다룬다. 하지만 이 테베의 비극들에 관한 문학적 분석들은 이 극들에서 나타난 아버지란 무엇인지를 설명하지 않고 있다.[4] 이는 마치 아버지 기능에 대한 정신분석적 설명들이 외디푸스 콤플렉스의 이름을 딴 청사

3) 쥬디스 버틀러의 『안티고네의 주장』에서 내세운 주요한 과제들 중 하나가 가족이 무엇인가를 재검토하는 것이다. 버틀러가 이 책에서 "정신분석 자체의 법"이 된 외디푸스의 형상에 도전하고 있다는 점에 국한해서 안티고네와 외디푸스에 관한 내 설명은 버틀러의 것과 전적으로 일치한다. 하지만 이 비극들을 해석할 때 나는 버틀러의 해석과는 매우 중요한 차이를 보일 것이다. 버틀러에게는 이 두 그리스 비극이 아직도 인간이 문화를 형성하게 된 과정을 극화하는 대표적 모델이다. 물론 버틀러는 "근친상간 금지가 친족의 특정한 형태들을 오직 인지 가능하고 살아갈 수 있는 형태로서 구축하도록 동원되어 왔는지 여부"를 근본적으로 검토해 보겠노라 천명하기는 했다. *Antigone's Claim : Kinship Between Life and Death*(New York : Columbia University Press, 2000), 21, 70쪽.

4) 소포클레스의 테베 비극들에 대한 고전적인 연구가 방대하긴 해도 내가 아는 바로는 어떤 연구도, 심지어 삐에트로 푸치(Pietro Pucci)의 정신분석에 영향을 받은 *Oedipus and the Fabrication of the Father : Oedipus Tyrannus in Modern Criticism and Philosophy*(Baltimore : Johns Hopkins University of Press, 1992)도 외디푸스가 폴리부스가 아니라 라이우스를 아버지로 고려하기 시작할 때 선택한 것이 무엇인지 설명하고 있지 않다. 문학연구자들은 기존 해석에 너무 몰두한 나머지 소포클레스의 외디푸스와 그 이름을 딴 정신분석적 기능 사이의 중요한 차이를 면밀히 검토하지 않는다. 가령 "Beyond Oedipus"에서 쇼사나 펠만(Shoshana Felman)은 연극에서 외디푸스의 자기 인식이 진정한 아버지가 무엇인지를 이해하는 과정에 놓여 있다는 사실을 주목하지 못한 채 자기 인식 이론을 제시한다. "Beyond Oedipus : The Specimen Story of Psychoanalysis." *MLN* 98(December 1983) : 1021-1053쪽.

진(소포클레스의 외디푸스 드라마)을 충분히 상세하게 검토하지 못하고 있는 것과 마찬가지이다.[5]

이 글에서 나는 외디푸스의 혈통과 아버지다움에 관한 진실을 둘러싼 실타래를 다루면서 자끄 데리다의 「인문과학 담론에서의 구조, 기호와 유희」가 제시하는 형태로서 자연/문화의 대립문제를 재검토할 것이다. 클로드 레비-스트로스의 도움을 받아 데리다는 이 이분법이 근친상간 금지에 토대를 두고 있음을 보여준다. 근친상간 금지는 "자연"과 "문화"의 개념들이 가능할 수 있는 조건으로 등장한다. 그러나 이로부터 도출되는 결론은 근친상간 금지가 엄격히 자연적이거나 문화적이지 않다는 것이 아니다. 근친상간을 금지함으로써 문화—혹은 문화라는 이념—는 유일한 보편, 즉 어떤 다른 체계 위에 놓인, 자연까지 포함해서 유일하게 가능한 인간 체계로 내세워진다. 따라서 금지(자연/문화의 이분법과 마찬가지로)는 문화의 토대 부재, 임의적이면서 여전히 본질적이고 토대를 규정하는 성질을 구성한다.

데리다의 글은 우리가 이제 다루게 될 라깡의 윤리에 관한 세미나에서 라깡이 정신분석에서 아버지는 실제 아버지가 아니라 아버

5) 조지 스타이너의 『안티고네들』을 인용하면서 버틀러는 『안티고네의 주장』에서 정신분석이 외디푸스 대신 안티고네를 출발점으로 택했다면 어땠을지를 묻는다(57쪽, 76쪽). 이 글에서 나는 그런 정신분석도 지금과 근본적으로 다르지 않았으리라고 제안할 것이다. 우리가 이제 시도하는 방식으로 읽게 된다면 라깡의 『안티고네』 해석은 바로 이 점을 보여주게 될 것이다. 안티고네와 외디푸스를 분석하는 핵심은 스타이너가 제기하려는 것을 넘어선다. 여기서 쟁점은 그 조직원리가 거세 이론인 지식체로서의 정신분석이다(그 출발점이 외디푸스인지 혹은 바로 이 점 때문에 더더욱 안티고네인지가 아니라). 프로이트에게, 그리고 라깡에게는 물론 거세한 외디푸스라는 형상이 재현하는 욕망과 라이벌 의식은 기틀을 제공하는 아주 중요한 심리적 기제이다.

지 기능이라고 설명할 때 일어난 그 전환을 일컬을 이름을 제공해 주기 때문에 특히 이 글의 목적에 적합하다. 데리다의 용어로는 아버지 기능으로의 전환은 하나의 철학체계(하나의 문화적 체계는 물론이고)로부터 다른 체계로, 진리의 한 개념으로부터 다른 개념으로의 변환에 대응한다. 고전적 형이상학과 정신분석(고정된 중심과 "실제" 아버지가 있다는 가정)으로부터 구조주의(중심은 없고 전치되었으며, 아버지 기능을 실제 아버지로 환원시킬 수 없다고 가정)로 움직임으로써 철학은 체계(지식체계)를 공간적인 실체로 이해하는 것으로부터 기능적 실체로 사고하려는 시도로 향해 간다고 데리다는 제안한다. 그의 말을 그대로 옮겨보자 : "중심이란 없다고 생각하기 시작하는 게 필요했다. … 중심이란 자연적 터가 없고 고정된 자리도 없는 하나의 기능, 무한한 수의 기호-대체물들이 작동하고 있는 일종의 무-장소이다."[6]

과거 가족의 중심이던 생물학적 아버지에 대한 라깡의 비판은 소위 선조로서의 아버지 혹은 아이 낳는 아버지와 아버지 기능 사이를 구별하는 것이 갖는 의미에 관한 한 정확성이 떨어진다. 라깡의 『세미나 7』에는 『안티고네』 논의와 함께 진행되는 이 변화를 시사하는 예가 있다. 이 비극에 대한 분석을 마친 직후 라깡은 잠시 멈추어 정신분석에서 "아버지"가 실제 생물학적 아버지로 환원될 수 없는 기능임을 강조한다. 이 구별을 지지하기 위해 "아버지란 우리를 인정해 주는 사람"이라는 라틴 속담을 인용한다. 하지만 그 다음에 정신분석 이론에서 "아버지의 유일한 기능은 신화가 되는 것, 언제나 아버지의 이름으

6) Jacques Derrida, "Structure, Sign, and Play in the Discourse of the Human Sciences." *Writing and Differences*, Alan Bass 편역(Chicago : University of Chicago, 1978), 280쪽.

로만 있는 것, 다시 말해 죽은 아버지 그 이상이 아닌 것"이라고 덧붙인다.[7]

죽은 아버지를 언급하는 것이 속담에 표현된 관습에 따른 아버지다움의 개념을 설명해 준다. 라깡의 이론적 정식은 속담에 담긴 임의성과는 명백히 모순되는 피할 수 없고 정복할 수 없는 궁극적인 원칙의 의미를 아버지 기능에 부여하고 있다. 죽은 아버지는 단순히 더 이상 강력하지 않은 가부장이 아니라 이제는 신화적 인물이다. 좀더 그럴 듯하게 표현해 보면 그는 유령이고, 정신적 기능을 가진다. 이것의 의미는 바로 그가 이제 **그것**이고, **그것**이 아직 활동하지만 더 이상 살아 있지 않다는 사실로 의미심장하게 변형된다. **그것**은 치료할 수 없고, 도달할 수 없으며 대응할 수도 없는, 예전에 살아 있던 사람에 대한 완벽한 기념비이다.

라깡이 참조하는 외디푸스의 예는 오직 죽음과 아버지다움 사이의 등가관계를 강화시킬 뿐, 이때 생물학적 아버지와 기능 사이의 구별이 갖는 의미는 훨씬 더 불분명해진다. "아버지란 우리를 인정하는 사람"이라는 문장이 의미하는 바는 라깡에 의하면 "우리가 외디푸스가 탄 배의 밑바닥에 있다는 것"이다(309쪽). 그러나 외디푸스의 배에는 적어도 그리스 문화의 관점에서 보자면 두 명의 아주 다른 아버

7) Jacques Lacan, *The Seminar of Jacques Lacan Book VII : The Ethics of Psychoanalysis 1959–1960*. Jacques-Alain Miller 편집, Dennis Porter 역(New York : Norton, 1993), 309쪽. 이후 인용은 괄호에 표기. 이 글에서 한 가지 라깡, 즉 죽은 아버지의 라깡만을 비판할 뿐 내 해석은 기본적으로 라깡주의적이다. 왜냐하면 나는 아버지다움이 언어적 발화의 문제, 라깡에 따르면 인정의 문제라고 한 점에 동의하며, 이에 따라 읽고 있기 때문이다.

지들이 있다. 진짜 아버지와 선택한 아버지. 죽은 아버지와 살아 있는 아버지. 외디푸스가 알고 있는 아버지와 그가 모르는 아버지. 소포클레스의 비극의 목표는 이 두 아버지를 구별해 주는 것 이상 아무것도 아니다. 한편에는 외디푸스를 선물로 받은 코린의 왕이 있고, 다른 한편에는 선조 아버지 혹은 낳아준 아버지로 밝혀지는 라이우스가 있다. 물론 외디푸스는 아버지로서는 라이우스를 결코 만나지는 못한다.

이 비극은 아버지다움이 인정의 문제나 관습 혹은 메타포의 문제가 아니라, 재난과 같은 어렵지만 모색을 끝까지 참고 밀고 나가면 발견하게 될 숨겨진 진리라고 규정한다.[8] 이 비극에서 아버지를 아버지로 만드는 것을 이해하는 방식은 앞서의 속담이 아버지다움에 적절하다고 규정한 우연의 성질과 정반대이다. 이 극은 나아가 『독재자 외디푸스』의 해석들 중 **최상의** 지적인 모색이라고 찬양되어 온 모색의 개념에 의존한다. 물론 이 모색은 행위주체성이 주어지면 종국에는 진리가 저절로 드러날 것이라는 맹목적인 신념을 통해 진행되어 간다.

전쟁을 주제로 다루는 책에 실리게 될 이 글에서 내가 어떤 방식으로, 또 왜 정신분석으로 선회할지는 이제 분명해졌을 터이다. 흔히 정신분석에서 중심이라고 인정되는 장면—가족적 외디푸스 드라마—과 이 장면에서 비롯되는 아버지 법은 진정한 혈연관계의 본질

8) 해설자들은 소포클레스의 텍스트에는 외디푸스가 교차로에서 살해하는 남자가 라이우스라는 충분한 증거가 제시되어 있지 않다는 점에 동의한다. 또 다른 중요한 동일화—즉 테베의 왕인 외디푸스와 라이우스가 죽인 아들의 동일화—는 목동과 전령자가 각기 해준 두 차례의 일차 증언과 외디푸스가 진정 라이우스의 자식이라는 조카스터의 말없는 인정이 결합된 결과이다. 이런 배경을 감안한다면 외디푸스의 드라마를 읽거나 재구술할 때 중요한 것은 무엇보다도 아버지다움의 본질이 아니라 진리의 본성이라고 쉽게 결론지을 수 있다.

뿐 아니라 가족관계의 의미와 "본성"을 결정한다. 나는 외디푸스의 이야기가 무의식적 욕망과 근친상간 금지에 관한 것만이 아니라는 사실을 검토하고 싶다. **무엇보다도** 이 이야기는 진정한 아버지와 진정한 혈통을 찾아내기 위한 토대를 결정하는 이야기이며, 오직 이런 경우에만 이 이야기는 부성살해와 근친상간에 대한 이야기가 된다.

진실로 자신이 선택한 아버지를 죽인 외디푸스가 정신분석적 혹은 비극적 영웅이 되지 않고 또 될 수 없다면 우리는 도대체 어떤 배에 몸을 싣고 있는가?

《I부》
안티고네

고유한 가치

부모를 부모로 규정하는 것은 아이들이라는 가정 하에 나는 라깡의 『안티고네』를 읽기 시작하겠다. 『독재자 외디푸스』는 다음 절에서 다룰 것이다. 외디푸스가 어떤 종류의 아버지인지를 궁극적으로 규정하는 것은 그의 딸이며, 안티고네가 오빠 폴리니서스를 묻을 때 그녀는 최종적으로 랩다키드 가족 전설(테베의 설립자인 카드무스의 손자이며 라이우스의 아버지인 랩다쿠스의 후손들은 랩다키드라 불린다-역주)에서

의미 있는 행위를 수행한다고 나는 주장할 것이다.[9]

안티고네의 행위에 대해 라깡은 이렇게 말한다 : "그[폴리니서스]가 개와 새의 밥으로 던져지고 지구상에서의 생을 불경하게 마감하게 되어, 갈갈이 찢어진 그의 사지는 천상과 지상 양쪽에 누가 될 것이므로, 안티고네의 입장은 어떤 내용도 참조하지 않은 채 폴리니서스가 한 일이 잘한 건지 나쁜 건지 상관없이, 혹은 그가 굴복한 대상이 무엇인지도 상관없이 그의 존재의 고유한 가치를 확증해 주는 근본적 한계를 대표한다고 볼 수 있다"(289쪽). 라깡에 의하면 안티고네는 시체를 덮어줌으로써 오빠의 고유한 가치를 확증한다. 이어서 라깡은 자신의 해석에 소포클레스의 비극에서는 분명 도출되지 않는 어떤 것을 더함으로써 이 고유한 가치가 무엇인지를 설명한다. 안티고네가 "절대적 개인의 출현을 확증해 준다"(278쪽)는 자신의 가정을 확장시키면서 라깡은 폴리니서스의 존재라는 이 고유한 가치란 "어떤 내용에

9) 1979년 에세이 "Oedipal Textuality"에서 신씨아 체이스(Cynthia Chase)는 "소포클레스의 극은 외디푸스를 관례적 의미에서의 외디푸스 콤플렉스가 없는 역사의 유일한 한 사람으로 묘사한다. 그는 아버지를 죽이고 어머니와 결혼하는데, 이는 욕망을 충족시키기 위해서가 아니라 일종의 편의주의에서였다. 실제로 부성살해와 근친상간을 행한 유일한 이 사람은 그 경험을 완전히 놓치고 있다. 오직 사실 이후에만 그 경험을 할 수 있다"고 쓴다. "Oedipal Textuality : Reading Freud's Reading of *Oedipus*." *Diacritics* 9 (Spring 1979) : 53-68쪽. 외디푸스 콤플렉스의 사후 효과는 체이스가 보기에 『독재자 외디푸스』를 프로이트의 지연행위의 관점에서 읽어야 하는 이유이다. 하지만 외디푸스 이야기에서 무엇이 "마지막 행위"인가? 외디푸스라는 형상이 대표하는 것을 최종적이진 않더라도 중요하게 수정하는 일은 카드무스의 마지막 진정한 자식이 죽을 때 일어난다. 이 글에서 내가 주장하는 바는 외디푸스의 역사가 갖는 의미는 오직 그의 삶에 대한 드라마에서 최종적인 사건, 즉 안티고네의 폴리니서스 매장과의 관계에서만 결정될 수 있다는 점이다. 앞으로 살펴보겠지만 이 행위는 『콜로누스의 외디푸스』의 결말에 수수께끼 같은 죽음을 맞이하는 외디푸스에 대한 상징적 매장이다.

대한 참조를 갖지 않는다"고 진술한다. 즉 안티고네의 오빠가 생전에 수행했던 어떤 행위와도 무관하다. 나아가 그의 가치는 "그가 굴복해야 할 어떤 것"과도 관련이 없다.[10] 외디푸스의 아들은 가령 살아 남았다면 도시를 공격한 죄로 받아 마땅한 벌에 굴복해야 한다.

라깡에 의하면 "그의 존재의 고유한 가치"의 본질 때문에 그의 시체를 대체 가능해진다. 이 말은 내용 없는 이 육신이 외디푸스의 아들을 **특정한** 개인으로 만드는 사회적 관계의 망 바깥에 놓여 있다는 바로 그 이유 때문에 매장되지 않고 버려진 여타의 육신들과 꼭같다는 의미이다. 폴리니서스의 삶에 대한 상세한 내용과 분리된 채 이 시체는 인간이라는 필멸의 존재에서 남은 부분일 뿐으로 그저 고유한 이름만을 담고 있을 따름이다. 이 시체가 여전히 이름을 갖고 있다는 사실은 누군가(꼭 여동생일 필요 없는 그 누군가) 그 시체를 알아보고 회수할 것을 의미한다. 안티고네는 오빠의 남은 부분을 다른 사람의 것과 혼동해서 막상 폴리니서스의 시체를 돌보지 않을 수도 있다(테베 주변에 죽어 버려진 적들이 수도 없이 많았다고 가정할 수 있지 않을까?). 그럼에도 불구하고 이 행위는 동일한 상징적 의미를 갖는다. 왜냐하면 고유한 가치, 절대적 개인성이란 인간의 필멸성—한때는 외디푸스의 아들이었던 그 사람이었다는 것—을 인식하는 것에 다름 아니기 때문이다. 폴리니서스를 영예롭게 한다는 것은 라깡의 사유에서 보자면 이

10) 프랑스 원본은 여기 인용된 포터의 번역본보다 시체의 내용 없음을 더 강조하고 있다. 라깡은 어떤 내용 너머의, 진정 선과 악 너머의 존재의 고유한 가치를 말하고 있다. "au-dela de tous les contenus, de tout ce que Polynice a pu faire de bien et de mal, de tout ce qui peut lui être infligé." *Le seminaire de Jacques Lacan, Livre VII : L'Ethique de la psychanalyse, 1959-1960*(Paris : Seuil, 1986), 325쪽.

남은 부분이 단지 하나의 대상, 확실히 동물의 죽은 육신과 구별되는 대상이라기보다는 폴리니서스라는 이름에 대답했던 한 남자의 필멸의 부분들이라는 사실을 인정하는 것이다.

마찬가지 입장에서 크레온이 시체를 매장하지 못하도록 금지한 것은 너무 지나친 처사이다. 왜냐하면 라깡의 표현을 빌리면 이 명령은 한 인간의 "두 번째 죽음"을 지시한 것으로서, 그의 남은 부분을 대상의 수준으로 타락시킴으로써 상징계로부터 이 사람을 지워버리게 된다. 매장의 목적은 이 금지의 효과를 뒤집어서 존재의 속성들을 어느 하나도 회복시키지 않은 채 존재를 복원하는 것이다. 다시 말해 매장의 목적은 폴리니서스의 고유성을 인정하는 것이다. 하지만 우리가 잘 알고 있듯이 크레온이 그저 하나의 시신에 대한 체면손상을 명했다면 안티고네는 그의 명령에 도전하지는 않았을 것이다. 강의의 말미에서 라깡 자신 역시 개인존재의 절대성에 관한 주장으로부터 안티고네가 인간의 고유성보다는 가족적 존재를 보존하려한 것이라는 주장으로 선회한다.[11]

우리가 여기서 다루는 것은 적어도 안티고네 강의에서 라깡이 본질적으로 다르다고 구별하지는 않았던 두 가지 서로 다른 가치(와 가치체계들)이다.[12] 첫 번째 가치는 시신의 절대성으로서 폴리니서스의

11) 써지 르끌레어(Serge Leclaire)는 존재의 "고유한 가치"에 대한 정교한 정신분석적 설명을 제공한다. "The Dream with the Unicorn." *Psychoanalyzing : On the Order of the Unconscious and the Practice of the Letter*. Peggy Kamuf 역(Stanford : Stanford University Press, 1998), 특히 81–87쪽.

12) 알렌카 주판치치가 *Ethics of the Real : Kant, Lacan*(London : Verson, 2000)에서 주장하고 있듯이 라깡은 이 두 가치들을 동일한 본질적 결정에서 나온 것으로 하나는 의고적, 다른 하나는 근대적 형태라고 보았을지 모른다. 여기서는 우리가 고유한 존재(근

삶이 갖는 특수성들로부터 분리된 채 "본질의 지워낼 수 없는 성격"(279)을 제시한다. 폴리니서스의 남은 부분을 논하는 중에 안티고네에 대한 논의로 옮겨가기 전 잠시 라깡은 이 개념에 관심을 둔다(적어도 이 강의에서는 그렇다). 두 번째 가치는 소포클레스의 비극에서 크레온의 명령을 어기는 여주인공에게 충분한 이유를 제공한다. 이 극에서 문제는 안티고네가 크레온과 도시에 대항하기 위해서는 그 시체가 누구의 것이어야 하는가이다.

나는 소포클레스의 극을 채 점검하기도 전에 안티고네의 행위는 인간적 고유성과는 무관하다는 점을 제안하기 위해서 지금 고유한 가치를 논하고 있다. 고유한 가치는 인간과 동물의 죽음 사이의 차이와 무관하다. 가령 하이데거는 『존재와 시간』에서 이 두 죽음 사이의 차이를 논하고 있는데, 라깡이 시신은 주체성의 한계에 있으며, "어떤" 도덕적 · 개인적 · 역사적 내용"에 대한 참조" 너머에 있다고 주장할 때 어쩌면 직간접적으로 하이데거의 영향을 받았을지 모른다.

안티고네는 오직 가족에만 관심을 둔다. 그녀는 가족이란 한 사람에게 자신이 무엇인지를 부여하는 토대라고 간주한다. 그녀는 인간의 시신이 썩도록 내버려 두는 것이 신들에 대한 모욕이라고 믿었기 때문에(라깡뿐 아니라 코러스, 티레시아스와 몇몇 테베 시민들은 이렇게 생각했을지 몰라도) 행동하지는 않는다. 그녀가 행동하게 된 동기는 그녀의 오빠의 시신이 적절한 방식으로 다루어지지 않았기 때문이다. 이는 그녀

대적인 죽음을 향한 존재)와 강의 나중에 가족적 존재라고 규정될 존재(의고적인 다른 것을 향한 존재) 사이를 구별하는 것은 이 비극에서 제시된 상황에 담긴 윤리를 이해하는 데 핵심적이라는 점만을 지적하겠다.

의 가족에게는 특정한 의미를 갖는다. 우리가 곧 살펴보겠지만 그녀의 가족은 모두 죽는다.

만일 인간**으로서도** 절대적 개인**으로서도** 그를 묻은 게 아니라면 도대체 어떤 목적에서, 그리고 어떤 방식으로 안티고네가 카드무스의 혈통에서 나온 자식들 중 마지막 남자를 묻는지는 다음 절에서 논할 것이다.

가족의 본질적 존재

안티고네는 자신이 행동을 할 때 죽은 오빠를 영예롭게 하는 것이며, 만일 다른 사람이었다면 그렇게 하지 않았을 것이라는 점에 대해 분명히 못을 박는다. 사형선고를 받은 뒤 폴리니서스를 향해서 그녀는 다음과 같은 중요한 독백을 한다.

> 폴리니서스, 네 몸을 묻었다는 이유로 내가 이런 대가를 치르는구나! 하지만 현명한 이들의 눈에는 내가 너를 영예롭게 하는 일은 마땅히 해야 할 일이지. 나를 엄마라고 부를 아이들이나 남편이 저곳에서 썩어 문드러진다 한들 내가 시민들에 대항해서 이 일을 감히 치르려고 했을까? 어떤 법의 이름으로 내가 이런 말을 할까? 남편이 죽었다면 다른 남편을 구하면 될 것이고, 첫 아이를 잃었다면 또 다른 남자의 아이를 얻으면 될 것이지만 내 어미와 아비를 사지로 보낸 내가 또 다른 남자 형제를 다시 가질 순 없지. 법이 그런 만큼 그 법의 이름으로 나는 네게 이 특별한 영예를 주었나니.[13]

안티고네는 다른 것으로 대체 가능한 사람을 위해선 크레온의 법을 거역하지 않았을 것이지만 대체 불가능한 사람, 즉 부모가 죽은 상황에서 그녀의 오빠를 위해선 거역해야 했다.

안티고네의 어머니는 자신의 목숨을 보전하는 것이 곧 참기 어려운 근친상간을 지속하는 것에 다름 아니기 때문에 목숨을 끊었다. 그녀의 아버지는 저 세상에서 자신이 살해한 아버지와 자신의 부인인 어머니를 만날까봐 죽는 게 두려웠지만, 『콜로누스의 외디푸스』의 결말에서 소포클레스가 말해주는 것처럼 신들이 외디푸스를 불쌍히 여긴 나머지 그를 데려갔으므로 더 이상 살아 있지 않다. 안티고네는 그녀의 부모가 또 한 명의 아들을 가질 수 없다는 불가능성의 불경스러움을 언급해야 할 특별한 이유가 있어야 한다. 자신의 부모가 죽었음을 상기시키는 것 이상의 이유, 혹은 다른 형제를 가질 수 없었기 때문에 폴리니서스를 매장했다고 설명하는 것 이상의 이유 말이다. 후자의 설명은 필수적이긴 해도 크레온에게 맞설 만큼 충분한 이유가 되지는 못한다. 그 본질상, 그리고 그 자체로 이런 이유는 안티고네의 행위가 갖는 의미를 적절히 설명해 줄 수 없다.

외디푸스의 아이들과 그들의 아버지가 같은 어머니를 공유한다는 바로 그 사실 때문에 외디푸스가 그의 아이들과 다른 점—즉 **아버지가 다르다**—을 지적하는 일이 안티고네의 발언(살아 있는 랩다키드가 중얼거리는 마지막 말 중 하나)이 은연중 수행해야 할 과제가 된다. 여

13) Sophocles, *Antigone. Sophocles : Works, English and Greek*. vol. 2, Hugh Lloyd-Jones 편역(Cambridge : Harvard University Press, 1994), 87-89쪽. 추후 인용은 본문에서 괄호로 표기함.

하튼 안티고네는 그녀의 발언의 핵심 부분을 그녀의 친족이 누구이고 무엇인지, 가족 안에서 그녀의 자리가 무엇인지를 결정하는 데 바친다. 그녀가 오빠 이외의 그 어느 누구를 위해서도 도시에 저항하지 않았으리라 말함으로써 그녀는 친족을 다른 사람들로부터 구별해낸다. 그런 뒤 계속해서 세 가지 다른 가족들을 구별함으로써 가족이 무엇인지를 규정한다 : 첫째, 죽은 외디푸스에 속하는 가족으로서 그녀는 혈연으로 이 가족에 연결되어 있다. 그녀의 남편에게 속하는 두 번째 가족은 법, 즉 결혼으로 연결된다. 마지막으로 어머니가 중심역할을 하는 가족으로, 아버지가 자신의 남자 형제가 되는 그런 가족이다. 그녀는 셋 중 첫 번째를 우선으로 꼽음으로써 외디푸스의 가족을 자신의 것으로 삼는다. 그리고 나서 어머니와 아버지(다시는 아이를 가질 수 없는 사람들)를 규정함으로써 근친상간적 부모를 그들의 아이들과, 그리고 그녀의 아버지와 자신의 남자 형제들을 은연중 구별짓는다. 마지막으로 그녀는 한 가족구성원, 즉 불가능한 남자 형제를 따로 골라내어 자신을 낳은 동일한 부모에게서 나온 남성 자식이 자신의 남자 형제라고 적절히 정의를 내린다. 안티고네는 가족구성원들 사이, 부모와 자식, 여자 형제와 남자 형제들 사이의 관계, 조카스터와 외디푸스의 근친상간 때문에 교란된 그 관계들에 질서를 부여하는 구별짓기를 행한다. 그리고 나서 자신이 그녀의 친족 중 남은 최후의 한 사람임을, 그리고 폴리니서스의 매장이 카드무스의 불운한 혈통에 대한 가족전설 전체의 **최종적** 행위임을 이해하게 된다.

자신의 시선을 통해서 안티고네는 말 그대로 "나와 같은 사람들 중" 마지막이 된다 : "오 무덤이여, 오 신부의 방이여, 오 깊게 판 집이여, 영원히 수호되기를. 나 이제 그리로 가서 **나와 같은** 피를 가진 자들과 함께 하리니. 페르시포네가 벌써 받아들였던 수많은 죽은 자들, 그림자들 사이에 있는 자들! 그들 중 **내가 마지막이다**[남겨진 유일한 사람]. 그리고 내 후손은 가장 슬픈 이가 될 것이다"(87쪽, 강조는 필자의 것).

친족을 규정하는 과정에서 그녀가 세우는 규칙이 매장되지 않은 채 죽은 오빠가 이 세상에서 **자신의 혈통** 중 그녀가 맺고 있는 유일하게 남은 관계라는—아직 매장되지 않았다는 바로 그 이유 때문에—사실을 지배한다. 그녀의 혈통은 사후 재결합하리라 희망하는 외디푸스의 가족구성원들이다. 그렇지 않다면—그녀가 가족이 죽은 외디푸스의 혈통과 부계적 관계를 맺는 것으로 믿지 않고 결혼이나 다른 관례적 원칙을 통해 만들어진 관계라고 믿는다면—안티고네는 크레온까지도 자신의 혈통으로 간주했을 것이다. 알고 보면 크레온은 안티고네의 삼촌이다. 더군다나 그녀가 유일하게 생존해 있는 여자 형제, 이스메네를 그리 쉽게 포기하려 들지는 않았을 것이다(왜 이스메네가 안티고네가 규정하고 폴리니서스의 매장을 통해 보호하려는 가족의 구성원이 아닌지는 다음 절에서 살펴보겠다).

안티고네가 앞서 기술한 존재의 고유성을 떠받드는 게 아니듯 어떤 형태의 친족관계를 아버지의 법이라면 아무것이든 그저 존중하고 있는 것이 아니다. 안티고네는 (남편이나 어머니의 혈통이 아니라) 자신이 이해하기에 진정한 가족, 그녀 **자신**의 죽은 사람들, 즉 아버지의 혈통을 선호한다. 이 아버지 형상은 그 이름뿐 아니라 가족의 씨앗을 뿌리는 사람으로서 오직 그의 딸들 중 하나만이 그 이름을 갖고 있다. 라깡이 말하는바, 이 아버지의 **아테**(Atè)가 바로 안티고네가 따르는 것이다. 따라서 그녀의 행동을 통해서 안티고네는 하나의 특정한, 부계혈통의 가족관계를 존중하고 있으며, 이는 이른바 이제는 죽어버린 그녀의 혈통과 맺는 유대감이다. 안티고네는 이 유대관계(그리고 그것을 보증하는 진정한 혈통의 논리)를 다른 어떤 관계들, 살아 있는 여자 형제와의 관계까지 포함한 관계들보다 앞서서 그 너머에 위치지운다. 두말할 필요도 없이 라깡은 안티고네가 자신의 오빠를 (고유한 존재로서가 아니라) 아버지의 아들로서 매장하고 있음을 지적한다. 라깡은 계속해서 안티고네는 "가족 아테인 본질적 존재를 유지하기 위해서 그녀 자신의 존재를 희생해야 했고, 이것이 전체 비극이 진행되는 주제이자 진정한 축"(283쪽)이라고 주장함으로써 이 비극에 대한 자신의 분석을 끝맺는다. 다시 말해서 라깡은 오빠를 매장함으로써 안티고네가 인간 존재(한 인간으로서)의 가치가 아니라 그녀의 가족의 고유한 가치를 유지한다고 주장한다. 고유한 가치, 이 "본질적인 존재"는 라깡에게 가족의 아테로 정의된다. 하지만 개념으로서의 아테의 의미["인간 생명이 오직 잠시 동안만 가로지를 수 있는 한계"라고 라깡은 정의한다(262-263쪽)] 혹은 그것의 특별한 내용은 외디푸스의 가족의 본질적 존재를 구성하는 것이 아니라고 나는 라깡에 반대하며 주장하련다. 외디푸스 가문의 본질성은 이 가족이 아테를 가지고 있다는 것, 그리고 안티고네가 그것에 따르기 위해 그곳에 존재하며 외디푸스의 죽은 친지가 그녀의 진정한 혈통관계들이라는 것을 확인해 준다는 사실에 있다.[14]

14) 고전연구에 관한 한 라깡의 아테 개념의 사용은 이례적이긴 해도 독특한 것은 아니다. 라깡의 입장과 가까운 예로는 Josef Stallmach 1950년 박사논문 *Atè : Beitrag zur Frage des Selbst-und Weltverständnisses des frühgriechischen Menschen*에서 첫 소개된 바 있다. 이 논문은 *Beitrage zur Klassischen Philologie*의 Heft 18로 출간되었다(Meisenheim am Glan, 1968). 라깡이 직간접적으로든 스톨마흐의 연구서를 알고 있었는지

우리가 라깡을 다룬 첫 대목에서 살펴본 내용이 텅 비고 모든 맥락으로부터 사상된 본질적 존재는 이제 안티고네가 "본질적으로" 애착을 가지고 또 그것을 위해 죽게 되는 가족과 관련을 갖는다. 만일 앞에서 우리가 라깡에 동의하여 단일 존재의 고유한 가치라는 것, 그 역사와는 무관한 **하나의** 필멸의 존재로서의 고유한 가치가 있다고 생각했다면, 안티고네 강의 말미에서 라깡은 이 생각을 이 비극의 인물들이 그 고유성을 가족 내의 위치로부터 갖게 된다는 개념으로 대체한다. 가족 그 자체가 **사실 이후**, 회고적으로, 즉 부모의 죽음 이후로 규정된다. 가족의 원천—데리다는 이를 "중심"이라고 부를 것이다—은 안티고네의 뒤늦은 깨달음을 통해서 여기 이곳, 그리고 동시에 다른 어떤 곳에 위치한다. 실제 아버지는 죽었으므로 공략 불가능해진 그 사후의 세계로 전치된다. 기능으로 바뀌고 난 "아버지"는 또 다시 과거로 물러난다. 부모가 죽은 뒤 안티고네가 실제 해야 할 일은 자신에게 그녀의 아버지의 딸이 되어야 할 "불가능한" 역할을 부여하는 것이었다. 폴리니서스의 매장은 이 논리, 외디푸스의 난공불락의 법을 추인하고 영예롭게 하는 것이며, 그녀의 행위를 통해 이 법이 수립된다. 그것이 그녀의 노모스, 즉 법이다. 그녀의 말을 다시 인용하면 다음과 같다 : "어떤 법의 이름으로 내가 이런 말을 할까? 남편이 죽었다면 다른 남편을 구하면 될 것이요, 첫 아이를 잃었다면 또 다른 남자의 아이를 얻으면 될 것이지만 내 어미와 아비를 사지에 둔 내가 또 다른 남자 형제를 가질 순 없지. 법이 그런 만큼 그 법의 이름으로 나는 네게 이

확인할 수는 없었다. Leon Golden, "Hamartia, Atè, and Oedipus." *Classical World* 72(September 1978) : 3-12쪽.

특별한 영예를 주었나니."

우리는 이제 안티고네가 폴리니서스를 매장한 이유가 단지 다른 남자 형제가 없어서 혹은 매장하지 않은 주검이 그녀의 오빠이기 때문만은 아니라고 결론지을 수 있다. 폴리니서스의 매장은 어떤 가족이 **그녀의** 것이며 **그녀의 가족**이 무엇인지를 규정하려는 목적을 위한 수단이다. 다시 한 번 반복하겠다. 안티고네는 한편에는 그녀가 가질 수도 있을 남편의 미래나 가족을 두고, 다른 한편에는 과거와 죽은 랩다키드 혈통을 둔 상황에서 후자를 선택한다. 오빠를 매장하는 일은 그녀가 죽은 아버지를 죽은 오빠와 구별하는 방식이며, 자기 자신이라는 이제는 쓸모 없어진 재고품을 자신이 그 혈통의 마지막인, **그녀 자신만의** 혈통으로서 영예롭게 등극시키는 방식이다. 따라서 그녀가 희생을 하는 이유는 그녀의 행위가 라깡이 말한 대로 진정한 외디푸스의 저주받은 가족의 구성원이 되도록 하기 때문만이 아니라 아버지가 한 일, 즉 정확히 ("자연적") 가족이 무엇인지를 규정하는 일을 그녀가 하도록 해주기 때문이다. 안티고네에게는 그녀의 아버지와 마찬가지로 가족은 과거의 문제로서, 변화될 수 없는 진정한 혈통적 결속으로 적어도 두 세대를 아우른다. 각 세대마다 그 남성 구성원들이 이 가족을 규정한다.

폴리니서스의 불명예스러운 주검을 매장하는 것은 따라서 아주 정확한 가치와 내용을 갖는다. 최종적으로 매장은 안티고네를 외디푸스의 최후 생존자, 진정한 자식이자 혈통으로 규정하게 된다.

모두의 선

라깡이 강조한 대로 안티고네의 행위가 고전적 윤리의 "모두의 선"에 도전하는 것이라면 그 이유는 아마도 안티고네가 그녀 가족의 구성원들을 다른 사람들과 분리했기 때문일 것이다. 그녀는 **하나**를 위해서 **모두**를 차별한다. 하지만 안티고네는 궁극적으로 고유한 존재를 위해서(폴리니서스를 위해서도 "존재하는 것의 지워질 수 없는 성격"을 위해서도 아니다)가 아니라 아버지 기능인 노모스(nomos)를 위해서 자신을 희생하기 때문에 사실 그녀는 그 자체로 보편화될 수 있는 일정한 논리를 확인해 주고 있다. 안티고네는 아주 제한적 의미에서만 크레온의 법과 다른 토대를 갖는 선을 제공한다. 크레온의 법이 도시와 도시의 상징인 왕을 보호하는 것이라면 안티고네의 행동은 진정한 아버지의 이름을 영예롭게 하기위한 것이다(진정 그녀가 추인하는 것은 "진정한" 아버지이며, 이 점은 다음 절에서 살펴볼 것이다).

안티고네가 불문법에 호소할 때 그녀는 크레온의 법령이 테베의 왕들의 모든 다른 선언들이 그랬던 것처럼 제우스나 다이크와 그 외 더 오래된 크토닉 세대의 신들로부터 비롯된 것이 아니라는 취지의 말을 하는 것이다. 여기서 우리는 크레온이 단순히 모든 살아 있는 테베인들의 복지를 위하는 독재군주만은 아니라는 점을 이해해야 한다. 크레온은 더 본질적으로 왕의 직접적 후손으로서가 아니라 여왕의 남자 형제로서 왕좌에 오른 지배자이다. 조카스터의 결혼으로 왕족과 관계를 갖게 된 크레온은 전왕 외디푸스와 혈연으로 직접 맺어지지 않았다. 그는 원칙적으로 자신이 도시의 지도자가 될 자격이 있음을 억지로 입증해야 할 필요가 있는 왕권찬탈자이다. 따라서 그는 우선 도시의 우방과 적들을 규정하는 포고령을 내리고, 도시민들 사이에서 안티고네의 행위에 대한 우호적 반응이 점점 고조됨에도 불구하고 자신의 지배권을 고수함으로써 자신의 정당성을 입증하려고 노력한다.

그렇다면 이 비극이 정의와 법, 불문법으로서의 관습과 근대법, (후기 헤겔주의적 해석에 따르면) 가족과 국가 사이에 공동체의 토대를 둔다면 그렇게 정해진 믿음체계는 그 자체로 좀더 일반적인 상징적 행위에 의해 구속받고 있음을 인식해야 한다. 이 행위란 흔히 기록되지 않는 것으로, 가령 안티고네가 그녀의 가족 안에 외디푸스의 중심적 위치를 추인(고정시키고 안정화하는)하려는 시도 같은 것을 의미한다. 테베의 도시가 친족관계를 어떻게 생각하든, 이 도시가 어떤 종류의 지배를 채택하든 외디푸스(그리고 가족이란 무엇인가에 대한 안티고네가 추인한 외디푸스의 개념)는 이 상징체계의 핵심에 놓일 것이다. 여기서 외디푸스는 그저 아버지상일 뿐만 아니라 특수한 역사를 가진 아버지로, 자신도 알지 못한 채 자기 아버지를 죽이고 근친상간을 저지른 죽은 왕이다. 간단히 말해 그는 아무런 죄도 저지르지 않은 죄인인데 **사실 이후**, 즉 자신이 누구인지 "진정한" 정체성을 알고 난 후 스스로를 아버지의 살해자이며 어머니의 남편으로 선언했다는 의미에서 그렇다.

『안티고네』가 한 일, 그리고 라깡의 독해가 반복해 준 것은 바로 **아버지의 법으로서 외디푸스의 법을 기입한 것**이다. 그럼으로써 『안티고네』는 아버지 기능이 외디푸스를 모델로 삼았다는 사실을 확인해 주는 보수적 목적을 갖게 된다. 외디푸스 자신이 나타내는 바로서의 분리와 가정들이 이 비극에서 발족시킨 것이 무엇인지는 안티고네의 여동생인 이스메네에 대해 간략히 살펴본 후 바로 다음 절에서 검토할 것이다.

이스메네

비극을 보는 관객의 입장에서 볼 때 외디푸스 가족 일가는 『안티고네』의 결말에 이르러 끝난다. 연극이 시작되는 시점에 밖에 내동냉이쳐진 주검이 가리키던 균열은 덮어지고 테베 비극을 진행시킨 저주받은 가족의 원환은 이제 종결되었다. 이제는 이 아테를 다음 세대로 지속시킬 아들들도 없고 이상한 딸들도 없다. 공동체는 하나의 정치적 체제로 만들 바로 그 중심에 이 공포스러운 혼란을 내버려 둘 수 (즉 묻어버리고 잊어버릴 수) 있게 되었다.

정신분석적 관객의 입장에서 본다면 연극의 메시지는 "네 욕망을 포기하지 말라"라고 알려져 있다. 우리가 앞서 제시한 해석을 따른다면 욕망을 포기하는 것이 이 비극의 맥락에서 무슨 의미인지를 이해하기 어렵다. 『안티고네』를 읽으면서 라깡은 외디푸스의 법을 욕망을 구성하는 것으로 규정한다. 이때 이 법에 대한 부정 혹은 대안은 허락되지 않는다. 라깡이 제시한 것은 안티고네가 했듯이 욕망을 따르든지 이스메네가 했듯이 본질적 결정 없이 퇴장하는 것, 이 두 가지 선택지이다.

안티고네처럼 "그녀의 욕망" (외디푸스의 아테)을 추구하지는 않았지만 이스메네는 그저 단순히 그녀의 욕망을 포기하지는 않는다. 극의 초반에 이스메네는 외디푸스의 친딸의 위치에 있지 않기 때문에 그녀의 욕망에 따라서 행동할(혹은 행동하지 않을) 위치에 결코 다시 서지 못하는 듯하다. 비록 아버지의 임종을 지키고 안티고네와 함께 "책임"을 질 준비가 되어 있기는 해도 이스메네는 **아테**를 추구할 **종류**의 딸이 아니다. 그녀는 사랑하는 여동생과 함께 죽겠다고까지 하지만("하지만 네게 닥친 고난의 시기에 나는 네 고통을 함께 나누는 일이 수치스럽지 않아") 안티고네에게 거절당한다["나 역시 오직 말로만 사랑을 표현하는 사랑하는 이란 참을 수 없어"(53쪽)].

그러나 이스메네 외디푸스는 거부당한 비합법적인 자식은 아니다. 그녀는 그저 **다른 딸**(크레온이 마음을 바꾸기 전, 두 딸이 벌을 받아야 한다고 명령할 때 이스메네를 이렇게 부른다)이다. 이스메네는 잊혀진 딸이라고도 말할 수 있다. 고대 그리스 신화와 시, 정신분석 그 어느 것도 그녀에게 관심을 두지 않는다. 그렇다면 우리는 연극에 등장한 법적 영역과 외디푸스의 **아테**와 그것의 반복(**아테**에 대한 이스메네의 두려움도 포함해서)이 규정한 문화에 대한 대안은 이 극에서 구성되고 라깡의 해석에서 재구성된 법적 성격과 시민성과는 전혀 다른 어떤 것이라고 말해야 한다.

이 "전혀 다른" 법성과 시민성은 일부 잊혀진 과거 형태나 법의 더 원초적인 조직, 가령 뤼스 이리가라이가 주장하는 모계사회 같은 것이 아니다. 예를 들어 『다른 여성의 검시경』(*Speculum of the Other Woman*)에서 이리가라이는 소포클레스의 비극을 "모계와 가부장제를 잇는 역사적 가교"라고 정의한다.[15] 이리가라이의 『성과 계보』(*Sexes and Genealogies*)에서도 동일한 사유를 볼 수 있다.

안티고네가 존중하는 법들의 본성은 무엇인가? 이 법들은 남자들 간

> 의 전쟁에서 살해당한 그녀의 오빠를 매장하는 일과 관련된 종교적 법들이다. 이 법들은 어머니의 혈통, 가족에서 형제자매가 공유한 피에 빚진 문화적 의무들과 관련된다. 이 피, 혈통에 대한 의무는 문화가 가부장제화되어 가면서 부정되고 불법화된다. 삶에서—그리고 전쟁에서—두 성 간의 이 비극적 에피소드는 가부장제로 가는 과정을 그린다. 딸은 그녀의 어머니와 혈육으로 맺은 결속을 존중하지 못하도록 금지당한다.[16]

하지만 안티고네와 그녀의 어머니 사이를 가로막는 것은 이리가라이가 천명한 것처럼 크레온의 금지도 어떤 다른 정치적 포고령도 아니다. 안티고네가 아버지의 법과 혈통의 논리를 추인하도록 이끄는 것은 근친상간 터부이다. 여기서 피는 생물학적 유대라기보다는 상징적인 것이다. 만일 이런 재해석이 없다면 그녀의 아버지는 여전히 그녀의 남자 형제로 남아 있게 된다.

『안티고네』에 관해서 이 다른 법성은 시민성에 대한 야만성, 후기 외디푸스에 대한 전외디푸스, 혹은 법에 대한 범죄를 의미하지 않는다. 쉐퍼드슨에 의하면 야만성은 어쨌거나 시민성보다 언제나 미숙한 것으로서 시민성으로부터 탄생한다.[17] 이런 법의 성격, 이런 문화는 간단히 외디푸스적 법, 그 자체로 진정한 혈통적 유대의 법으로 이해되는 아버지의 법이 아닌 다른 것이다. 이스메네처럼 이 다른 법은 외

15) Luce Irigaray, *Speculum of the Other Woman*. Gillian C. Gill 역(Ithaca : Cornell University Press, 1985), 217쪽.

16) Irigaray, *Sexes and Genealogies*. Gillian C. Gill 역(Ithaca : Cornell University Press, 1993), 2쪽.

17) Shepherdson, 140쪽.

디푸스의 자식이지만 안티고네가 외디푸스의 자식이라는 의미처럼 진정한 외디푸스의 혈통은 아니다. 그렇다면 진정한 혈통적 유대란 정확히 무슨 말인가?

Ⅱ부
외디푸스

혈통적 유대

여기서 나는 『독재자 외디푸스』(*Oedipus Tyrannus*)에서 나타난 혈통의 의미를 설명하는 서론만을 제시하겠다. 그렇지만 이로써도 충분하리라 본다. 왜냐하면 내가 규정하려는 피의 개념은 소포클레스 비극에 대한 독해에서 애매하거나 새로운 것은 아니며, 그저 정신분석에서 익숙한 종류의 것과는 좀 다른 개념일 뿐이기 때문이다.[18]

18) 외디푸스에 대한 전형적인 정신분석적 설명은 실제로는 프로이트가 한 것이 아니라 외디푸스 이야기를 프로이트의 유아성욕 이론에 맞게 재구성된 것이다. 무의식적 지식이 어떤 의미를 갖는다면 외디푸스가 소급적으로, 즉 지연된 행위(체이스가 이렇게 주장한다)의 형태로 부모가 누군지 깨닫고 나서 콤플렉스를 가질 수 있거나, 아니면 외디푸스는 아무런 콤플렉스도 전혀 가질 수 없다. 체이스가 외디푸스는 "부성 근친상간이 … 처음으로 읽을 수 있는 형태가 된" 예라고 결론내릴 때 그녀는 프로이트에게는 사실 외디푸스 신화란 자신의 자아분석에서 읽을 수 있게 된 어떤 것, 그리고

기본적으로 "혈통"에는 두 가지 사례가 있고, 이 사례들은 우리의 독해에서 중요하다. 첫 번째는 라이우스와 폴리부스 사이의 차이를 규정하는 것과 관련되고, 두 번째는 테베의 왕족을 규정하는 일과 관련된다. 첫 번째 사례는 코린트에서 온 전령이 왕에게 폴리부스가 그의 아버지가 아니라고 말하고 나서 일어난다. 나는 이들의 대화를 이 장면에서 정의되는 두 가지 아버지 사이의 차이를 강조하기 위해서 재구성해 본다.

전령이 말한다. 폴리부스는 당신의 제노스(genos : 친지, 부류, 혹은 인종-역주)가 아닙니다. 외디푸스가 말한다. 잠깐, 뭐라고 말했지 자네? 그의 몸에서 내가 나온 것이라면, 그가 나의 원천이라면 어떻게 그와 내가 같은 종류가 아닐 수 있는가? 전령이 말한다. 아닙니다. 그는 내가 아니듯 당신과 같은 종류가 아닙니다. 외디푸스는 곧이어 아버지다움에 대한 중요한 질문을 던짐으로써 아버지란 무엇인가에 관한 두 가지 경쟁적 개념을 들여온다. 내 주인이고 수호자인 그가 나를 탄생시킨 자가 아니라는 사실이 어떻게 가능한가. 폴리부스가 내 선조이지만 내 종족이 아니라는 것이 어떻게 가능한가? 전령이 대답한다. 글쎄요. 그건 가능하지 않지요. 폴리부스는 당신을 낳은 자, 당신을 본래 생산한 사람이 아닙니다.

외디푸스는 놀라서 묻는다. 아니 그렇다면 왜 그가 나를 그의 아들이라 불렀소? 전령은 설명한다. 그가 당신을 그의 아들이라 부른 이유는 내가 당신을 그에게 선물로 주었기 때문이지요. 외디푸스는 절

환자의 분석에서 드러난 어떤 것에 대한 그저 편리한 예였다는 사실을 무시한 일반적인 가정을 반복하고 있다. Chase, 58쪽.

규하듯 다시 덧붙인다. 하지만 그는 나를 그렇게도 사랑해 주었는데. 그는 아버지가 아들을 사랑하듯 나를 사랑했소. 전령이 넌지시 말한다. 그건 아마도 그에게 자식이 없었기 때문이겠지요. 그는 당신과 견줄 만한 어떤 후손도 없었다오.[19] 퍼즐의 첫 조각은 이처럼 해결되었다. 폴리부스는 외디푸스의 아버지가 아니다. 두 번째 비밀을 풀어내기 위해서—누가 외디푸스의 아버지인가?—연극은 외디푸스가 아기였을 때 전령이 폴리부스에게 아기를 건네주었던 것에서 시작해서 거꾸로 그를 건넨 손을 추적한다. 연쇄고리는 목동이 암시하는 대로 조카스터에게 이르고, 조카스터가 바로 이 연쇄고리의 시작점임이 밝혀진다. 아이의 어머니로서 그녀는 외디푸스의 친부가 테베의 전왕인 라이우스인지 여부를 알고 있는 유일한 사람이다.

어머니는 목동의 말의 진위 여부나 아버지의 정체를 확인해 주지 않는다. 그 대신 그녀의 자살이 함축하는 바는 라이우스가 진정 외디푸스의 아버지라는 것이다. 자기 인식에 도달한 외디푸스는 성난 채 왕궁으로 들어서며 말한다. "이제 모든 게 분명해졌다! 오 빛이여, 마지막으로 내가 바라볼 수 있게 해다오. 출생의 저주, 혼인의 저주, 살해의 저주를 받은 것으로 밝혀진 이 몸을!"(453쪽). 그가 다시 등장했을 때 그는 자신이 저지른 일에 대해 최종적 해석을 준다. 마지막으로 자식들을 향해 그는 말한다 : "네 아버지는 그의 아버지를 죽였고 자신이 비롯된 존재의 원천으로부터 너희들을 낳았다"(479쪽).

19) Sophocles, *Oedipus Tyrannus, Sophocles : Works, English and Greek*. Vol 1, Hugh Lloyd-Jones 편역(Cambridge : Harvard University Press, 1994), 429-431쪽. 추후 인용은 본문에 괄호로 표기.

두 종류의 아버지를 구별하고 난 결과 라이우스는 진정한 아버지로서 자신의 **제노스**인 아이가 있었다는 것이다. 다른 한편, 폴리부스는 진정한 아버지가 아니며 자신의 피를 받은 아이가 하나도 없었다. 외디푸스는 스스로도 진정 "라이우스 종족"에 속한다고 결론을 내렸다(469쪽). 라이우스가 외디푸스가 자신의 혈통을 찾아 거슬러 올라간, 아이를 낳은 아버지이라면, 폴리부스는 외디푸스에겐 전령과 다를 바 없는 그저 또 다른 남성일 뿐이다. 즉 외디푸스는 폴리부스와 아무 관계가 없다. 폴리부스는 그저 어머니로부터 진정한 아버지란 누구인지 뿐만 아니라 무엇인지에 대한 개념으로 옮겨가는 도정에서 아이를 잠시 맡았을 뿐이다. 라이우스의 **하이마**(Haima), 즉 그의 피가 외디푸스의 혈관을 흐르고 있다. 그 피는 외디푸스가 흘리게 한 피일 뿐만 아니라 외디푸스의 피이고, 테베 도시를 뒤덮은 역병을 물리치기 위해 갚아야 할 빚은 바로 이 피이다.[20]

극 말미에서 외디푸스가 수용하게 되는 생식 개념에 따르면 진정한 아버지가 그의 씨앗을 어머니의 자궁에 예치하고 어머니의 자궁은 그 씨앗을 받아 자라게 하는 그릇이 된다. 그러므로 외디푸스는 라

20) haima가 『독재자 외디푸스』에 등장하는 두 가지 다른 예들은 외디푸스가 흘린 라이우스의 피를 다룬다. 첫 번째 예는 외디푸스가 전령에게 말하는 예언으로, 그가 "나의 손으로 내 아버지의 피를 흘릴 것이다"(425쪽). 두 번째 예는 예언의 확인이다 : "오 세 갈래 길이여, 숨겨진 숲속 빈터, 잡목 숲과 세 방향이 만나는 오솔길, 나 자신의 피와 내 손으로 흘릴 내 아버지의 피를 마신 길들"(471쪽). 두 번째 예는 외디푸스가 말 그대로 자신의 피를 흘린다는 의미를 담고 있기도 하다. 『안티고네』에서 크레온은 폴리니서스의 테베 공격을 그 자신의 피를 흘리는 것으로 묘사한다. 그는 폴리니서스가 유배지로부터 그의 아버지들과 종족의 신의 땅으로 돌아와서 자기 혈육의 피로 배를 채우려 한다고 말한다. *Antigone*, 21쪽.

이우스의 씨앗이 자란 것이고, 라이우스는 씨앗을 제공한 원천으로서 외디푸스의 친부가 된다. 하지만 외디푸스의 경우에서도 그렇듯 아들은 이름짓기를 수행하는 발화적 행위에 의해 생산된다는 사실을 주목해야 한다. 즉 『독재자 외디푸스』에서도 생물학적 기원은 실제 문화적 기원이다. 어떤 이유에서든 외디푸스가 폴리부스가 아니라 라이우스가 친부라는 것을 입증하려고 한다 해도 아들은 아버지가 그 권리를 주장하는 사람이며(이 경우 라이우스가 외디푸스를 미래의 부성살해자로 규정할 때 발생한다), 아버지는 극의 마지막에서 볼 수 있듯이 아들이 최종적으로 권리를 주장하는 사람이다.

라이우스

피의 두 번째 예는 극의 첫 행에서 규정되는 라이우스의 혈통과 관련된다 : "아이들아, 카드무스의 혈통으로부터 자라난 마지막 후손들아"(327쪽). 라이우스는 외디푸스가 표현하는 대로 "랩더쿠스의 아들, 폴리두러스에게서 나왔으며, 그 전에는 카드무스에게서 나오고 오래 전 에게노어에게서 나온 사람"(349쪽)이므로 가족 안에 자리를 차지한다. 외디푸스가 이렇게 정의한 혈통은 진정한 출산의 아버지의 한 세대에서 다음 세대로, 카드무스를 낳은 가장 오래된 에게노어에서 시작해서 퍼져간다. 카드무스는 폴리두러스를 낳고, 폴리두러스는 랩더쿠스를 낳고, 랩더쿠스는 라이우스를 낳고, 라이우스는 외디푸스가 발견한 사실대로 마지막 왕을 낳았다. 혹은 그보다 어떤 사람을 출산

자로 이름붙이는 것은 아들이므로 라이우스의 혈통의 올바른 순서는 외디푸스 자신도 지적하기를 어린 세대에서부터 오래된 세대로 역순이다. 앞서 살펴본 대로 살아 있는 아들들이 없다면 딸이 아버지를 만드는 불가능한 상징적 행위를 스스로 짊어져야 한다.

혈통관계에 대한 이러한 사실은 동일하게 외디푸스의 삶의 시작에서부터 적용할 수 있다. 조카스터의 말을 빌리면, 라이우스는 예언을 모든 인간의 무의식에 대한 또 다른 계시로 이해하지 않고 그와 그의 아들이 어머니를 상대로 경쟁을 할 것이라고 이해한다. 예언을 미결정된 메시지(가령 아들이 아버지에게 대항해서 살해할 수도 있을 가능성에 대해 발표하는)로 듣는 대신 라이우스는 랩다키드이기 때문에 예언적 말은 해석할 필요가 없는 듯이 행동한다. 마치 자신의 아들이 자기를 죽일 것이라는 사실이 절대적으로 확실하고 분명한 듯이 라이우스는 절망적으로 부성살해가 일어나지 않도록 막으려고 노력하는데, 그러는 사이 무의식적으로 자신의 살해와 근친상간을 가능한 것으로 만들게 된다(가령 우리는 라이우스 자신이 아이의 종말을 보지 않았다는 것을 알게 된다. 대신 아이를 목동에게 넘겨주는 것은 조카스터이다). 라이우스가 자신을 죽일 아들의 아버지가 되어가는 것은 라이우스 자신의 어떤 진실에 대한 믿음, 그의 무의식적 욕망의 힘과 자신이 하고 있는 일에 대한 맹목성이다.

라이우스가 아버지의 무의식적 욕망을 표상하는 인물 혹은 아버지가 갖는 거세공포에 대한 형상이라면 그는 문자적 해석에 대한 형상, 혈맹이 무너질 수 없는 진정한 결속이라는 믿음의 형상도 되어야만 한다.

결론을 위하여

외디푸스 이야기를 거꾸로 안티고네의 죽음으로부터 외디푸스의 출생으로 거슬러 올라가면서 읽으면 테베 비극과 관련해서 발전해온 정신분석의 기본적 개념과 근본적으로 다른 아버지다움에 대한 이해를 발전시킬 수 있다. 라깡과 아주 유사하게 피에트로 푸치(Pietro Pucci)는 아버지를 이렇게 정의한다 : "아버지상은 모든 담론을 고정된 근원, 초월주의적 기의에 정박시키는 형상이며, 따라서 극에서 그는 외디푸스의 진짜 생물학적 기원의 상인 것만이 아니라, 이 세상 모든 담론을 위한 진실의 가능성이 뿌리박고 있는 구성과 조합이 되는 상이다."[21]

푸치에 따르면 아버지는 단순히 낳아주는 사람만은 아니다. 아버지는—**다소 기적적으로**—두 가지를 동시에 할 수 있는 인물로, 생물학적 기원인 실제 아버지이자 진실의 가능성이 그 주위를 돌려 원을 그리는 중심이며 그 기능이다. 푸치는 위 인용문에서 진실은 외디푸스의 진실이지 아버지의 진실이거나 일반적인 아버지성에 대한 것이 아님을 밝히고 있다. 이 진실은 외디푸스가 라이우스를 합법적 아버지라고 인정하고 폴리부스는 자신의 **제노스**, 즉 종족이 아니며 따라서 진정으로 낳아준 아버지라고 부를 수 없다고 거부할 때 가능해지는 진실이다.

21) Pucci, 9쪽.

페미니스트 동성애적 입장을 감안한다면 다소 놀랍게도 『안티고네의 주장』에서 주디스 버틀러는 라깡의 외디푸스 독해를 수용한다. 라깡의 이해는 외디푸스가 "세상의 모든 담론들"[22]에 규칙을 제공하는 조직원칙이라는 푸치의 제안과 원칙적으로 동일하다. 버틀러는 가령 이렇게 쓴다 : "외디푸스 콤플렉스가 상징적이란 점에서 보편적이란 사실이 라깡에게는 외디푸스 콤플렉스가 보편적이라고 간주되기 위해서 전체적으로 증거를 확보해서 규명되어야 한다는 것을 의미하지 않는다. … 그보다는 외디푸스 콤플렉스는 그것이 나타나는 장소와 시간에 보편화 기능을 행사한다. 외디푸스 콤플렉스는 모든 곳에서 진실로 나타난다."[23] 정확히 맞는 말이다. 하지만 외디푸스 형상은 두 가지 가정이 또 첨가되어 진실이 될 때에만 보편적인 것으로 등장할 수 있다. 첫째, 진정한 아버지다움이란 것이 있어야 한다. 둘째 기호들의 체계, 전체 기호체계가 외디푸스와 그를 계승한 안티고네가 적정한 아버지 기능이 무엇인지를 결정할 때 따랐던 규칙들을 따라야 한다.[24] 버틀러는 자신의 외디푸스 읽기를 정당히 다루기 위해서 그녀가 정식화한 보편화 과정에 대한 이해가 "신 (혹은 신들)을 다른 문으로 들여오도록 작용하는"지 여부를 묻는다.[25] 하지만 버틀러는 너무 쉽게 외디푸

22) 같은 글.
23) Butler, 45쪽.
24) 외디푸스 콤플렉스가 모든 곳에서 진리인 것으로 "나타나"기만 한다는 사실은 라깡에게는 아버지상의 효력을 감소시키기는커녕 오히려 증가시킨다. "사실적으로" 진실인 외디푸스 콤플렉스는 중력이 그렇듯이 가족에 대해 거의 상징적인 결과를 갖지 못하는 자연법(생물학적인 사실이라고 말할 수 있다)이 된다. 이 콤플렉스는 주어진 것이지 진리의 경제와 관련된 문제, 즉 이 경제의 토대가 되는 신화가 아니다.
25) Butler, 45쪽.

스 콤플렉스의 우발성을 그 "토대 없음"과 등식화시키고 더 이상 그 함의를 찾으려 하지 않는다.

우발적으로 보인다 해도 외디푸스의 형상(또 그 이름을 갖는 콤플렉스)은 일정한 토대, 즉 진정한 피와 임의적 피, 합법적 가족관계와 비합법적 관계 사이의 구별에 의존한다. 그 드라마는 주인공의 운명과 외디푸스 상이 담고 있는 의미를 좌우할 이원구조(진짜/가짜, 난공불락의/임의적)를 도입한다. 자신의 두 아버지를 차별화하기 위해 외디푸스와 그리스 문화는 하나의 계보학, 하나의 진리의 논리, 가능한 대안에 대한 하나의 합법성을 선택한다. 우리는 통상 그래왔듯이—라깡이 『안티고네』 강의에서 한 방식, 푸치(Pietro Pucci)가 『외디푸스와 아버지 만들기』에서 한 방식, 버틀러가 『안티고네의 주장』에서 한 방식—외디푸스 신화에 의존한 채 이 선택을 반복하고 있다.

『안티고네』를 통해서 외디푸스는 스스로를 보편적 모델로 강요한다. 특정한 가족형태는 중요하지 않거나 최악의 경우 비합법적이 된다. 예상할 수 있듯이 서구문화의 핵심에 놓인 드라마로 알려진—외디푸스 신화—이것이 그 체계 내에서 합법적으로 가족이라 부를 수 있는 것의 한계를 정해준다.

아버지상들이 소포클레스의 세 비극에서 상호 교환 가능하다 해도 이 비극의 주요한 아버지상은 라이우스가 아니라 외디푸스라는 점을 강조해야 한다. 자신의 진정한 아버지를 찾는 외디푸스 왕이 아니라 진정한 아버지라는 것이 있다는 진리의 아버지인 외디푸스 말이다. 딸 안티고네는 미래를 위해 이 형상을 확인하고 고정시킨다. 이 미래는 랩다키드 혈통에서 더 이상 아들이 나올 수 없는 시간이다. 안티고네는 다시 말해서 콤플렉스를 가진 첫 인물이다.

이러한 사고를 따라가면 콤플렉스를 갖는다는 것은 외디푸스를 아버지라 규정한 방식으로 아버지를 받아들인다는 것을 의미한다. 그렇게 되면 외디푸스 콤플렉스는 무의식적이고 발화되지 않은 욕망들이 얽히고설킨 콤플렉스가 아니라 통과의례이다. 외디푸스 콤플렉스는 어린 아이가 안티고네처럼 특정한(서구식?) 가족의 구성원이 되기 위해선 **반드시** 수행해야 할 행위 혹은 행동이다. 이 의례를 통해 아이는 자신의 (이미 되어 있던) 존재가 되고, 이 과정에서 자신의 부모를 그들의 (이미 되어 있던) 존재, 즉 부모가 되도록 해준다.

아버지다움과 가족이 외디푸스의 선택에 토대를 두어 규정되어 있다는 점은 이 콤플렉스와 원조 문화 드라마인 외디푸스 신화에 대한 독해—소포클레스의 세 비극, 라깡의 『안티고네』 강의, 버틀러의 『안티고네의 주장』[26]—와 관련된 문제이다.

26) 나는 주판치치의 외디푸스 독해도 이 목록에 포함시키고 싶다. 가령 주판치치는 이렇게 말한다 : "그[외디푸스]는 통과의례(상징화)를 거꾸로 따라가면서 상징계가 탄생시킨 [대문자] 의미의 근본적 우발성을 경험하고 제시한다." 만일 폴리부스와 라이우스 사이의 차이가 진정 우발성이고 지위과 관련된 것이 아니라면 주판치치의 설명에 이의를 달 이유는 없다. 하지만 주판치치가 생각하는 문제는 우리 환상의 슈퍼맨, 테베의 왕인 "아버지"가 "또한 아버지(나약함을 모두 가진 인간)라는" 사실이 아니다. 문제가 되는 부성을 좀더 구체적으로 표현하면 도대체 왜 "모든 나약함을 가진 인간 남성"이 외디푸스의 아버지이고 폴리부스가 아니냐는 것이다. 주판치치는 외디푸스에게 죄가 없다고까지 말한다. 외디푸스는 유죄이다. 왜냐면 예언의 아버지를 라이우스와 동일시하기 때문이다. Zupančič, 193쪽.

프로이트

프로이트는 우리가 외디푸스의 불행을 나누지는 않았다는 사실을 분명히 한다. 직접 소포클레스의 비극을 다루는 몇 안 되는 대목들 중(이 극은 그의 정신분석 이론을 발전시키는 데는 별 의미가 없다)[27] 한 부분에서 그는 이렇게 말한다 : "아버지 라이우스를 살해하고 어머니 조카스터와 결혼한 외디푸스 왕은 그저 우리에게 자신의 어린 시절 소망의 실현을 보여줄 뿐이다. 하지만 그보다 더 운이 좋은 우리는 신경증환자가 되지 않았다는 전제 하에 우리의 성충동을 어머니로부터 떼어내어 아버지에 대한 질투를 망각하는 데 성공한다."[28] 이 구절에서 프로이트가 지적하는 바는 우리가 외디푸스보다 더 운이 좋다는 사실이다. 우리, 그리고 신경증환자들과는 달리 이 딱한 왕은 자신이 결국 아버지라고 인정하는 죽은 사람에게 질투를 느끼지 않는다. 이런 의미

27) 통상적인 가정을 반복하면서 체이스는 "외디푸스 드라마는 그[프로이트]의 가장 반복적으로 끈질기게 등장하는 참조"라고 주장한다(54쪽). 하지만 외디푸스는 실제 프로이트에게 거의 사용되지 않는 참조이기 때문에 외디푸스의 "심리신경증"이 무엇인지를 설명하려 할 때 그녀는 프로이트의 사례들 중 하나로 외디푸스를 그려내어 외디푸스의 범상치 않고 (프로이트가) 철저히 따져보지 않은 상황을 만들어낸다. 프로이트 전집 표준판의 용어 색인표는 딱 한 예만 기록하고 있는데, 『꿈의 해석』에 나오는 유명한 구절로서 이 대목에서 프로이트는 외디푸스와 소포클레스의 드라마를 논의한다. 우리가 생각하는 것보다 아주 적은 다른 예들에서 이 신화적 아버지의 이름을 담은 콤플렉스는 프로이트가 이 비극과 신화와는 무관하게 만들어낸 성욕 이론을 편의상 부르기 위한 표현일 뿐이다.

28) Sigmund Freud, *The Interpretation of Dreams. The Standard Edition of the Complete Psychological Works of Sigmund Freud.* James Strachey et al. 편역(London : Hogarth, 1953–1974), 4 : 262쪽.

에서 그는 신경증적이 될 기회를 단 한번도 갖지 못한다.

그러나 더 중요한 것은 『꿈의 해석』에서 프로이트가 정신분석이라는 이제 막 시작된 과학을 고전 그리스 문화와 일치시키려는 희망에서 외디푸스 신화와 소포클레스의 연극을 언급한다는 점이다. 외디푸스 신화는 좀더 폭넓고 일반 독자들을 위해 어린 아이 성욕에 대한 자신의 가설을 예시하는 한편, 『독재자 외디푸스』는 정신분석 작업에 대한 과장을 제시한다. 프로이트에 의하면 이 극은 "드러내기 과정 이외에 아무것도 없다. … 이 과정은 정신-분석이 하는 작업과 유사하다고 볼 수 있다."[29] 이러한 비유의 결과 정신분석이 그리스 신화에서 가장 수수께끼 같은 불운을 설명할 수 있게 되었다.

프로이트가 간접적으로 암시하는 바에 따르면, 이러한 정신분석적 설명의 작업은 소포클레스의 유명한 극에 담긴 운명처럼 불가피하게 흘러가며, 혹은 이 비극에서 진실이 드러나는 방식처럼 고집스럽게 진행된다. 하지만 프로이트는 정신분석이 환자를 눈멀게 하는 것인지(체이스의 설명),[30] 아니면 일종의 카타르시스를 향해 가는지는 말해주지 않는다. 분석의 최종 지점에 대한 프로이트의 후기 글들에서 나타나듯 인생의 막바지로 가면 정신분석의 효력—외디푸스에 대한 초기 언급이 표현하는 것—에 대한 그의 믿음은 상당히 수정된다.

이 글에서 나는 부성 메타포를 텅 비게 만들려는 라깡의 프로젝트를 지속해서 진행시키려고 노력했다. 나는 이 작업이 라깡 이후의 정신분석을 규정할 과제라고 생각한다. 또 나는 일정한 형태의 동일

29) 같은 글, 261-262쪽. 강조는 필자.
30) Chase, 58쪽.

화, 이 동일화가 형성되는 가족에 대한 어떤 개념—간단히 말해 혈육의 논리—에 대해 검토하는 일이 전쟁에 대한 정신분석적 사유의 아주 핵심적인 부분이어야 한다고 제안하려고 했다. 글을 마치면서 아마도 이 글이 할애했던 주제(혈육)보다 더 근본적인 종류의 **제노스**가 있음을 덧붙여야 하겠다. 이는 지식체로서 구성된 정신분석의 위상과의 관계에서, 특히 정신분석이 겉으로 그런 것처럼 꾸미는 종류의 지식을 검토하는 일에서 발견된다. 프로이트와 라깡은 정신분석을 과학으로, 가족에 대한 담론(개인에 대한 과학이 아니라)이라고 주장할 때 무엇보다—문화적이든 자연적이든—하나의 **제노스**가 있다는 그들의 가정(근본적으로 과학적일 뿐만 아니라 문화적 개념)에 대한 충분한 분석을 하지 못했다.

저자 약력

• 질 애니자

콜럼비아 대학의 중동아시아 언어와 문화학과의 조교수. 저서로는 *'Our Place in al-Andalus' : Kabbalah, Philosophy, Literature in Arab Jewish Letters*(Standford University Press, 2002), *The Jew, the Arab : A History of the Enemy*(Stanford University Press, 2003)이 있고, 자끄 데리다의 *Acts of Religion*(Routledge, 2002)를 편집했다.

• 아리엘라 아줄레

바 일란 대학의 문화 연구 프로그램에서 시각문화, 현대 프랑스 철학을 강의하고 있다. 저서로는 *Once Upon A Time : Photography Following Walter Benjamin*(Bar Ilan University Press, 2005 ; 히브리어로 씌어짐), *Death's Showcase : The Power of Image in Contemporary Democracy*(MIT Press, 2002)가 있다. *A Sign from Heaven (1999)*, *The Angel of History*(2000), *I Also Dwell Among Your Own People*(2004) 등을 제작한 다큐멘터리 영화감독이기도 하다.

• 시기 야트캔트

벨기에의 겐트 대학 영문과 연구원으로 재직하고 있다. 저서로 *Acting Beautifully : Henry James and the Ethical Aesthetic*이 2005년 뉴욕주립대 출판사의 정신분석과 문화 시리즈의 하나로 출간되었다.

• 어네스토 라클라우

에섹스 대학 정치이론과 교수이며 버펄로 소재 뉴욕주립대 비교문학과 방문교수이다. 저서로는 *Contingency, Hegemony, Universality : Contemporary Dialogues on the Left*(쥬디스 버틀러, 슬라보예 지젝과 공저 ; Verso, 2000), *Emancipation(s)* (Verso, 1996), *New Reflections on the Revolution of Our Time*(Norton, 1990), *Hegemony and Socialist Strategy : Towards a Radical Democratic Politics*(샹탈 무페와 공저 ; Norton, 1984 ; Verso, 2001)이 있다.

• 스티븐 밀러

문학, 정치이론, 정신분석 등에 관한 다수의 논문을 출간하였고 버펄로 소재 뉴욕주립대 영문과 조교수로 재직중이다. 최근 준비중인 저서로 *Hyperbolic Thinking : Politics, Psychoanalysis and their Demons*가 있다.

• 페타 라마다노빅

뉴햄프셔 대학 영문과 부교수. 최근 논문에는 "Black Boy's Comedy : Indestructibility and Anonymity in Autobiographical Self–Making" (*Callaoo*), "Native Son's Tragedy : Traversing the Death Drive with Bigger Thomas" (*Arizona Quarterly*) 등이 있다.

• 다이앤 루벤스타인

코넬 대학의 행정학과와 미국학과의 교수. 저서로 *What's Left? The Ecole Normale Superieure and the Right*(University of Wisconsin Press, 1990)과 최근 저서로 프랑스 이론과 미국 대통령에 관한 연구서인 *This is Not a President : Sense, Nonsense and the American Political Imaginary*(New

York University Press, 2008)이 있다. 그 외 논문들이 *The Final Foucault*, *The Hysterical Male*, *Political Theory* 등에 실렸다.

• **슬라보예 지젝**

지젝의 수많은 저서들 중 최근 것만 꼽으면 *First As Tragedy, Then As Farce*(Verso, 2009), *Violence : Big Ideas/Small Books*(Picador, 2008)가 있다.

옮긴이 **강수영**

역자 강수영은 현대 미국 소수인종 문학과 디아스포라에 관한 연구로 영문학 박사학위를 받았다. 현재는 무의식의 저널 『엄브라』를 한국어로 번역·소개하는 일에 집중하고 있다.

무의식의 저널 엄브라 *Umbr(a)*

전쟁은 없다

초판1쇄 / 2011년 3월 30일

지은이 **슬라보예 지젝/어네스토 라클라우 외**
옮긴이 **강수영**
펴낸이 **여국동**
펴낸곳 **도서출판 인간사랑**
인 쇄 **백왕인쇄**
제 본 **바다제책**

출판등록 1983. 1. 26. / 제일 3호

(411- 815) 경기도 고양시 일산구 백석동 1178-1
TEL (031)901-8144, 907-2003
FAX (031)905-5815
e-mail/igsr@yahoo.co.kr / igsr@naver.com

정가 19,000원

ISBN 978-89-7418-023-2 93100

※ 잘못된 책은 교환해 드립니다.